U0725753

高等职业院校技能应用型教材·计算机应用系列

商务软件高级应用微课教程

张 红 卞 克 主 编

杨艳杰 杜保全 谢杨洋 祝谨惠 副主编

电子工业出版社·

Publishing House of Electronics Industry

北京·BEIJING

内 容 简 介

本书结合电子商务等当前热门专业的内容挑选素材，主要讲授 Microsoft Office 中的 Word、Excel、PowerPoint 三个常用办公软件的高级应用。Word 应用篇介绍文字的录入和编辑、文档格式的编排、图文混排以及表格的编辑和处理，任务内容包括制作公司宣传海报、组织结构图、邀请函、公司策划文案等；Excel 应用篇介绍电子表格的创建、编排和格式设置，如何使用公式或函数对数据进行分析与处理，如何建立各种格式的图表，任务内容包括制作和分析员工档案资料、销售报表等；PowerPoint 应用篇介绍图片的配色、逻辑图表的制作以及 3D 动画的设计制作，任务内容包括制作会议投影、公司形象宣传幻灯片等。

本书配有 PPT、教学素材、课后习题及参考答案、试卷及参考答案、微课视频等教学资源。读者可以使用手机等移动设备扫描书中的二维码，观看微课视频，此外，还可以登录华信教育资源网（www.hxedu.com.cn）免费注册后下载其他教学资源。

本书可作为高等职业院校计算机类、财经类、电子商务类专业的专业课教材，也可供社会同等学力人员自学及相关机构培训使用。

未经许可，不得以任何方式复制或抄袭本书之部分或全部内容。

版权所有，侵权必究。

图书在版编目（CIP）数据

商务软件高级应用微课教程/张红，卞克主编. —北京：电子工业出版社，2020.9
ISBN 978-7-121-39532-1

Ⅰ．①商… Ⅱ．①张… ②卞… Ⅲ．①电子商务－应用软件－高等学校－教材 Ⅳ．①F713.36

中国版本图书馆 CIP 数据核字（2020）第 166479 号

责任编辑：薛华强 文字编辑：孙 伟
印　　刷：涿州市京南印刷厂
装　　订：涿州市京南印刷厂
出版发行：电子工业出版社
　　　　　北京市海淀区万寿路 173 信箱　　邮编：100036
开　　本：787×1 092 1/16 印张：12.25 字数：313.6 千字
版　　次：2020 年 9 月第 1 版
印　　次：2020 年 9 月第 1 次印刷
定　　价：39.80 元

凡所购买电子工业出版社图书有缺损问题，请向购买书店调换。若书店售缺，请与本社发行部联系，联系及邮购电话：（010）88254888，88258888。

质量投诉请发邮件至 zlts@phei.com.cn，盗版侵权举报请发邮件至 dbqq@phei.com.cn。

本书咨询联系方式：（010）88254569，xuehq@phei.com.cn，QQ1140210769。

前　言

☒ 本书编写思路

高级商务办公软件是高等职业院校信息技术类、财经类等专业的一门专业基础课程，是高等职业院校相关专业学生开展专业学习的第一层次课程。该课程旨在培养学生的商务办公能力、企业文化素养和专业职业素养，通过实践训练促进学生使用信息化技术手段搜索数据、处理数据，从而帮助学生毕业后能迅速适应岗位需要，满足其将来进入企业后的日常办公需要，并为其工作后的自我学习打下坚实的基础。

但是，受传统编写思路和以"教"为中心的教学方法的影响，很多商务办公类教材都将理论讲解与实际操作分离。特别是一些社会培训机构或大中专院校的相关专业用书，有的以理论为主，需要教师花费大量时间和精力准备教学案例；还有的其教学案例缺乏连贯性，并且案例设计的针对性也不强。

有鉴于此，本书基于传统的教学内容和教材结构进行了一些突破，采用"任务驱动式"模式编写，真正做到了项目化教学，并把学生需要掌握的知识点用若干个完整、典型、有趣的项目案例贯穿始终，力图将本书打造为一本真正能让读者"即学即用"的实战型图书。

☒ 本书主要内容

本书结合电子商务等当前热门专业的内容挑选素材，主要讲授 Microsoft Office 中的Word、Excel、PowerPoint 三个常用办公软件的高级应用。Word 应用篇介绍文字的录入和编辑、文档格式的编排、图文混排以及表格的编辑和处理，任务内容包括制作公司宣传海报、组织结构图、邀请函、公司策划文案等；Excel 应用篇介绍电子表格的创建、编排和格式设置，如何使用公式或函数对数据进行分析与处理，如何建立各种格式的图表，任务内容包括制作和分析员工档案资料、销售报表等；PowerPoint 应用篇介绍图片的配色、逻辑图表的制作以及 3D 动画的设计制作，任务内容包括制作会议投影、公司形象宣传幻灯片等。

☒ 本书主要特色

（1）任务驱动，项目教学

本书摒弃先罗列理论再安排操作的内容组织架构，采取"做中学"的编写方式，通过若干个项目案例将各知识点联系起来，即在 3 个应用模块中设计了 12 个完整的任务。让读者在完成项目任务的同时轻松掌握相关知识点，体验作品完成后的成就感。

（2）巧妙安排，精心设计

在教学内容和方法上精心设计，每个任务都设计了"情景引入""作品展示""任务实施""知识链接"四个栏目，并环环相扣，激发读者的学习兴趣和主动性，而每个模块结尾通过"综合训练"和"思考练习"两个环节，帮助读者以自主实践的方式巩固各知识点和所学技能。

栏目一"情景引入"：根据企业岗位需求，以具体的工作任务为引导，设置情景模式，引入本章节所要学习的知识点，激发读者开始学习的兴趣。

栏目二"作品展示"：展示任务作品的最终效果，树立任务目标。

栏目三"任务实施"：读者了解了任务的基本要求后，根据提示完成任务的操作步骤，并在此过程中掌握知识技能，真正实现了"做中学"。

栏目四"知识链接"：对实际操作过程中涉及的理论知识及相关的知识点进行拓展，从而丰富课堂教学，为学生提供更多知识储备。

环节一"综合训练"：提炼与任务相关的实践操作，以及制作过程中的操作技巧。围绕教学过程中的重点和难点内容，将理论讲解和实践操作有效结合。

环节二"思考练习"：学完每个模块后，设置相关的思考练习，从而帮助读者巩固并检验所学知识。

（3）图文结合，展现细节

本书采用了图文结合的方式，展现了制作过程中的细节。任务的操作步骤与图片交替呈现，并通过详细的文字说明帮助读者扫清阅读和学习过程中的障碍，以便更直观、清晰地学习各个任务，达到预期的完成效果。

（4）资源丰富，视频齐全

为了方便读者阅读，并扫清学习上的障碍，本书配备了微课视频、备课教案、电子课件、教学素材、习题答案等丰富的教学资源。方便教师授课，同时也便于学生自学。

总而言之，本书集"教、学、做"与"反思、改进"于一体，目的是实现对知识的"直接迁移"，在教学过程中深化对学生能力与素质的培养。

○ 本书编写团队

本书编写团队的成员均为来自高等职业院校的一线教师，他们长期从事高级商务办公软件课程的教学和应用，将所积累的教学思想、教学经验、教学方法在本书中充分体现。

本书由张红、卞克任主编，杨艳杰、杜保全、谢杨洋、祝谨惠任副主编，郑晓霞、王建华、张铁军、刘丽红、刘瑜、李玉华、呼胜军、康金兵、张俊涛、焦建、杨东岳、卢红梅、郁陶、张成勇、杨雪、王宁宁任参编。其中，项目一由杨艳杰编写、项目二由杜保全编写、项目三由谢杨洋编写。最终由张红、卞克统稿。此外，本书在编写过程中得到了陈章侠、程磊、刘文娟、张倩、刘影、郭吉海、刘炳奇、郑学稳、顾明珊、李娜等同志的悉心指导和帮助，在此表示真诚的感谢！

¤ 本书适用读者

本书可作为高等职业院校计算机类、财经类、电子商务类专业的专业课教材，也可供社会同等学力人员自学及相关机构培训使用。本书适用的读者还包括：

- 企事业单位办公人员；
- 文案设计、客户管理、美工设计等岗位的工作人员；
- 软件设计、网站制作人员；
- 大中专院校相关专业师生；
- 网络爱好者与自学读者。

¤ 本书配套资源

本书配有 PPT、教学素材、课后习题及参考答案、试卷及参考答案、微课视频等教学资源。读者可以使用手机等移动设备扫描书中的二维码，观看微课视频，此外，还可以登录华信教育资源网（www.hxedu.com.cn）免费注册后下载其他教学资源。

由于编者水平有限，加之写作时间仓促，书中难免有不足之处，欢迎广大读者批评指正。

编者

各模块知识点微课视频列表

模　块	知　识　点	页　码
微课视频索引 模块一　Word 应用篇	（1）新建样式（2）删除样式（3）将文本转换为表格（4）重复表格标题行 （5）平均分布行高和列宽（6）设置文本宽度（7）自动调整表格宽度 （8）选择窗格（9）多级编号（10）设置文本制表位	第 1 页
微课视频索引 模块二　Excel 应用篇	（1）单元格保护（2）设置工作簿密码（3）自定义序列 （4）sumif 函数的使用（5）counta 函数的使用（6）数据透视表的编辑 （7）记录单的使用（8）图表位置（9）Excel 修订的应用（10）页边距调整	第 79 页
微课视频索引 模块三 PowerPoint 应用篇	（1）PowerPoint 的视图模式（2）使用幻灯片母板（3）图片裁剪 （4）图片艺术效果与重新着色（5）形状合并（6）调用形状组合功能 （7）幻灯片布局（8）编辑顶点（9）标尺网格线、参考线（10）超链接 （11）剪辑音频、视频（12）编号、日期、时间和页脚文本 （13）PowerPoint 动画触发器的设置方法（14）PowerPoint 动画效果分类 （15）设置透明色与删除背景（16）定时切换（17）添加动画效果 （18）动作设置（19）更换幻灯片的起始编号和大小（20）快闪效果 （21）设置音频、视频的播放	第 129 页

拓展案例微课视频列表

模　　块	拓　展　案　例
微课视频索引 模块一 Word 应用篇	（1）对文章《亲情》编辑排版（2）对文章《人为什么要自我管理》编辑排版 （3）制作"成绩单"（4）制作"人员出勤表" （5）制作"个人简历"（6）图文混排
微课视频索引 模块二 Excel 应用篇	（1）制作"销售表" （2）插入"图表"
微课视频索引 模块三 PowerPoint 应用篇	（1）新建演示文稿 （2）音效和动画的设计

目 录

CONTENTS

模块一 Word 应用篇 ………………………………………………………………… 1

任务 1.1 常用文档的制作 …………………………………………………………… 1

1.1.1 "邀请函"的批量制作 ……………………………………………………… 1

1.1.2 "红头文件模板"的制作 …………………………………………………… 14

1.1.3 "应聘登记表"的制作 ……………………………………………………… 21

任务 1.2 "宣传海报"的制作 ……………………………………………………… 32

任务 1.3 "年度工作总结"的制作 ………………………………………………… 42

任务 1.4 "毕业论文"的排版 ……………………………………………………… 50

综合实训:"论文"的编排与制作 ………………………………………………… 72

思考练习 ……………………………………………………………………………… 74

模块二 Excel 应用篇 …………………………………………………………… 79

任务 2.1 对"销售记录统计表"进行数据分析 …………………………………… 79

任务 2.2 制作"生意参谋平台数据报表" ………………………………………… 91

任务 2.3 对"销售业务统计表"进行数据分析 …………………………………… 100

任务 2.4 合并计算"销售情况报表"和"销售业务统计表" …………………… 107

任务 2.5 对"定购交易报告"进行数据分析 ……………………………………… 112

综合训练:制作"年终业务报表" ………………………………………………… 120

思考练习 ……………………………………………………………………………… 124

模块三 PowerPoint 应用篇 …………………………………………………… 129

任务 3.1 "JOAYE 形象"演示文稿的初步设计 ………………………………… 129

3.1.1 封面设计与制作 …………………………………………………………… 130

3.1.2 常见目录页的类型及其制作 ……………………………………………… 135

3.1.3 常见过渡页的类型及其制作 ……………………………………………… 139

3.1.4 统一幻灯片风格的技巧 …………………………………………………… 145

3.1.5 配色的方法与运用 ………………………………………………………… 150

任务 3.2 "JOAYE 形象"演示文稿的内页设计 ………………………………… 154

3.2.1 逻辑图表的应用与美化 …………………………………………………… 154

3.2.2 表格的应用与美化 ………………………………………………………… 157

　　3.2.3　插入视频、音频 ……………………………………………………… 163

　　3.2.4　插入 Flash 动画 …………………………………………………… 167

　任务 3.3　演示文稿的动画设计 …………………………………………………… 173

　　3.3.1　母版的原理与应用 …………………………………………………… 173

　　3.3.2　切换效果的应用 ……………………………………………………… 176

　　3.3.3　动画效果的设计与应用 ……………………………………………… 178

　综合实训：制作"奥运会"演示文稿 …………………………………………… 181

　思考练习 …………………………………………………………………………… 182

参考文献 ……………………………………………………………………………… 186

Word 2010 是 Microsoft 公司开发的 Office 2010 办公组件之一，主要用于文字处理工作，其全新的面向结果的界面可以让用户在需要时迅速找到相应的"工具"，从而实现对文档格式和效果更轻松、高效的设置。

本模块通过引入任务案例，详细介绍了 Word 2010 中常用文档的制作、宣传海报的制作、年度工作总结的制作、毕业论文的排版等，每个任务通过情景引入、任务实施、知识链接等栏目，深入介绍了相关知识。最后，通过综合实训和思考练习，帮助读者巩固所学技能。

本模块旨在帮助读者强化使用 Word 2010 的应用技能，提高日常办公的效率。

➡ 任务 1.1 常用文档的制作

在实际的办公应用中，经常会用到公文、邀请函及各类表格文档，下面我们以这三种应用文档为例，介绍 Word 2010 中常用文档的制作方法。

1.1.1 "邀请函"的批量制作

情景引入

"乐天安儿童成长中心"教育集团近期将在北京举办合作授牌及教育研讨会，现面向全国分校、分部及合作机构发出邀请函。小张作为总经理助理，负责发函工作。如何批量制作并发送邀请函呢？小张想利用 Word 的邮件合并功能完成此任务。

作品展示

批量制作的邀请函的效果如图 1-1 所示。

任务实施

实施步骤如下。

（1）建立并保存主控文档：启动 Word 2010，执行"文件"→"新建"→"空白文档"→"创建"菜单命令，新建一个空白文档，如图 1-2 所示。执行"文件"→"另存为"菜单命令，将文件名保存为"邀请函"，如图 1-3 所示。

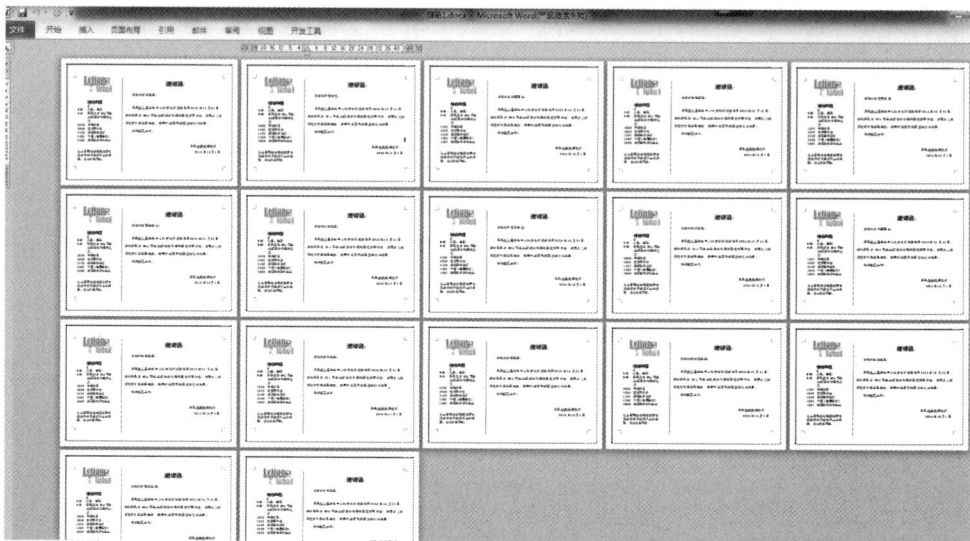

图 1-1 批量制作的"邀请函"效果

图 1-2 新建空白文档

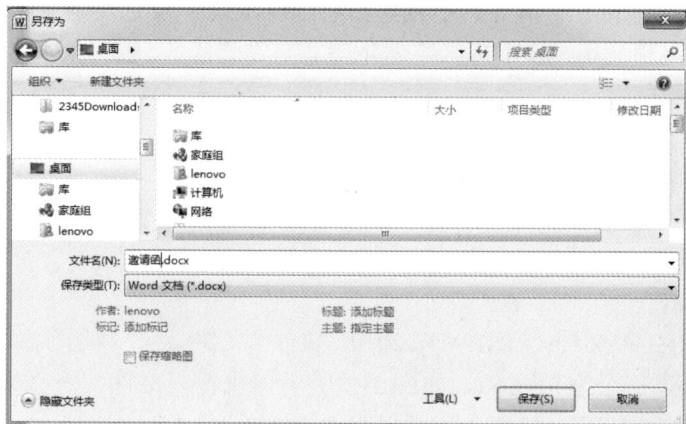

图 1-3 "保存"文档

（2）设置纸张为横向：执行"页面布局"→"纸张方向"→"横向"菜单命令，如图 1-4 所示。

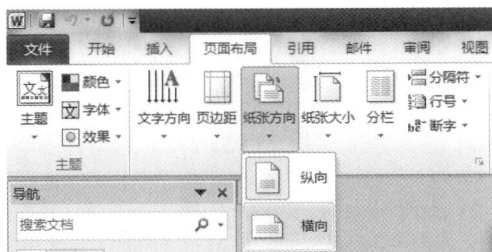

图 1-4　设置纸张为横向

（3）添加并设置分栏：执行"页面布局"→"分栏"→"偏左"菜单命令，如图 1-5 所示。

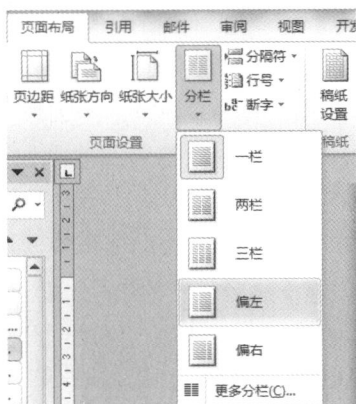

图 1-5　设置分栏

（4）设置页面背景：单击"页面布局"选项卡，在"页面背景"功能组中，执行"页面颜色"→"其他颜色"菜单命令，如图 1-6 所示，在打开的"颜色"对话框中选择"自定义"按钮，单击"颜色模式"右侧的下拉按钮，选择"RGB"，在下方的"红色""绿色""蓝色"对应的文本框中分别输入"255""255""204"，如图 1-7 所示，单击"确定"按钮。

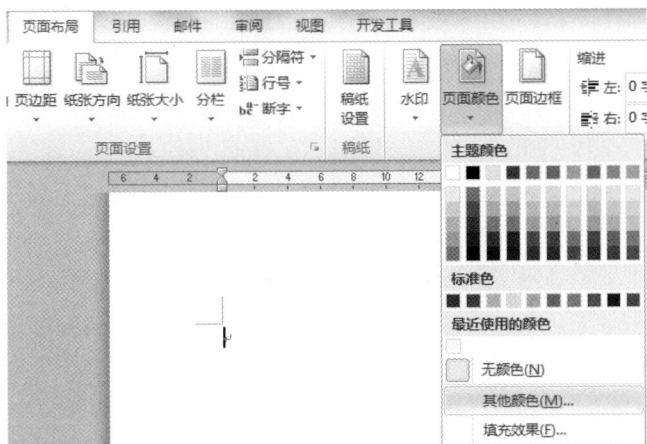

图 1-6　在"页面布局"中选择"其他颜色"

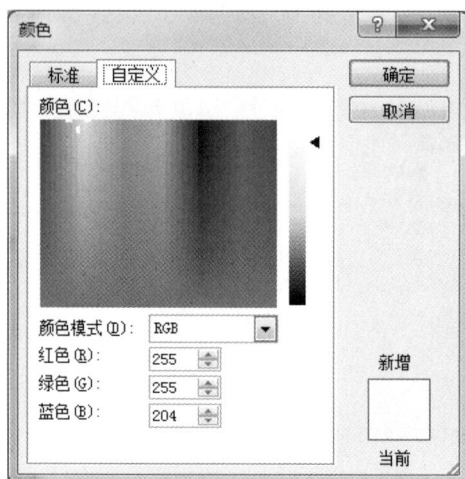

图 1-7 "颜色"对话框的设置

（5）输入并设置邀请函内容：插入点定位在页面起始处，单击"页面布局"选项卡，单击"分隔符"右侧下拉菜单按钮，选择"分栏符"选项，如图 1-8 所示，则光标定位到第二栏。录入"邀请函"三个字（字体为宋体、字号为一号、加粗、居中）；录入"邀请函"下方正文内容，并将内容格式设置为首行缩进 2 字符、行距为固定值 36 磅、字体宋体、字号为三号、字形为常规、段落两端对齐；选择段落"尊敬的："，单击"开始"，在"段落"功能组中，单击该功能组右下角对话框指示器按钮，打开"段落"对话框，设置段前间距为 0.5 行，段后间距为 1.5 行，如图 1-9 所示。操作完成后，效果如图 1-10 所示。

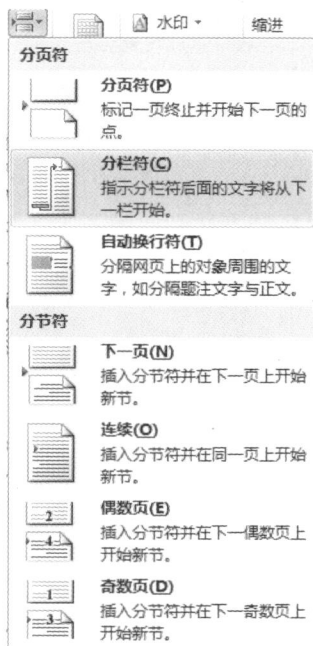

图 1-8 插入"分栏符"

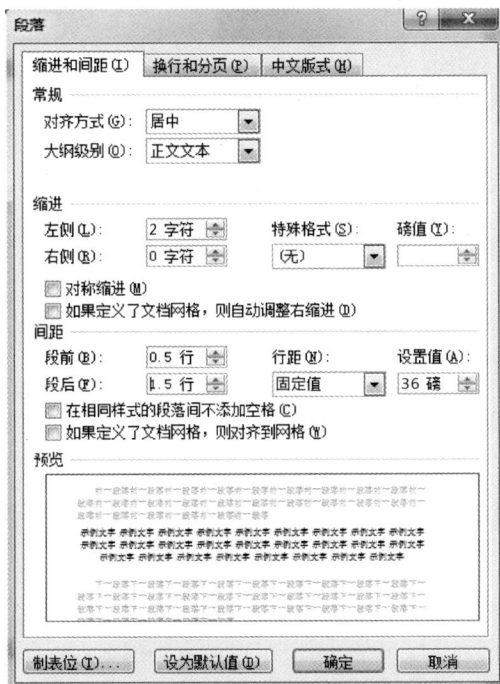

图 1-9 "段落"格式设置

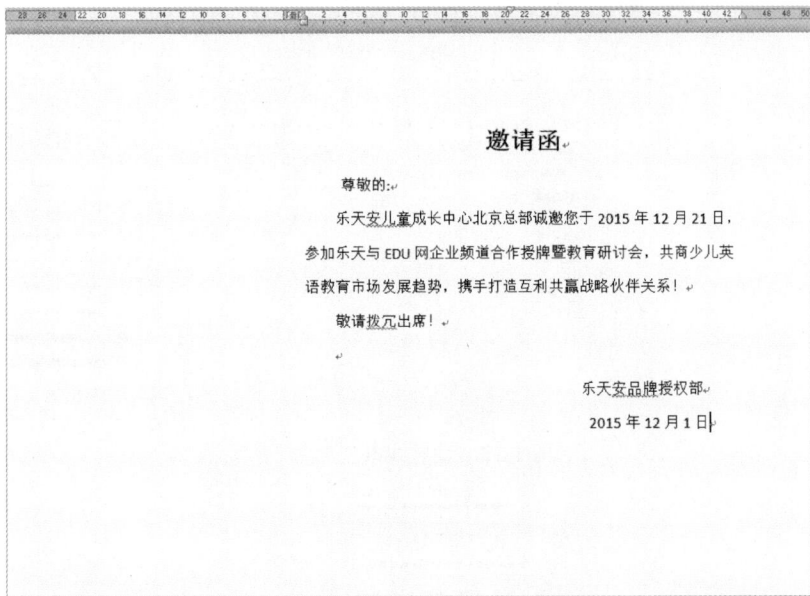

图 1-10 第 (5) 步完成后的效果

（6）绘制并设置分隔线：单击"插入"选项卡，在"插图"功能组中，执行"形状"→"线条"→"直线"菜单命令，如图按 1-11 所示。左手按住"Shift"键不放，拖动鼠标，在两栏之间分隔线的位置，画一条竖直的线段。

图 1-11　插入"直线"

选中直线,执行"绘图工具"→"形状样式"菜单命令,单击"形状轮廓"旁边的下拉菜单按钮,弹出菜单,先设置线条粗细,选择"0.75 磅",如图 1-12 所示;再设置线条形状,即在图 1-12 中选择"虚线"选项,然后选择"圆点"样式,如图 1-13 所示。

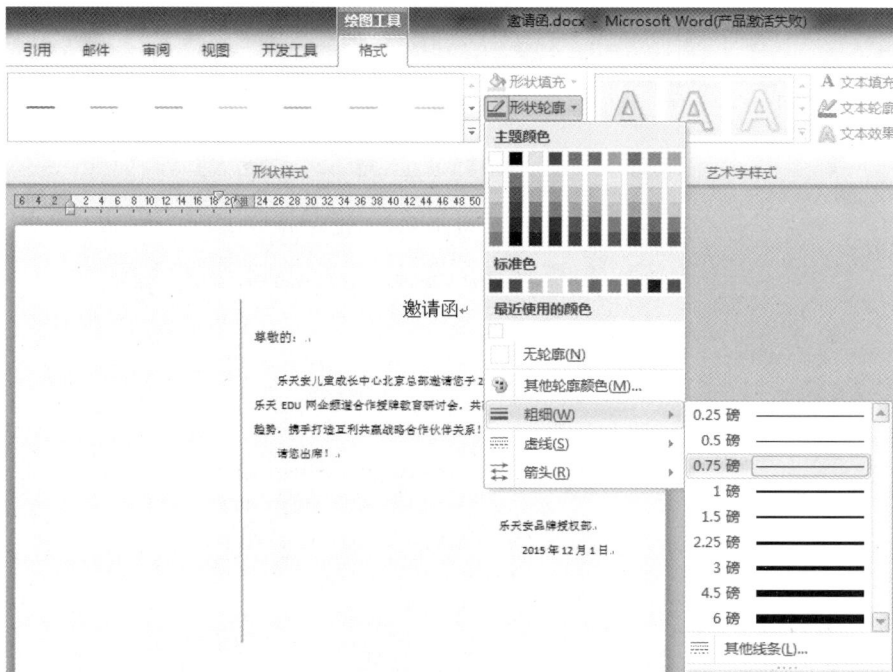

图 1-12　设置线条"粗细"

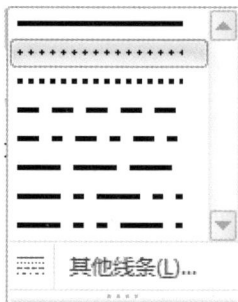

图 1-13　设置线条"形状"

（7）录入"活动流程"并进行设置：执行"插入"→"文本框"菜单命令，单击"文本框"旁边的下拉菜单按钮，选择"绘制文本框"选项，如图 1-14 所示，鼠标指针变成"+"形状，此时，在需要绘制文本框的地方拖动鼠标，至合适大小时，释放鼠标左键，即绘制出一个文本框。在文本框内部录入活动流程的全部内容，"活动流程"四个字格式设置为宋体、小二号、加粗、居中，"活动流程"下面的文字内容的格式设置为宋体、四号，行距为固定值18 磅。单击文本框边框，文本框四周出现八个尺寸控制点，鼠标指向尺寸控点，当鼠标变成双向箭头时，拖动鼠标、可调整文本框大小；鼠标指针指向文本框的边框线，鼠标指针变成四向箭头形状时，可用鼠标拖动文本框，移动文本框到合适位置。

图 1-14　选择"绘制文本框"选项

选中文本框，执行"绘图工具"→"格式"→"形状填充"→"无填充颜色"菜单命令，如图 1-15 所示。则文本框内部显示为背景色。操作完成后，效果如图 1-16 所示。

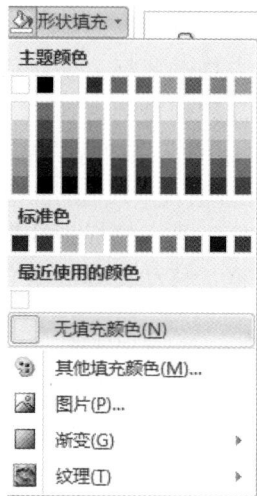

图 1-15　设置"文本框"为无颜色填充

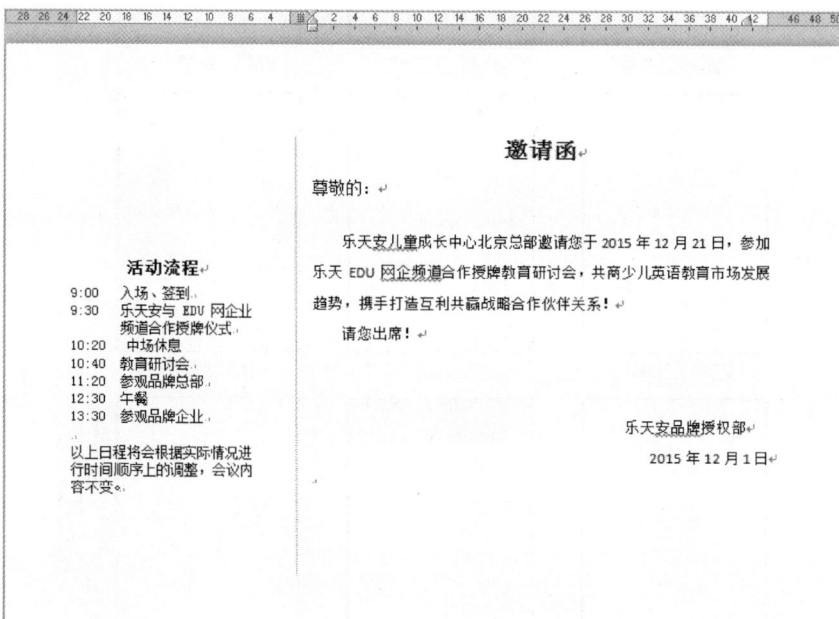

图 1-16　第（7）步完成后的效果

　　（8）插入艺术字：执行"插入"→"艺术字"菜单命令，弹出如图 1-17 所示的菜单，选择一种艺术字类型，弹出编辑框"请在此放置您的文字"。在编辑框中输入"Letian"，在"开始"选项卡的"字体"功能组中，设置"Letian"的字体为 Bernard MT Condensed、字号为初号、加粗。单击艺术字，艺术字周边出现尺寸控制点，用鼠标拖动尺寸控制点即可调整艺术字的边框大小，然后将艺术字移至合适的位置。采用同样的方法输入其他艺术字，即"lete"（字体为 Calibri、字号为初号、加粗），"乐"（字体为宋体、字号为小二、加粗），"天"（字体为宋体、字号为小二号、加粗）。各艺术字按图 1-19 中所示位置排列。

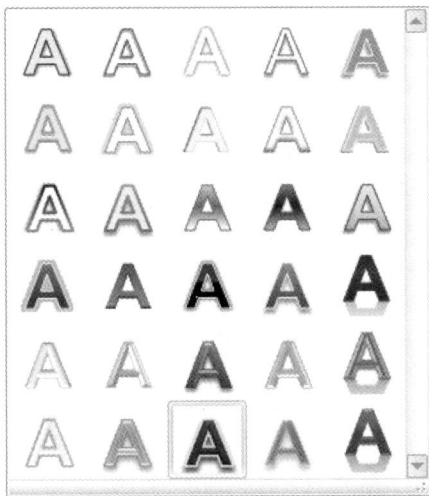

图 1-17　选择艺术字类型

（9）设置页面边框：执行"页面布局"→"页面背景"菜单命令，单击"页面边框"按钮，打开"边框和底纹"对话框，单击"页面边框"选项卡，在"艺术型"下拉菜单中选择一种边框样式，"宽度"设置为 10 磅，如图 1-18 所示。操作完成后，效果如图 1-19 所示。

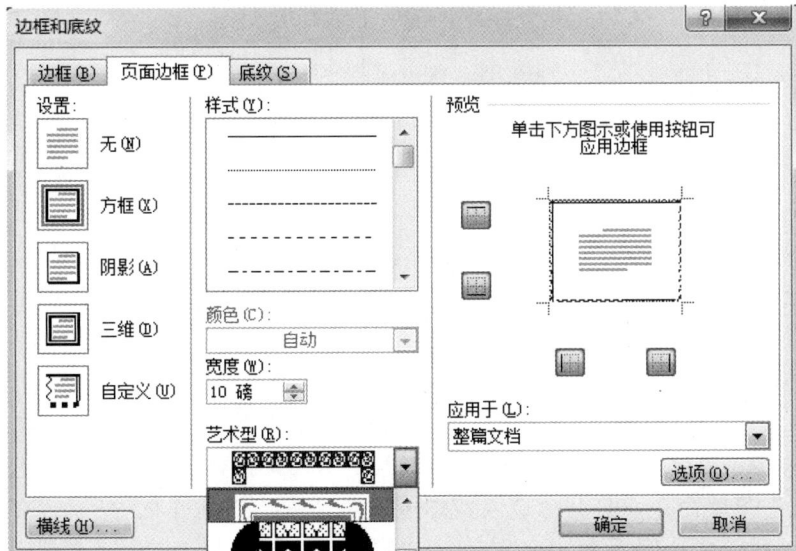

图 1-18　在"边框和底纹"对话框中设置页面边框

（10）保存主控文档：调整好页面中各部分内容的位置后，保存文件，即主控文档。

（11）准备数据源：找到教学素材中提供的"公司分中心联系表.xlsx"文件。

（12）合并主控文档和数据源，步骤如下。

①设置"信函"模式：在主控文档中，执行"邮件"→"开始邮件合并"→"信函"菜单命令，如图 1-20 所示。

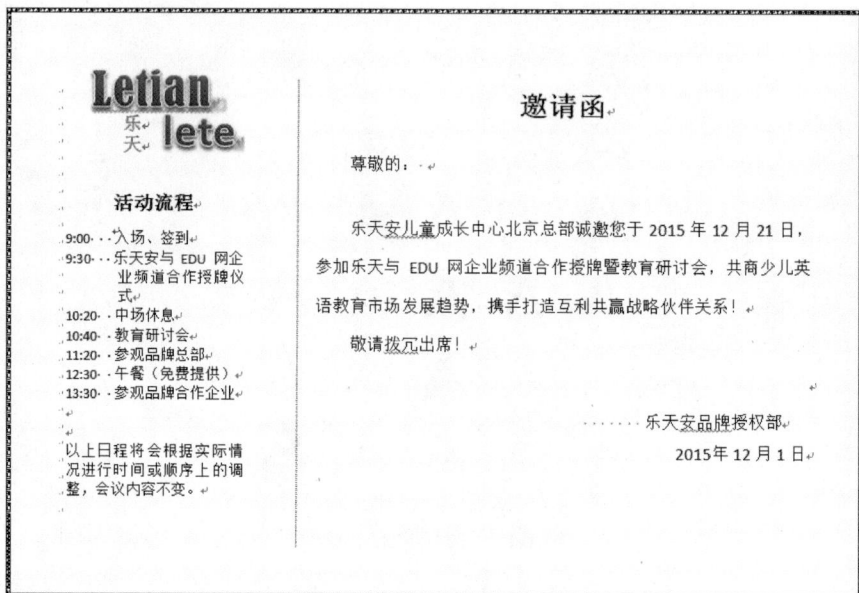

图 1-19　第（9）步完成后的效果

图 1-20　在"开始邮件合并"菜单中选择"信函"菜单命令

②选择数据源：在"邮件"功能区，如图 1-21 所示，执行"邮件"→"选择收件人"→"使用现有列表"菜单命令，打开"选取数据源"对话框，如图 1-22 所示，在存储教学素材的位置选择"公司分中心联系表.xlsx"，单击"打开"按钮，导入 Excel 文件中的数据。

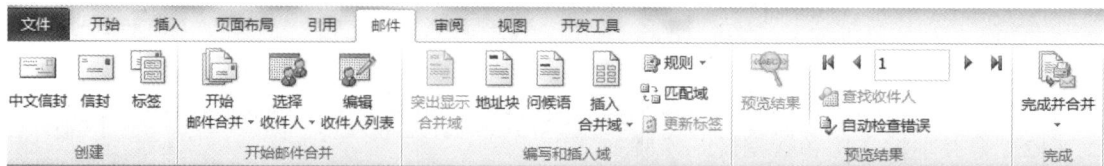

图 1-21　"邮件"功能区

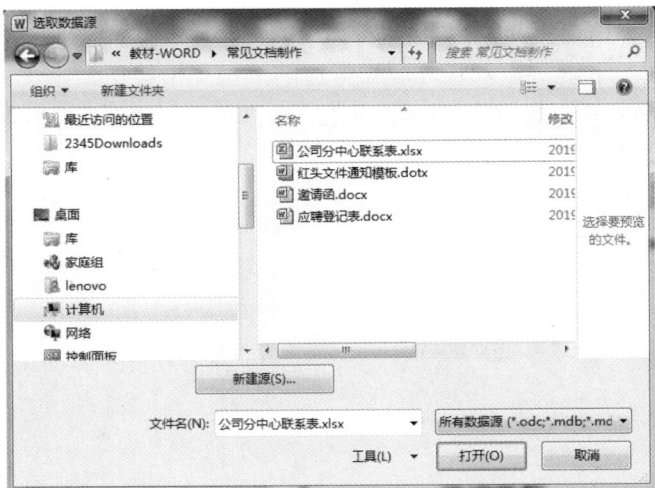

图 1-22　在"选取数据源"对话框中选择"公司分中心联系表.xlsx"

接着，系统弹出"选择表格"对话框，选中"Sheet1"，如图 1-23 所示，单击"确定"按钮。

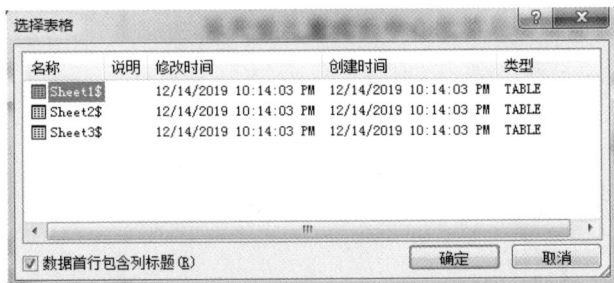

图 1-23　在"选择表格"对话框中选中"Sheet1"

按照上述操作，则表格中的数据默认被全部选取。若想只选取表格中的部分数据，则单击"邮件"选项卡中的"编辑收件人列表"按钮，会弹出如图 1-24 所示的"邮件合并收件人"对话框，用户可在"姓名"列左侧的复选框中勾选需要的数据，最后单击"确定"按钮即可。

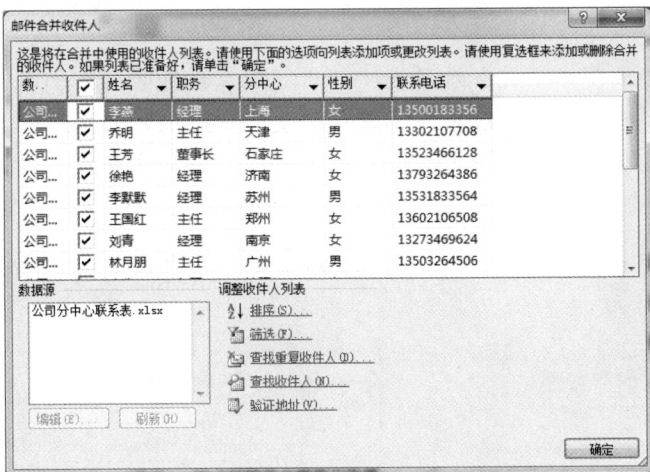

图 1-24　"邮件合并收件人"对话框

③撰写信函中的称谓：将光标定位在文字"尊敬的："后面，在"邮件"选项卡中的"编写和插入域"功能区，单击"插入合并域"旁边的下拉菜单按钮，在弹出的菜单中选择"姓名"字段，如图1-25所示，然后重复刚刚同样的操作再选择"职务"字段。完成"插入合并域"操作后的文档效果如图1-26所示。

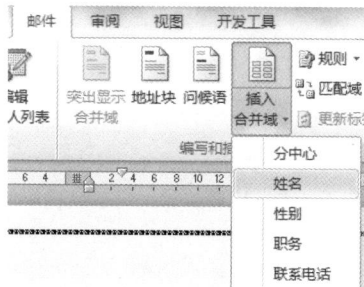

图1-25 在"插入合并域"菜单中选择"姓名"字段

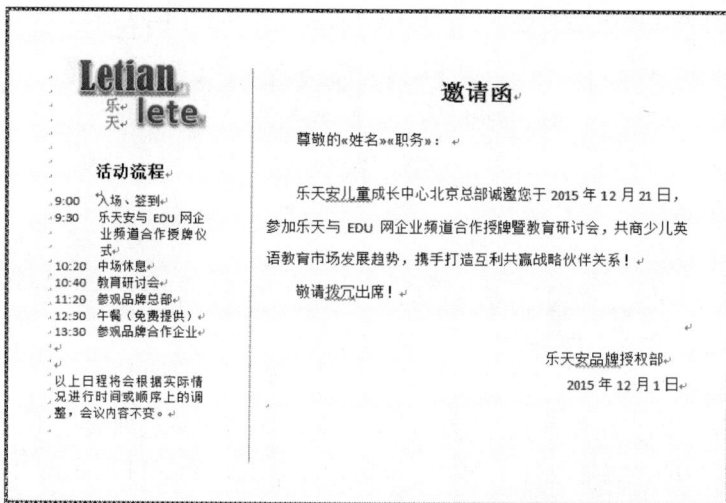

图1-26 完成"插入合并域"操作后的文档效果

④合并到新文档：在"邮件"选项卡中的"完成"功能区，单击"完成并合并"旁边的下拉菜单按钮，在弹出的菜单中选择"编辑单个文档"选项，会弹出"合并到新文档"对话框，如图1-27所示。勾选"全部"单选钮，然后单击"确定"按钮，此时，文档自动生成一个包含有17页内容的、文件名默认为"信函1"的批量邀请函，效果如图1-1所示。

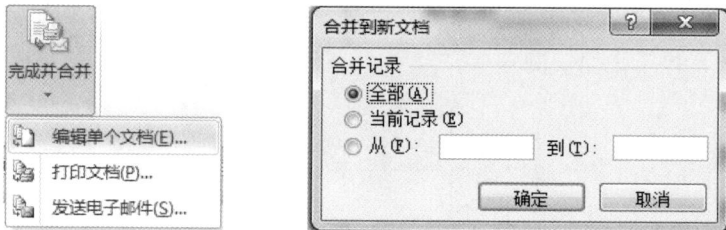

图1-27 在"完成并合并"中选择"编辑单个文档"菜单命令及弹出的"合并到新文档"对话框

合并操作前执行"邮件"→"预览结果"菜单命令，可预先浏览生成的信函的效果。

知识链接

1. Word 的"邮件合并"功能

（1）什么是 Word 的"邮件合并"功能？

Word 的"邮件合并"功能可以将一个主控文档与一个数据源结合起来，合并与发送一批与信息相关的数据，最终生成一系列输出文档。如果需要批量处理一组文档，如寄给多个客户的套用信函，也可以使用"邮件合并"功能来实现。

Word 的"邮件合并"功能除可以批量处理信函、信封等与邮件相关的文档外，还可以轻松地批量制作工资条、成绩单、通知书、准考证、获奖证书等文档。

一般来说，完成一次"邮件合并"操作，会涉及主控文档、数据源、合并文档三类文件。

（2）主控文档、数据源、合并文档。

主控文档指制作信函（或其他对象）时文档内容固定不变的部分（例如，打印信封时，寄信人的信息是固定不变的），数据源则指变化的内容（例如，打印信封时，收信人的信息是变化的），数据源来自某个含有标题行的数据记录表，可以是 Excel 工作表、Access 数据表或者其他包含"联系人"等标题行的数据记录表。

"邮件合并"后的最终文档是一份可以独立存储或输出的 Word 文档，其中包含了所有的输出结果，我们称之为合并文档。主控文档内容在输出的合并文档中是相同的，有变化的内容则来自数据源。数据源中有多少条记录，就可以生成多少份最终结果。当然，如果对数据源列表进行了筛选，则输出部分仅包含经过筛选后的记录。

2．域及域的使用

（1）什么是域？

简单来说，域是文档中可能发生变化的数据。文档中的某处插入的域，文档中显示的内容是域代码运行后的结果。

每个域有一个唯一的名字，域结果根据文档的变动或相应因素的变化而自动更新。文档的域包括：自动编页码、自动编制目录、关键词索引、图表目录、按不同格式插入日期和时间、通过链接与引用在活动文档中插入其他文档、实现邮件的自动合并与打印、创建标准格式分数、为汉字加注拼音等。

域具有可格式化、可更新、可锁定等特性。

（2）域的编辑。

显示新域代码：选择域并右击，在弹出的快捷菜单中选择"切换域代码"选项。

修改域：显示域代码后直接修改，或者选择域并右击，在弹出的快捷菜单中选择"编辑域"选项。

更新域：选择域并右击，在快捷菜单中选择"更新域"选项。

删除域：选择域，按 Delete 键删除。

设置域格式：可以将字体、段落和其他格式应用于域，使它们融合在文档中。

表 1-1　域相关的快捷键及功能与说明

快捷键	功能与说明
Ctrl+F9	插入域
F9	更新域
Shift+F9	显示或隐藏特定的域代码，在域代码和其他结果间切换
Alt+F9	显示或隐藏文档中所有的域代码
Ctrl+Shift+F9	取消域的链接（即当前域变为普通文本）
Ctrl+F11	锁定域，禁止域被更新
Ctrl+Shift+F11	解除域的锁定

1.1.2 "红头文件模板"的制作

情景引入

总经理办公室秘书小王因为工作需要，经常负责起草并下发公司的一些通知、文件，公司对这类文件一般有明确的写作格式要求。为了便于今后高效、规范地完成这类工作，小王决定建立一个模板文件。

作品展示

红头文件模板完成后效果如图 1-28 所示。

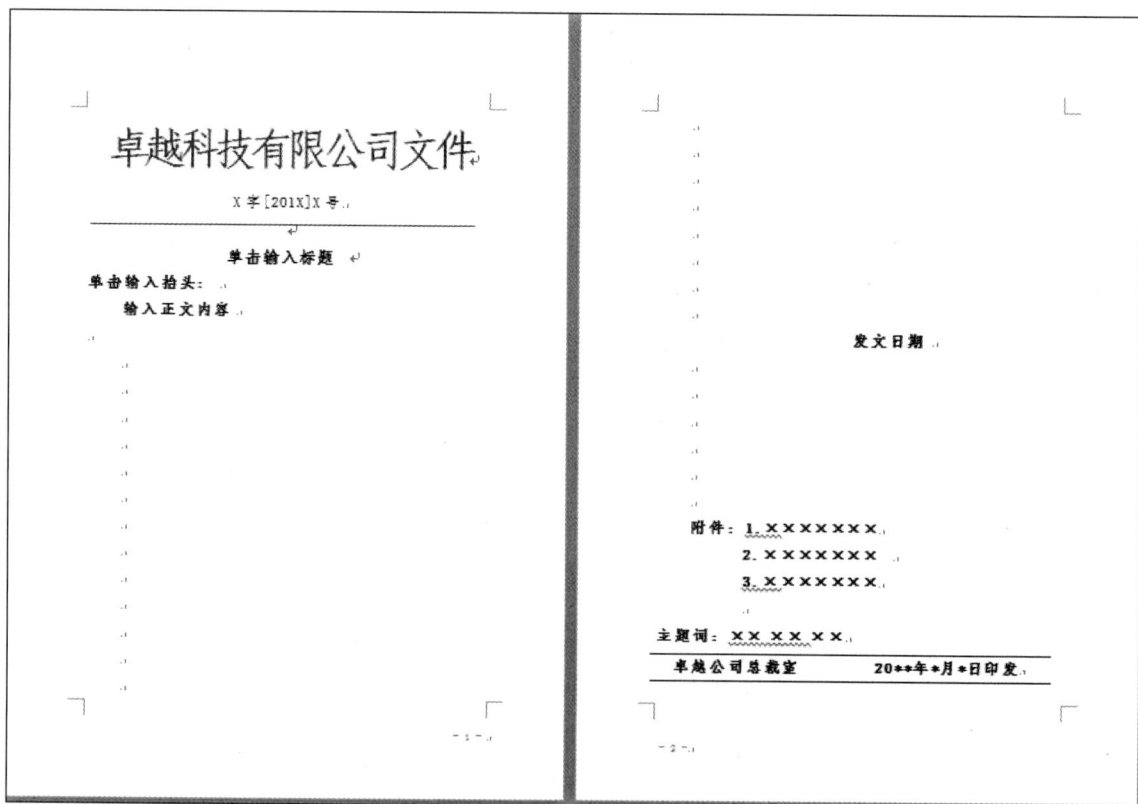

图 1-28　"红头模板文件"效果图

任务实施

实施步骤如下。

（1）新建空白文档：启动 Word 2010，执行"文件"→"新建"→"空白文档"→"创建"菜单命令，新建一个空白文档。

（2）页面设置：单击"页面布局"选项卡，再单击"页面设置"功能组右下方的小箭头，如图 1-29 所示。

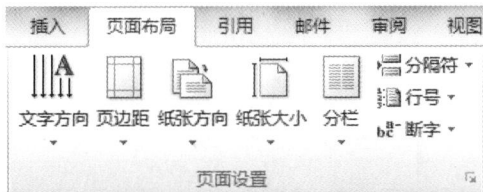

图 1-29　"页设置面"功能组

系统弹出"页面设置"对话框，单击"页边距"选项卡，设置上、下、左、右的页边距分别为 3.7 厘米、3.7 厘米、2.9 厘米、2.9 厘米，如图 1-30 所示；单击"文档网格"选项卡，勾选"指定行和字符网格"单选钮，在字符数区域中设置每行 33 个字符，在行数区域中设置每页 22 行，如图 1-31 所示，单击"确定"按钮。

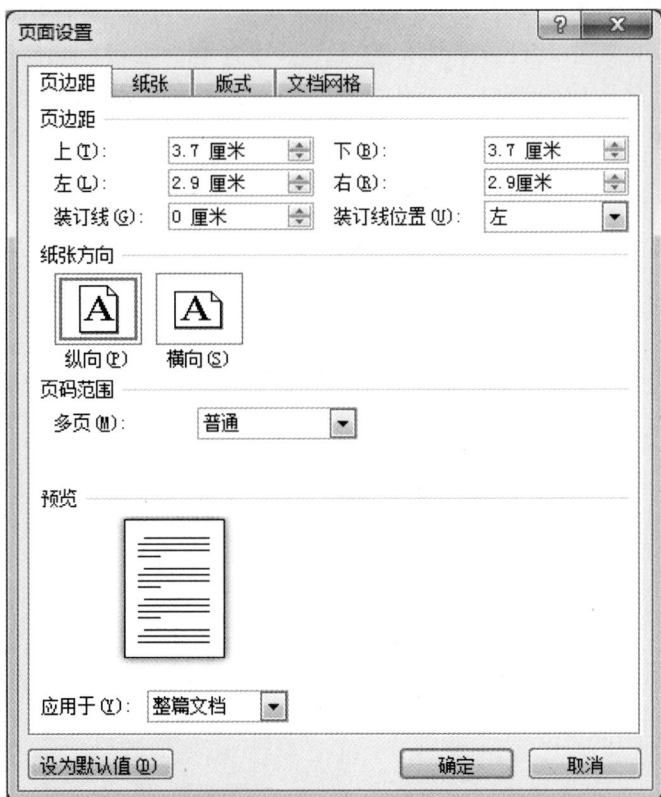

图 1-30　"页面设置"对话框中"页边距"选项卡的设置

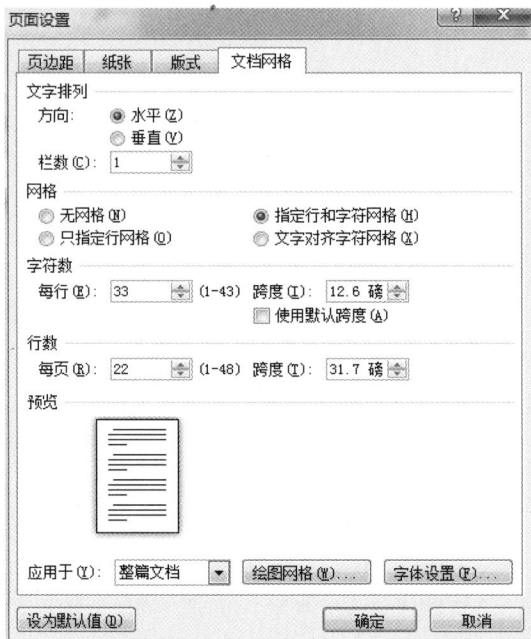

图 1-31 "页面设置"对话框中"文档网格"选项卡的设置

（3）输入并设置文件抬头："卓越科技有限公司文件"，选中文件抬头，单击"开始"选项卡，在"字体"功能组中，设置字体为仿宋、字号为48、加粗、颜色为红色、居中对齐；单击"开始"中"字体"功能组右下方的小箭头，系统弹出"字体"对话框，单击"高级"选项卡，在字符间距区域中，设置间距为紧缩，磅值为5.5磅，如图1-32所示，单击"确定"按钮。操作完成后，效果如图1-33所示。

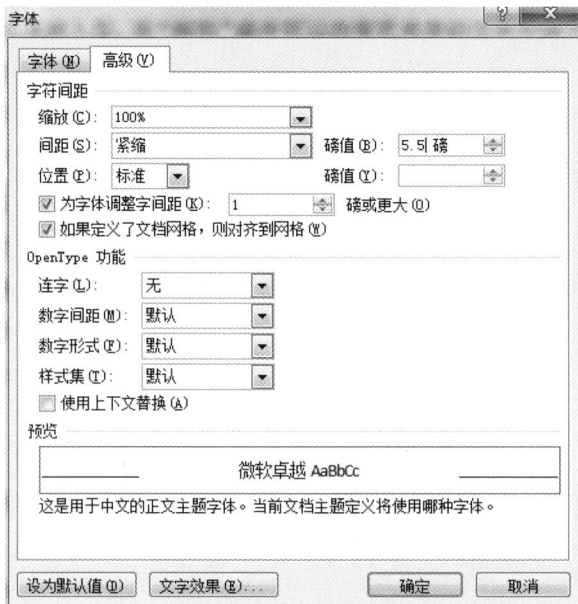

图 1-32 "字体"对话框中的"高级"选项卡的设置

图 1-33　第（3）步完成后的效果

（4）输入并设置文件号：在文件抬头下方输入"X 字[201X]X 号"并将其选中，设置字体为仿宋、字号为三号、居中对齐；重复上一步操作，在"字体"对话框中"高级"选项卡中，在字符间距区域，设置间距为标准并单击"确定"按钮。

（5）绘制红线：执行"插入"→"形状"菜单命令，在线条中选择直线类，左手按住"Shift"键不放，按住鼠标左键在文件号下面水平向右拖动，至合适长度，释放左键，绘制出一条水平直线；单击选中直线，执行"绘图工具"→"格式"→"形状样式"功能区中的"形状轮廓"菜单命令，主题颜色选择"红色"，粗细选择"1.5 磅"。操作完成后，效果如图 1-34 所示。

图 1-34　第（5）步完成后的效果

（6）输入并设置文件名：在文件号后面按两次回车键，将光标定位在红色直线下方，单击"插入"选项卡，在"文本"功能组中，单击"文档部件"下面的下拉菜单按钮，选择"域"选项，如图 1-35 所示。

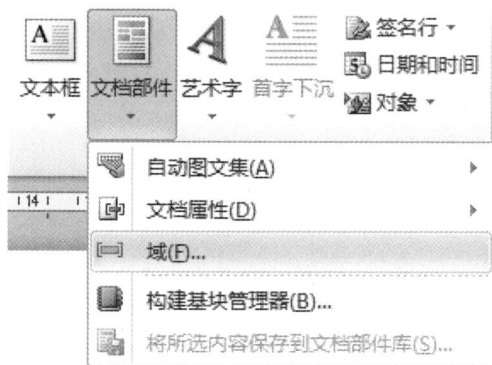

图 1-35　在插入"文档部件"下拉菜单中选择"域"

系统弹出"域"对话框，如图 1-36 所示，在"类别"下拉菜单中选择"全部"，在"域名"列表中选择"MacroButton"选项，在右侧的"宏名"列表中选择"DoFieldClick"选项，并在"显示文字"文本框中输入"单击输入标题"，单击"确定"，在文档中选择"单击输入标题"，设置字体为仿宋、字号为小二、加粗、居中对齐。操作完成后，效果如图 1-37 所示。以后直接输入每份文件的标题内容即可。

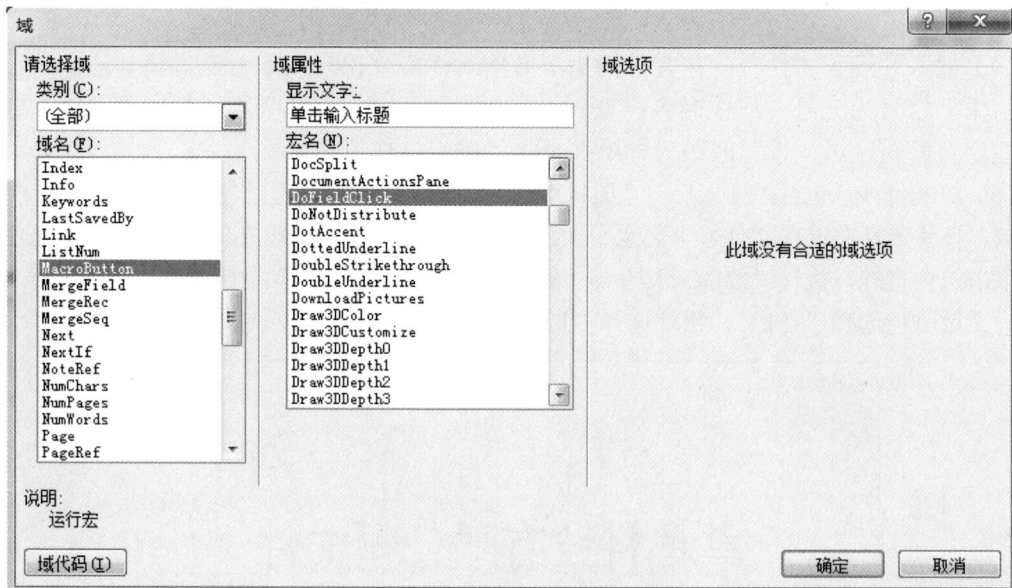

图 1-36　"域"对话框

（7）输入并设置正文抬头：操作方法与步骤（6）基本相同，按回车键，另起一行，执行"插入"→"文本"→"文档部件"→"域"菜单命令，在弹出的"域"对话框中，"类别"下拉菜单中选择"全部"，左栏"域名"列表中选择"MacroButton"，右栏的"宏名"列表中选择"DoFieldClick"选项，并在"显示文字"文本框中输入"单击输入抬头："，单击"确定"，在文档中将"单击输入抬头："设置字体为仿宋、字号为三号、左对齐。操作完成后，效果如图 1-38 所示。

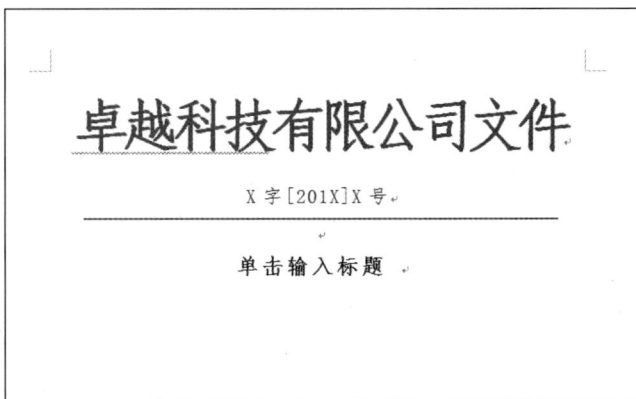

图 1-37　第（6）步完成后的效果

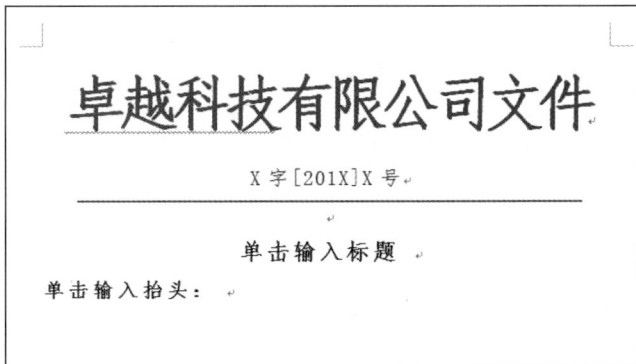

图 1-38　第（7）步完成后的效果

（8）输入并设置正文内容：比照步骤（7）的方法，将"输入正文内容"设置字体为仿宋、字号为三号、首行缩进 2 个字符。操作完成后，效果如图 1-39 所示。

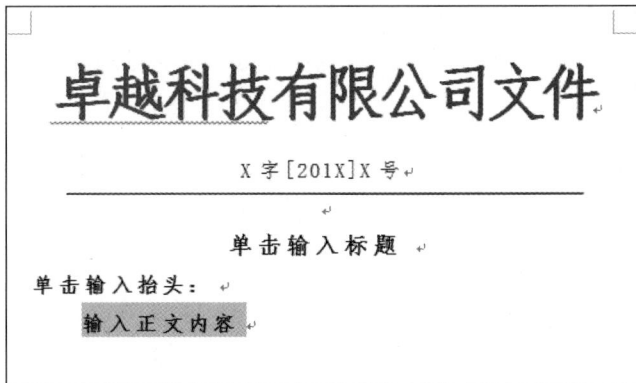

图 1-39　第（8）步完成后的效果

（9）输入并设置发文日期：按 Enter 键若干次，至适当的位置，执行"插入"→"文本"→"文档部件"→"域"菜单命令，在弹出的"域"对话框中，"类别"下拉菜单中选择"全部"，左栏"域名"列表中选择"MacroButton"，右栏的"宏名"列表中选择"DoFieldClick"选项，并在"显示文字"文本框中输入"发文日期"，单击"确定"，在文档中选中"发文日期"，设置字体为仿宋，字号为三号。方法参照步骤（7）。

（10）输入并设置附件和主题词部分：参照作品展示的效果图，见图 1-28，在适当的位置输入附件和主题词部分的具体文字，并将其格式设置字体为仿宋、字号三号。

（11）插入并设置表格：单击"插入"选项卡，然后单击"表格"下边的下拉菜单按钮，在下方的"插入表格"区域拖动鼠标，快速创建一个 1 行 1 列的表格，如图 1-40 所示。

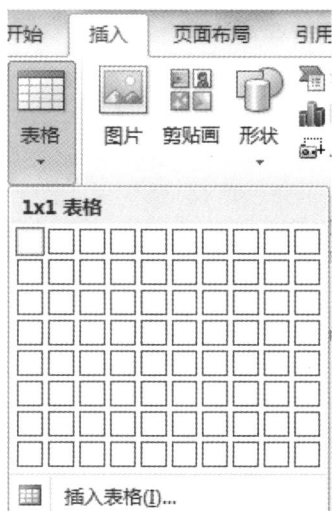

图 1-40　快速"插入表格"

执行"表格工具"→"设计"菜单命令，如图 1-41 所示，单击"绘图边框"功能组的"擦除" ，依次单击表格左、右两边的边框线，从而擦除了两侧的框线，只保留了表格上、下两行的边框线；在表格内输入内容"卓越公司总裁室""20**年*月*日印发"，调整好位置。参照作品展示的效果图，见图 1-28。

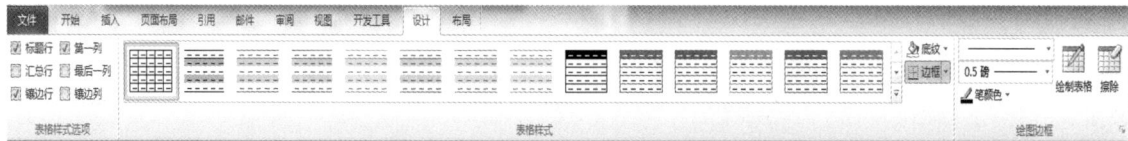

图 1-41　"表格工具"中的"设计"选项卡

（12）保存模板：执行"文件"→"另存为"菜单命令，在弹出的"另存为"对话框中，"保存类型"选择"Word 模板(.docx)"，选择好保存位置、文件名设置为"红头文件通知模板"，单击"保存"按钮。

说明：Word 模板可以保存在用户指定的位置，也可以保存在默认的存储目录（C:\用户\用户名\AppData\Roaming\Microsoft\Templates）下。需要编辑新的文档时，可以执行"文件"→"新建"→"我的模板"菜单命令，在打开的"个人模板"中选择相应的模板文件即可。

知识链接

插入域有两种方法，分别如下。

1．文档部件插入法

文档部件实际上是对某段指定文档内容（文本、图片、表格、段落等文档对象）的封装手段，也可以单纯地将其理解为对这段文档内容的保存和重复使用，文档部件为在文档中共享已有的设计或内容提供了便利。

文档部件包括自动图文集、文档属性（如标题和作者）、域等。

插入域：将光标定位在要插入域的位置，执行"插入"→"文本"→"文档部件"菜单命令，在下拉菜单中选择"域"选项，打开如图1-36所示的"域"对话框，选择相应的"类别""域名"，根据情况设置"域属性"等，单击"确定"按钮即可。

注意：在对话框的"域名"区域下方有对要选择的域的功能说明。

2．域代码直接输入法

将光标定位在要插入域的位置，按"Ctrl+F9"组合键，会弹出域特征符"{ }"，然后在大括号内输入域代码。

域代码一般由三部分构成：域名、域参数、域开关，域代码包含在一对大括号"{ }"（被称为域特征符）中。

域名代表域代码的运行内容，域参数是对域名的进一步说明，域开关是特殊的指令，在域中可引发特定的操作。

域代码的通用格式：{域名[域参数] [域开关]}，中括号内的部分是可选项，域代码不区分大小写。

例如，创建日期域：输入域代码"2020年6月25日"，选中输入的域代码，按"Shift+F9"组合键，则该位置显示"域结果"。其中，DATE是域名，\@是域开关，" yyyy'年'M'月'd'日' "是显示格式，表示显示日期的格式。

1.1.3　"应聘登记表"的制作

情景引入

人力资源部的小李负责公司的人才招聘工作，往年面对应聘人员递交的大量的格式不统一的简历，筛选起来着实费工夫。今年，小李决定制作一个统一格式的"应聘登记表"，以方便快速了解应聘人员的基本情况和信息，提高工作效率。

作品展示

"应聘登记表"制作效果如图1-42所示。

图 1-42 "应聘登记表"效果图

任务实施

实施步骤如下。

（1）创建表格：在启动 Word 2010 并新建空白文档的前提下，单击"插入"选项卡，单击"表格"旁边的下拉菜单按钮，选择"插入表格"选项，如图 1-43 所示。

系统弹出"插入表格"对话框，如图 1-44 所示，在"表格尺寸"区域中的"列数"和"行数"文本框中分别输入 7 和 24，单击"确定"按钮，创建一个 7 列 24 行的表格。

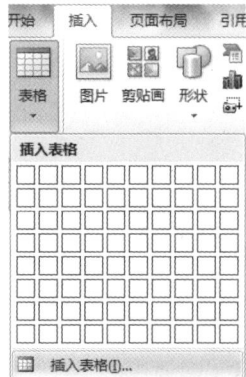

图 1-43 "插入表格"命令

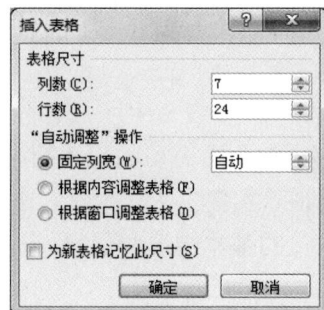

图 1-44 "插入表格"对话框

在“表格工具”的“设计”和“布局”两个选项卡中，选择相应的工具按钮，如图 1-45 所示，对单元格进行合并、拆分，并在合适的位置录入对应的文字内容、设置字体与字号、对齐方式、单元格底纹、调整行高和列宽等。操作完成后的效果如图 1-46 所示。

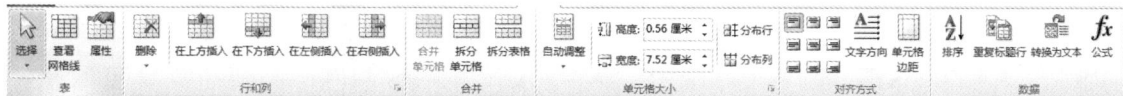

图 1-45　“表格工具”的“布局”选项卡

应聘登记表

本人郑重承诺，以下所填内容完全属实，如有隐瞒、伪造、弄虚作假，一切责任自负。 应聘岗位：…………年……月……日					
基本信息栏：					
姓名		性别		出生日期	
政治面貌		籍贯		学历/学位	
身份证号码				民族	
户口所在地				联系电话	
E-mail 地址				身高/体重	
通讯地址				婚否	
教育背景（高中起点）：					
起始日期	终止日期	所学专业	毕业院校		学历/学位
工作（或实践）经历：					
起始日期	终止日期	工作内容	工作单位		离职原因
获奖情况：					
获奖时间	获奖内容				
自我评价（不超过 50 字）：					

图 1-46　“应聘登记表”表格

（2）添加“开发工具”选项卡：执行“文件”→“选项”→“自定义功能区”菜单命令，打开“Word 选项”对话框，如图 1-47 所示，在“自定义功能区”下拉菜单中选择“主选项卡”，并在下面勾选“开发工具”复选框，单击“确定”按钮。此时，菜单栏新增了“开发工具”选项卡，如图 1-48 所示。

图 1-47 "Word 选项"对话框

图 1-48 "开发工具"选项卡

（3）插入并设置"格式文本内容控件"。

①光标定位在"姓名"后面的单元格，执行"开发工具"→"控件"→"格式文本内容控件" Aa 菜单命令，则该单元格显示为"格式文本"控件占位符（单击此处输入文字。）。

控件占位符有两种不同的显示状态，可执行"开发工具"→"控件"→"设计模式"菜单命令进行观察。

②按照同样的方法，插入"籍贯""身份证号码""户口所在地""联系电话""E-mail 地址""身高/体重"等单元格对应的控件。

设置"身高/体重"文本内容的控件属性：单击"身高/体重"右侧单元格的控件占位符，执行"开发工具"→"控件"→"属性" 菜单命令，打开"内容控件属性"对话框，在"常规"区域的"标题"和"标记"文本框内，分别输入"体重输入 kg 值"，如图 1-49 所示，单击"确定"按钮。这样，填表人员在录入该数据时会看到提示信息，如图 1-50 所示。

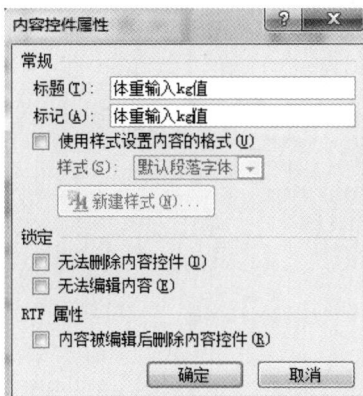

图 1-49 "内容控件属性"对话框

图 1-50 "身高/体重"文本框提示信息

（4）插入并设置"下拉列表控件"。

①光标定位在"性别"后面的单元格，执行"开发工具"→"控件"→"下拉列表内容控件" 菜单命令，则该单元格显示"下拉列表"控件占位符 选择一项。。

②选中"下拉列表"控件占位符，执行"开发工具"→"控件"→"属性" 命令，打开"内容控件属性"对话框，在"下拉列表属性"区域中选中"选择一项。"，单击"删除"按钮，删除默认的"添加一项。"，然后单击"添加"按钮，打开"添加选项"框，如图 1-51 所示，在"显示名称"文本框中输入"男"，单击"确定"按钮，回到"内容控件属性"对话框，继续单击"添加"按钮，再打开"添加选项"对话框，在"显示名称"文本框中输入"女"，单击"确定"按钮，返回"内容控件属性"对话框，如图 1-52 所示，单击"确定"按钮。

图 1-51 "添加选项"对话框

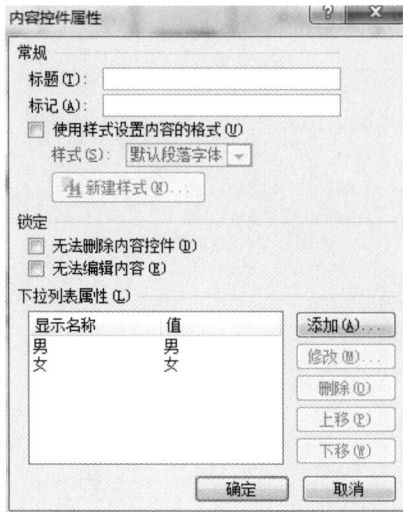

图 1-52　在"内容控件属性"对话框中设置下拉列表属性后的效果

③按照同样的方法，插入"政治面貌""学历/学位""婚否"等单元格内容对应的控件。

（5）插入并设置"日期选取器内容控件"。

①光标定位在"出生日期"后面的单元格，执行"开发工具"→"控件"→"日期选取器内容控件"　菜单命令，则该单元格显示相应的控件占位符　单击此处输入日期。　。

②如果需要设置日期的显示格式，可打开"日期选取器"的"内容控件属性"对话框，在对话框中选择相应的日期显示方式即可，如图 1-53 所示。

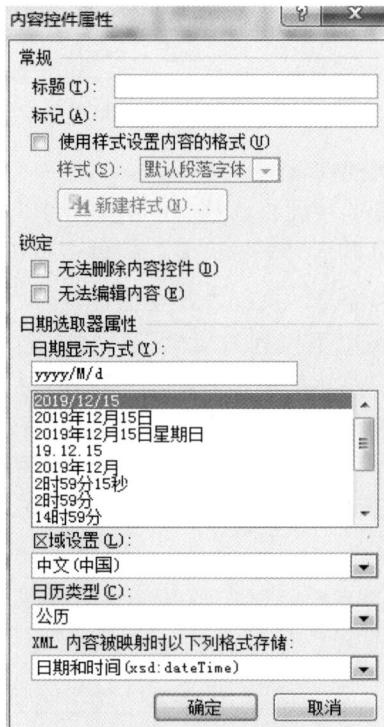

图 1-53　在"内容控件属性"对话框中设置日期显示方式

（6）插入并设置"组合框内容控件"。

①光标定位在"民族"后面的单元格，执行"开发工具"→"控件"→"组合框内容控件" 菜单命令。

②选中"组合框列表"控件占位符，执行"开发工具"→"控件"→"属性" 菜单命令，打开"内容控件属性"对话框，在"常规"的"标题"文本框中输入"如无选项，可自行输入"。在"下拉列表属性"区域中选中"选择一项。"，单击"删除"按钮，删除默认的"添加一项。"，然后单击"添加"按钮，打开"添加选项"对话框，在"显示名称"后的文本框中输入"汉"，单击"确定"按钮，返回"内容控件属性"对话框，按照同样的方法，继续添加"回""蒙古""满""壮"等民族选项。操作完成后，效果如图1-54所示。

图1-54　第（6）步完成后的效果

（7）插入并设置"图片内容控件"。

①将光标定位在放置照片的单元格中，执行"开发工具"→"控件"→"图片内容控件" 菜单命令，调整图片大小。

②选中"图片内容控件"控件占位符，执行"开发工具"→"控件"→"属性" 菜单命令，打开"内容控件属性"对话框，在"常规"区域的"标题"文本框中，输入"图片大小不能超过29kB"，在"标记"文本框中输入"一寸照片"，如图1-55所示。"图片内容控件"的效果如图1-56所示。

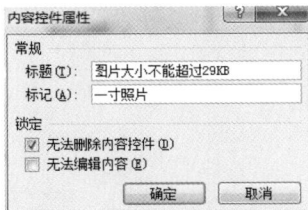

图1-55　在内容控件属性对话框中进行设置　　图1-56　"图片内容控件"设置完成后的效果

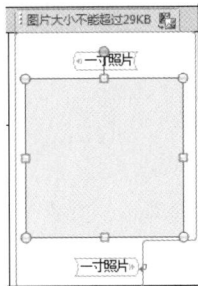

（8）按照上述几种方法，分别在相应表格中插入其他控件。

（9）插入并设置旧式工具"文本框（ActiveX控件）"。

①光标定位在"自我评价（不超过50字）："后面，执行"开发工具"→"控件"→"旧式工具" 菜单命令，会显示"旧式窗体"，如图1-57所示，单击"ActiveX控件"下方的第二个工具，即"文本框（ActiveX控件）"工具 ，则在当前位置插入"文本框（ActiveX

控件）"，拖动该控件边框，调整其大小。

图 1-57 "旧式窗体"

②执行"开发工具"→"控件"→"设计模式" 菜单命令，使当前页面处于"设计模式"状态。这时，"设计模式"下面的"属性"按钮变为可用状态，如图 1-58 所示。单击"属性"按钮，打开"属性"窗口。

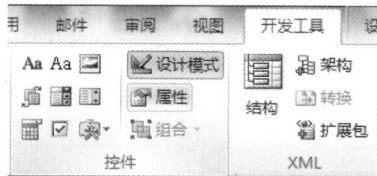

图 1-58 "设计模式"和"属性"按钮

③在"属性"窗口中，单击"按分类序"选项卡，将"滚动"下的属性"ScrollBars（滚动条）"设置为"2-fmScrollBarsVertical（垂直滚动条）"，如图 1-59 所示。

图 1-59 在"属性"窗口中进行设置

将"行为"下的属性"MultiLine（多行）"设置为"True"。

其他属性保持默认值。

（10）设置窗体保护。

①执行"开发工具"→"保护"→"限制编辑"菜单命令，打开"限制格式和编辑"对话框，如图 1-60 所示。

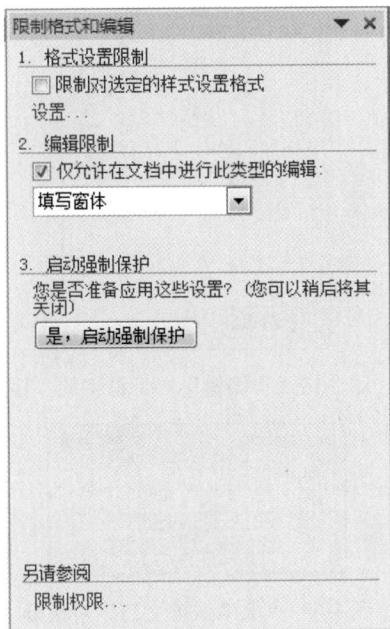

图 1-60 "限制格式和编辑"对话框

②设置"编辑限制"：在"限制格式和编辑"对话框的"编辑限制"区域中，勾选"仅允许在文档中进行此类型的编辑"复选框，并在其下的下拉菜单中选择"填写窗体"选项，即允许他人在文档中进行填写窗体操作。

③启动强制保护：在"限制格式和编辑"对话框的"启动强制保护"区域中，单击"是，启动强制保护"按钮，打开"启动强制保护"对话框，勾选"密码"单选钮，如图 1-61 所示，在"新密码（可选）"和"确认新密码"的文本框中输入对应内容，单击"确定"按钮。

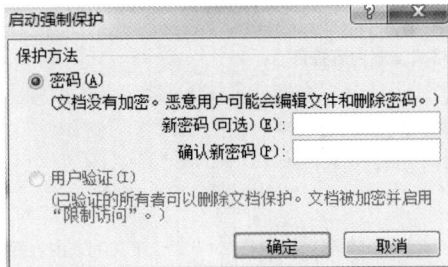

图 1-61 "启动强制保护"对话框

这样，其他人只能在文档的规定区域中进行填写操作，但不可以进行修改操作。

注意： 如果今后为了编辑窗体而要停止保护，其操作方法为打开受保护的窗体文件，打开"限制格式和编辑"对话框，单击左下角的"停止保护"按钮，如图 1-62 所示，在弹出的"取消保护文档"对话框中输入之前设置的密码，单击"确定"按钮，如图 1-63 所示。

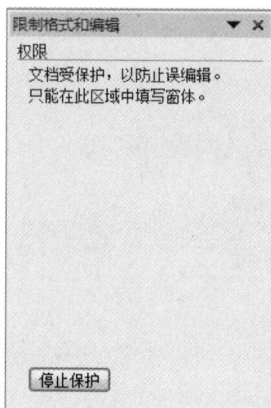

图 1-62 "限制格式和编辑"对话框中的"停止保护"

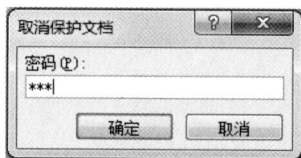

图 1-63 "取消保护文档"对话框

（11）保存文档。

知识链接

1. 内容控件

内容控件是文档中的实体，是用于充当特定内容的容器。单个内容控件可以包含格式化文本的日期、列表或段落等内容。内容控件的主要功能是帮助用户创建丰富、结构化的内容基块，再将明确定义的基块插入文档的模板中，从而创建结构化文档。Word 2010 包含如所图 1-64 所示的 8 种内容控件。

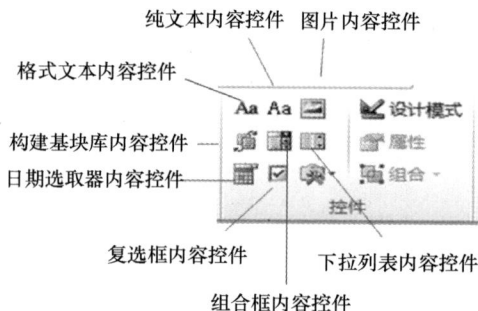

图 1-64 8 种内容控件

2. 旧式工具控件

旧式工具控件一般用于访问 Word 2003（及更低版本）中的旧式窗体工具和 ActiveX 工具。

内容控件是 Word 2007 版开始新增的功能，之前版本的旧式控件都包含在旧式工具控件中。旧式工具控件包含"旧式窗体"和"ActiveX 控件"，旧式工具控件的属性设置对话框和内容控件有所不同。旧式工具控件的常用属性及作用见表 1-2。

表 1-2　旧式工具控件的常用指令及作用

指令	功能与说明	指令	功能与说明
Alignment	设置标题文本对齐方式	Font	字形，从弹出的对话框中选择字体、字号、风格
AutoSize	指定控制是否依据其内容自动调整大小	ForeColor	前景颜色
BackColor	背景颜色设置	Height	设置对象高度
BackStyle	指定该对象背景是否透明（1 表示不透明；0 表示透明）	Picture	设置该对象上的图片
Caption	该对象标题文字	Value	对象处于什么状态，如复选框是否被选中
Enabled	设置对象有效/无效	Width	设置对象的宽度

▐▶ 任务 1.2 "宣传海报"的制作

情景引入

汽车销售旺季即将来临，为扩大市场的认知度，让更多客户了解公司的贷款买车政策，新星融资租赁有限公司企划部安排实习生小王，根据公司目前的产品政策，制作一张宣传海报。

作品展示

小王制作完成后的宣传海报效果如图 1-65 所示。

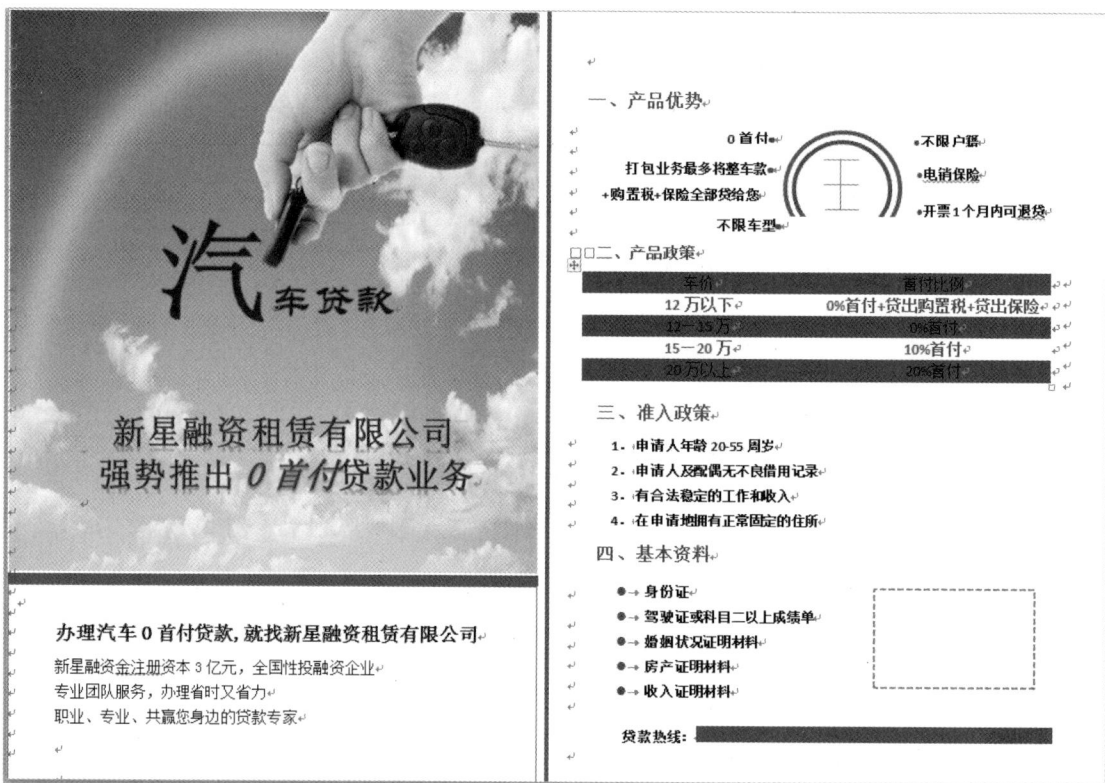

图 1-65 "宣传海报"效果图

任务实施

实施步骤如下。

（1）新建空白文档：启动 Word 2010，执行"文件"→"新建"→"空白文档"→"创建"菜单命令，新建一个空白文档，以"宣传海报"为文件名保存文件。

（2）页面设置：单击"页面布局"选项卡，然后单击"页面设置"功能区右下角的小箭头，打开"页面设置"对话框，在对话框的"页边距"选项卡中，设置上、下、左、右的页边距均为 0 厘米；纸张方向为"横向"，单击"确定"按钮。

（3）分栏：执行"页面布局"→"页面设置"→"分栏"→"两栏"菜单命令。

（4）插入"分栏符"：在"页面布局"选项卡中的"页面设置"功能区中，单击"分隔符"旁边的下拉菜单按钮，选择"分页符"下面的"分栏符"，如图 1-66 所示，则光标定位在第二栏起始处，效果如图 1-67 所示。

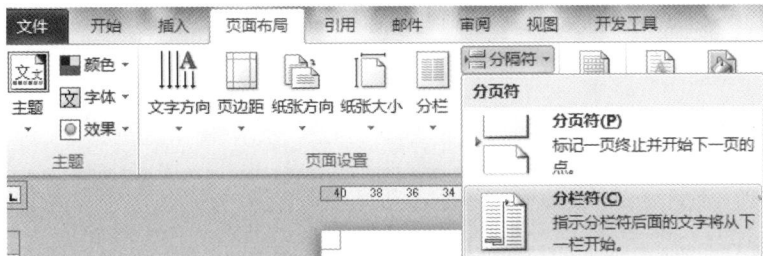

图 1-66　插入分栏符

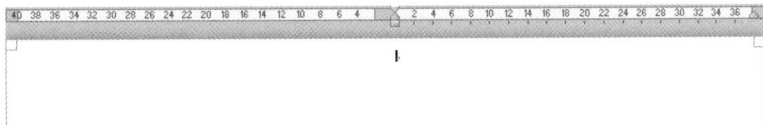

图 1-67　第（4）步完成后的效果

（5）插入背景图片：执行"插入"→"图片"菜单命令，打开"插入图片"对话框，如图 1-68 所示，找到教学素材中的背景图片，单击"插入"按钮。

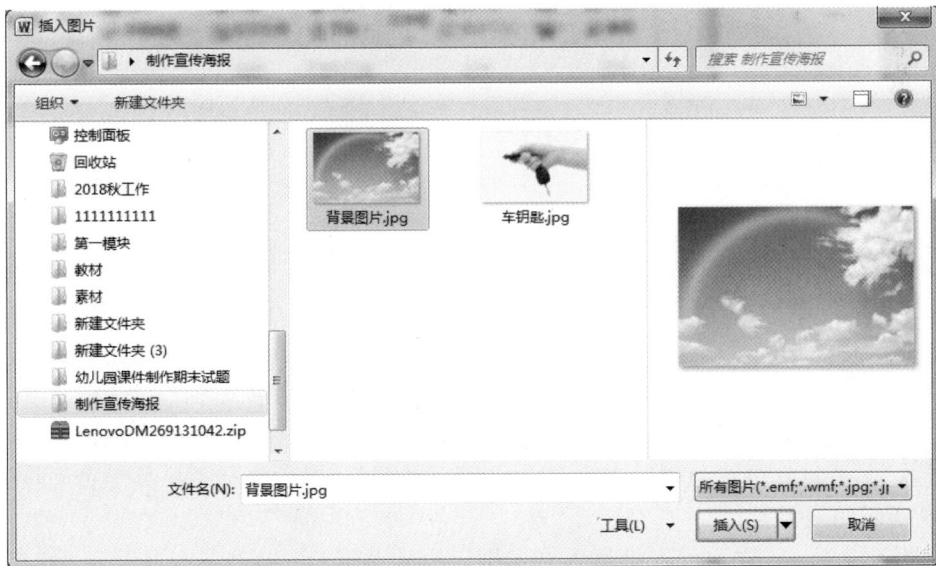

图 1-68　"插入图片"对话框

（6）设置背景图片：选中背景图片，执行"图片工具"→"格式"菜单命令，在"排列"功能组中，单击"位置"下边的下拉菜单按钮，在弹出的下拉菜单中选择"其他布局选项"，如图 1-69 所示，打开"布局"对话框。单击"文字环绕"选项卡，在"环绕方式"区域中选择"衬于文字下方",如图 1-70 所示,单击"确定"按钮。最后,拖动图片边框,调整图片大小并将其移至合适的位置(参照如图 1-65 所示的效果)。

图 1-69 "排列"功能组和"位置"下拉菜单

图 1-70 在"布局"对话框中设置"文字环绕"

(7)插入并设置艺术字:执行"插入"→"艺术字"菜单命令,即单击"艺术字"下边的下拉菜单按钮,选择一种艺术字类型,系统弹出"编辑艺术字文字"对话框,在"文本"文本框中输入"汽",并将其设置为"宋体、88 磅、加粗";按照同样的方法,再次插入艺术字"车贷款",并将其设置为"华文隶书、32 磅、加粗",最后将艺术字移至合适位置(参照如图 1-65 所示的效果)。

(8)插入文本框:在页面左侧插入文本框,执行"插入"→"文本框"→"绘制文本框"菜单命令,鼠标指针变为"+"形状,绘制文本框,在文本框内输入"新星融资租赁有限公司(回车键)强势推出 0 首付贷款业务",并将其设置为"宋体、一号、加粗"。文字颜色设置为"深蓝、文字 2、深色 25%";再单独选中"0 首付"三个字,将其设置为"红色、倾斜"。操作完成后,效果如图 1-71 所示。

图 1-71　第（8）步完成后的效果

（9）插入"车钥匙"图片并进行相应设置。

①插入并设置"车钥匙"图片：执行"插入"→"图片"菜单命令，打开"插入图片"对话框，找到教学素材中的"车钥匙"图片，单击"插入"按钮；选中该图片，执行"图片工具"→"格式"菜单命令，在"调整"功能组中，单击"删除背景"按钮 ，如图 1-72 所示，则图片背景消失。

图 1-72　"格式"选项卡中的"调整"功能组

②修改"车钥匙"图片环绕方式：执行"图片工具"→"格式"菜单命令，在"排列"功能组中，单击"位置"下边的下拉菜单按钮，在弹出的下拉菜单中选择"其他布局选项"，打开"布局"对话框，单击"文字环绕"选项卡，在"环绕方式"区域中选择"浮于文字上方"，单击"确定"按钮，拖动图片边框上的绿色圆环箭头，旋转图片至合适位置，拖动图片至合适位置（参照图 1-65 的效果）。

（10）插入并设置矩形：执行"插入"→"形状"菜单命令，在弹出的下拉菜单中选择矩形，拖动鼠标，在文档中绘制矩形；选中矩形，执行"图片工具"→"格式"菜单命令，在"形状样式"功能组中，单击"形状填充"旁边的下拉菜单按钮，选择"蓝色、强调文字颜色1、深色 25%"；单击"形状轮廓"旁边的下拉菜单按钮，选择"无轮廓"选项。

用同样方法再绘制一个矩形，放在两栏之间。操作完成后，效果如图 1-73 所示。

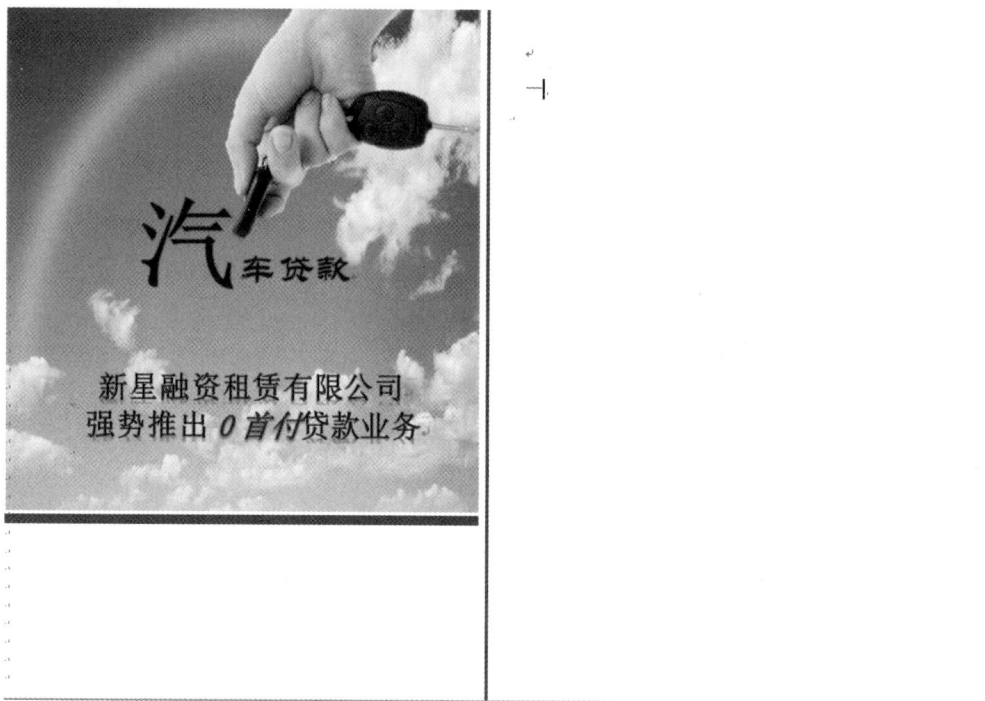

图 1-73 第（10）步完成后的效果

（11）插入文本框，输入作品展示的效果图（见图 1-65）中左下方的文字内容，方法同步骤（8），该文本框内容的行距设置为 1.25 倍，其中第一行文字设置为"宋体、小三号、加粗"，第二、三、四行文字设置为"宋体、小四号"。

（12）在第二栏录入"一、产品优势"的文字内容，并将其设置为"宋体、四号、加粗、红色"。

（13）绘制"一、产品优势"下方的图形：执行"插入"→"形状"菜单命令，在弹出的菜单中选择"椭圆"；在图形的预留位置单击后不释放鼠标左键，按住"Shift"键不放，拖动鼠标，在合适的位置释放鼠标左键，绘制一个圆；执行"图片工具"→"格式"→"形状轮廓"菜单命令，将其设置为红色、粗细为 3 磅；采用同样的方法，再绘制一个稍大些的圆，将其设置为蓝色、粗细为 3 磅。

（14）对齐并组合两个圆：选中一个圆，按住"Ctrl"键不放，再选中另外一个圆；执行"绘图工具"→"格式"菜单命令，单击"排列"功能组中"对齐"旁边的下拉菜单按钮 ⬛ 对齐 ▾，在弹出的菜单中依次选择"左右居中"和"上下居中"选项，如图 1-74 所示，使两个圆的圆心对齐。再回到"排列"功能组中，单击"组合"旁边的下拉菜单按钮 ⬛ 组合 ▾，在弹出的菜单中选择"组合"选项。操作完成后，效果如图 1-75 所示

（15）绘制"王"字图形：采用插入直线的方式，先绘制三条横线，再绘制一条竖线，然后把四线直线全部选中，并将其组合在一起。

（16）选择"王"字图形与步骤（13）和步骤（14）所绘制的图形，将两者再次组合。

（17）采用插入文本框的方式输入"一、产品优势"下面的其他文字内容，字体设置为"宋体、五号、加粗"，并调整位置。

图 1-74 "对齐"下拉菜单

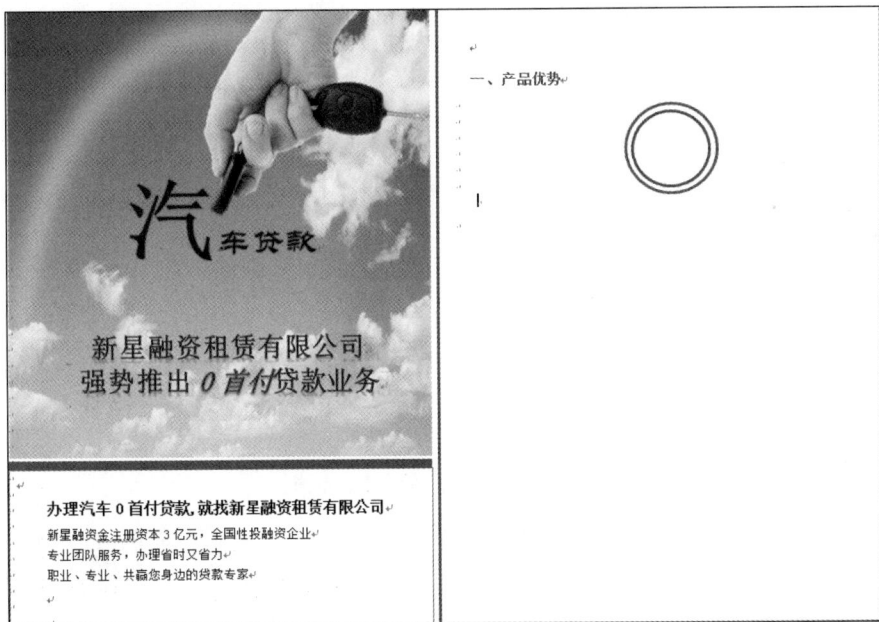

图 1-75 第(14)步完成后的效果

(18)制作"二、产品政策":录入"二、产品政策",并将其设置为"宋体、四号、加粗、红色"格式,然后执行"插入"→"表格"菜单命令,插入一个5行2列的表格,并在表格中输入内容"产品政策"下面的其他文字内容,字体设置为"宋体、五号、加粗"。

(19)编辑表格:单击表格左上角的全选按钮,执行"表格工具"→"布局"→"对齐方式"→"水平居中"菜单命令;按住 Ctrl 键同时选中第1、3、5行,执行"表格工具"→"布局"→"属性"菜单命令,打开"表格属性"对话框,如图1-76所示,在"表格"选项卡中,单击"边框和底纹"按钮，打开"边框和底纹"对话框，如图 1-77 所示，在"边框"选项卡中的"设置"区域选择"无"，单击"确定"按钮，回到"表格属性"对话框中单击"确定"按钮。操作完成后，效果如图 1-78 所示。

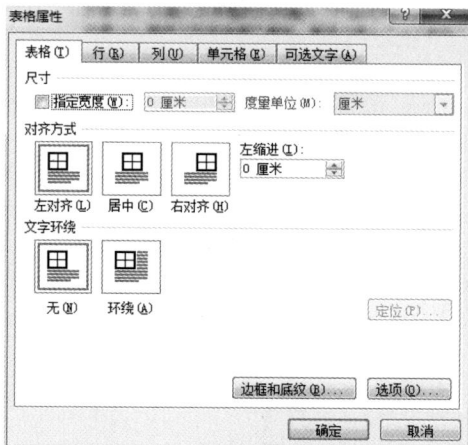

图 1-76 "表格属性"对话框

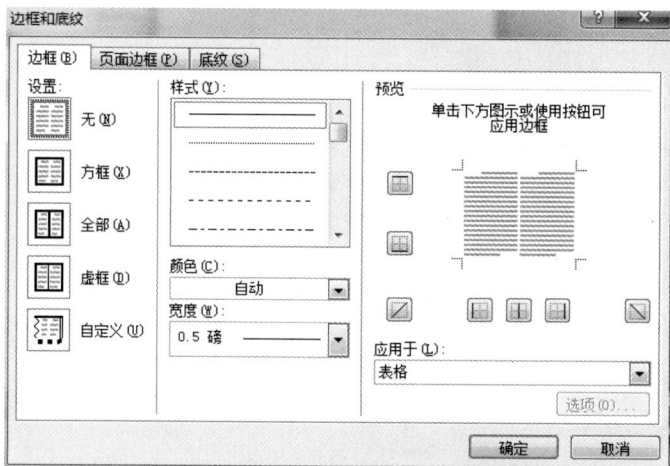

图 1-77 "边框和底纹"对话框

（20）录入"三、准入政策"，格式设置为"宋体、四号、加粗、红色"，然后采用插入文本框的方式输入标题下面的内容，字体设置为"宋体、五号、加粗"，并为内容设置数字编号列表格式。

（21）录入"四、基本资料"，及其下面的文字内容，方法同步骤（20），下面的文字内容采用圆点的项目符号方式。

（22）设置项目符号为红色：选中"四、基本资料"下面的其他文字内容，在"开始"选项卡的"段落"功能区中，单击"项目符号"旁边的下拉菜单按钮 ≔ ▾，如图 1-79 所示，选择"定义新项目符号"选项，打开"定义新项目符号"对话框，如图 1-80 所示，单击"字体"按钮，设置"字体颜色"为红色，单击"确定"按钮，回到"定义新项目符号"对话框中，单击"确定"按钮，操作完成。

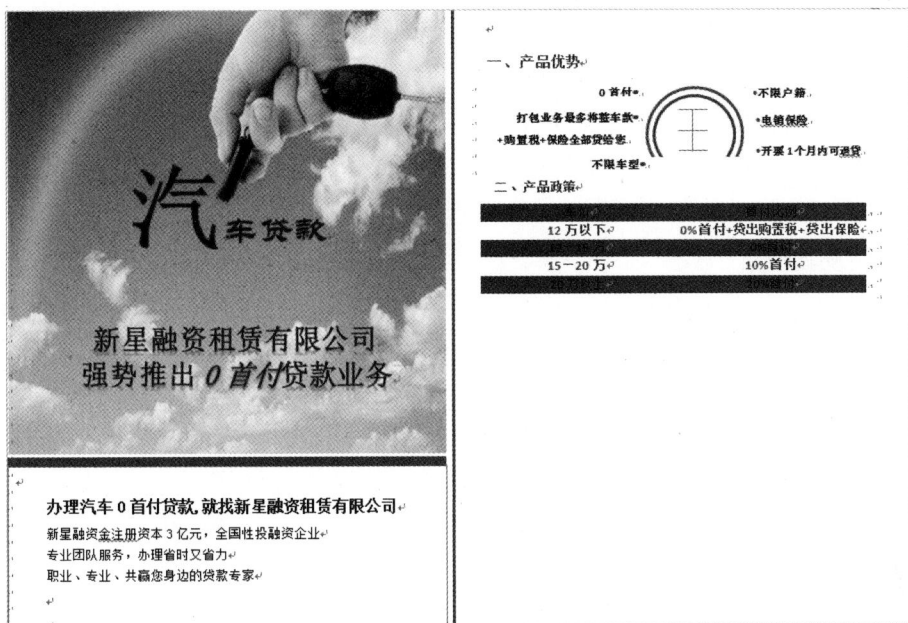

图 1-78　第（19）步完成后的效果

图 1-79　"项目符号"下拉菜单

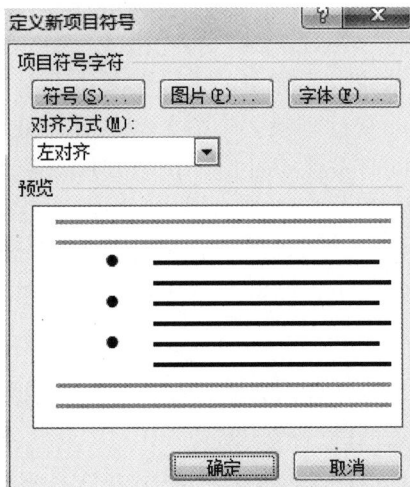

图 1-80　"定义新项目符号"对话框

（23）绘制页面右下角的矩形：操作方法参照步骤（10），绘制矩形后，选中该矩形，执行"绘图工具"→"格式"→"形状轮廓"→"虚线"菜单命令，选择"方点"选项。

（24）录入海报最后一行文字内容，方法和格式参照上面的步骤，此处不再赘述。

（25）保存文件。

知识链接

1. 文本框及其设置

（1）文本框是在文档编辑区独立划出的一个区域，我们可以把它看作一个特殊的图形对象。在文本框里，可以输入文字、绘制图形、插入图片等，框中的文字和图片可以随文本框移动。相对于普通文本，文本框在文档布局方面更灵活、方便。文本框有横排和竖排两种，横排文本框中的文字从上面开始由左到右书写；竖排文本框中的文字从右侧开始由上到下书写。

选中文本框，按住 Ctrl 键不放，用鼠标拖动文本框，可实现对文本框的复制。

（2）文本框的设置。

双击文本框的边框，可以在菜单栏显示的"格式"选项卡的"形状样式"功能组中，选择"形状填充"功能设置填充颜色；选择"形状轮廓"功能设置边框颜色；也可以在内置样式中选择一种。

另外，可以在"文本"功能组和"排列"功能组中进行相应的设置。

2. 图片设置

（1）文字环绕。

刚插入的图片其环绕方式默认为"嵌入型"，有时操作起来不方便，用户可通过版式设置，将其改为其他类型，这样就可以使用鼠标拖动图片，从而方便地改变图片的位置。

方法：选中图片，执行"图片工具"→"格式"菜单命令，在"排列"功能组中，单击"位置"下边的下拉菜单按钮，选择某种文字环绕方式，或者选择"其他布局选项"，打开"布局"对话框，在对话框的"文字环绕"选项卡中进行设置。

（2）图片裁剪。

先选中要裁减的图片，执行"图片工具"→"格式"菜单命令，在"大小"功能组中，单击"裁剪"下边的下拉菜单按钮，在弹出的下拉菜单中选择"裁剪"选项，将鼠标指针移到剪贴画的控制点上，向内拖动鼠标，裁去不需要的部分，最后，单击"裁剪"按钮即可完成裁剪操作。如果拖动鼠标的同时按住 Ctrl 键，可以实现对称裁剪图片。

（3）重设图片。

如果对图片的格式设置不满意，可以在选定图片后，执行"图片工具"→"格式"菜单命令，单击"调整"功能组中的"重设图片"按钮，取消之前所做的设置操作。

3. 叠放次序

当两个或多个图形对象重叠在一起时，最后添加的那个图形容易覆盖其他图形。利用"叠放次序"功能可以调整各图形之间的叠放关系。

方法：选中要改变叠放关系的图形，执行"图片工具"→"格式"菜单命令，在"排列"功能组中，单击"上移一层"或"下移一层"旁边的下拉菜单按钮，选择相应的命令。

4. 组合

组合功能可以将多个图形对象组合成一个整体的图形对象，以便移动和调整图形大小。

方法：先选中一个对象，按住"Ctrl"键不放，再依次选中其他对象，然后，执行"图片工具"→"格式"菜单命令，最后，在"排列"功能组中，单击"组合"旁边的下拉菜单按钮，选择"组合"选项，组合后的图形对象其整体边框出现尺寸控制点，之前选择的几个图片便组合为一个整体。

取消组合时，单击"组合"旁边的下拉菜单按钮，选择"取消组合"选项即可。

5. 对齐方式

如果多个图形对象分布较乱时，则需要设置对齐方式。

方法：选中多个对象，执行"图片工具"→"格式"菜单命令，在"排列"功能组中，单击"对齐"旁边的下拉菜单按钮，选择相应的命令即可。

⏩ 任务 1.3 "年度工作总结"的制作

情景引入

年终岁尾，又到了各单位忙着写年度工作总结的时候了。由于年度总结涉及的方面比较多，按照惯例，各部门应负责各自的年度工作总结，然后由总经理办公室的秘书小王进行汇总，形成一份完整的公司年度工作总结。

这是一项需要多部门、多人协同完成的任务，需要用到 Word 的主控文档和子文档的操作。小王决定利用主控文档创建并汇总、管理各部门的年度工作总结。

作品展示

"年度工作总结"效果如图 1-81 所示。

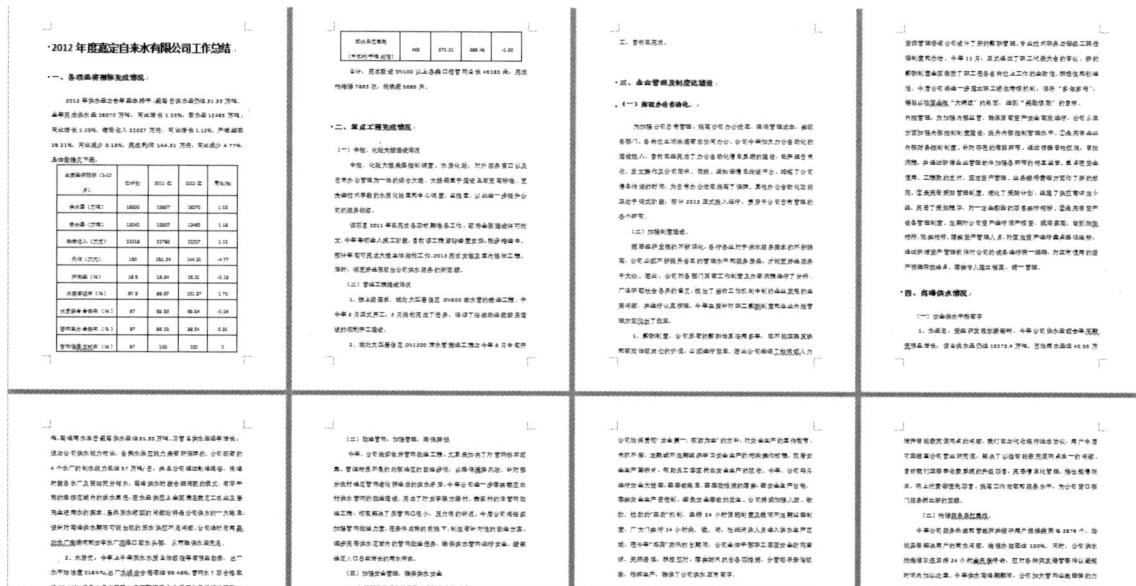

图 1-81 "年度工作总结"效果图

任务实施

实施步骤如下。

（1）创建主控文档。操作步骤如下。

①启动 Word 2010，执行"文件"→"新建"→"空白文档"→"创建"菜单命令，新建一个空白文档。

②执行"视图"→"大纲视图"菜单命令，切换到大纲视图。此时"大纲"选项卡被自动激活，单击"显示文档"按钮后，各功能组如图 1-82 所示。

③输入主控文档标题和六个子文档标题，即"2012 年度嘉定自来水有限公司工作总结""各项经济指标完成情况""重点工程完成情况""企业管理及制度化建设""高峰供水情况""完善供水服务，树立窗口形象""2013 年工作计划"。操作完成后，效果如图 1-83 所示。

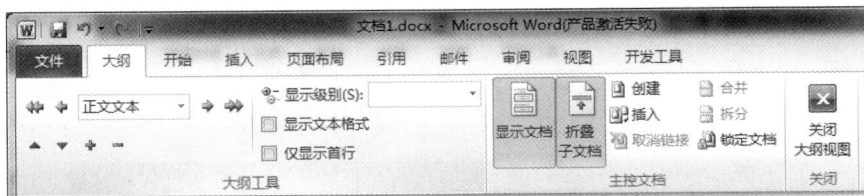

图 1-82 "大纲"选项卡的功能区

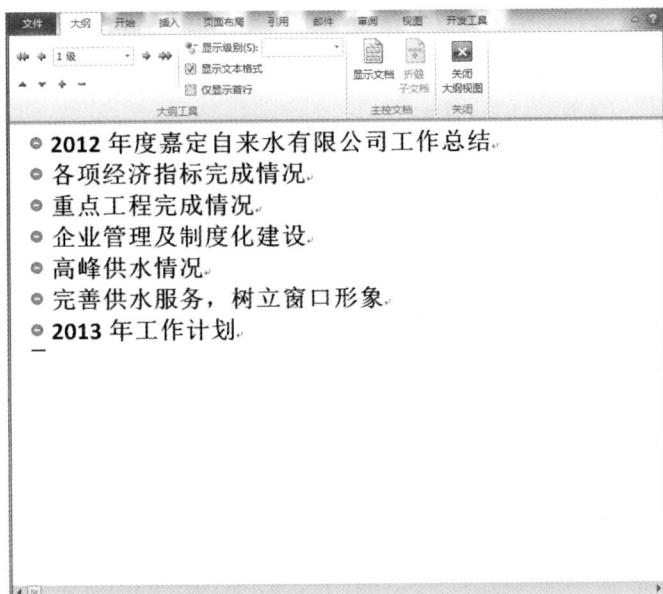

图 1-83 "大纲"视图下录入各标题

④将主控文档标题设置为"标题1"样式,将子文档标题设置为"标题2"样式:选中"2012年度嘉定自来水有限公司工作总结",执行"开始"→"样式"→"标题1",再选择另外六个子文档标题,执行执行"开始"→"样式"→"标题2"。

⑤选中第一个子文档标题,执行"大纲"→"主控文档"→"显示文档"→"创建"菜单命令,则当前文档变为主控文档,子文档标题对应的内容成为子文档。操作完成后,效果如图1-84所示。

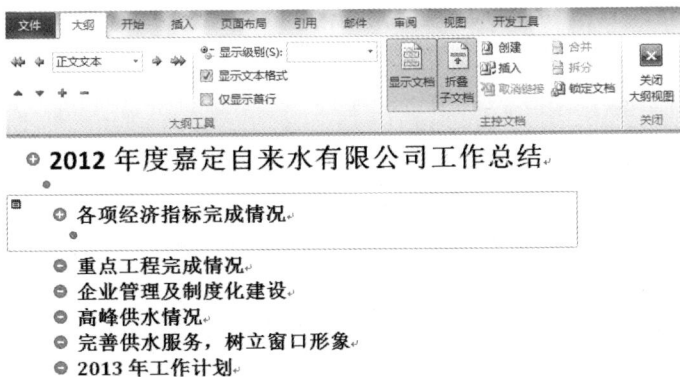

图 1-84 主控文档和第一个子文档的建立

⑥依次选中其他五个子文档标题，按照上述方法分别将选定的内容创建为子文档。

此时，每个子文档被放在一个线框中，并且在线框的左上角显示一个子文档图标，子文档之间用分节符隔开，如图 1-85 所示

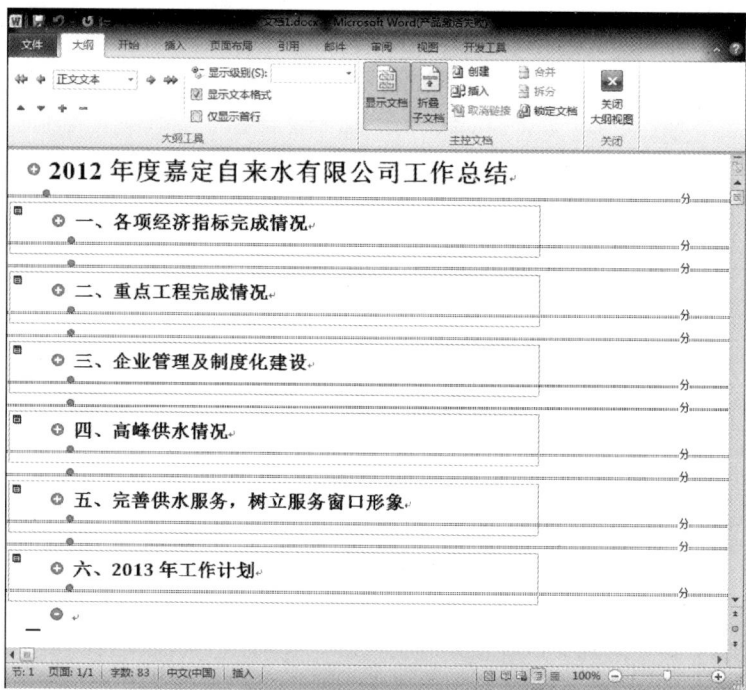

图 1-85　创建子文档后的效果

⑦保存主控文档为"公司年度工作总结"。

注意：保存主控文档的同时，在同一文件夹下，Word 会自动创建了六个子文档，并以子文档的第一行文本作为文件名，效果如图 1-86 所示。

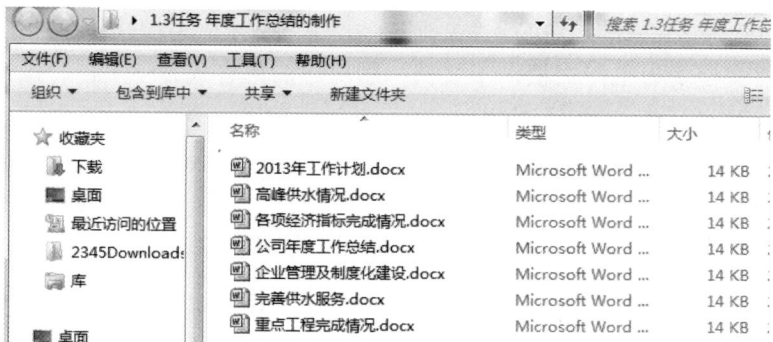

图 1-86　主控文档和六个子文档

（2）编辑。

将该文件夹中的 6 个子文档按分工发给 6 个人进行编辑，并叮嘱他们不能更改文件名。这里，我们将教学素材中的内容分别复制到图 1-86 文件夹中对应的六个子文档里，然后保存并关闭子文档。

（3）汇总。

此时，再打开图 1-86 所示文件夹中的主控文档"公司年度工作总结"，显示结果如图 1-87 所示。左手按住 Ctrl 键，单击某个子文档超链接即可进入该子文档进行编辑，从而完成编辑汇总操作。

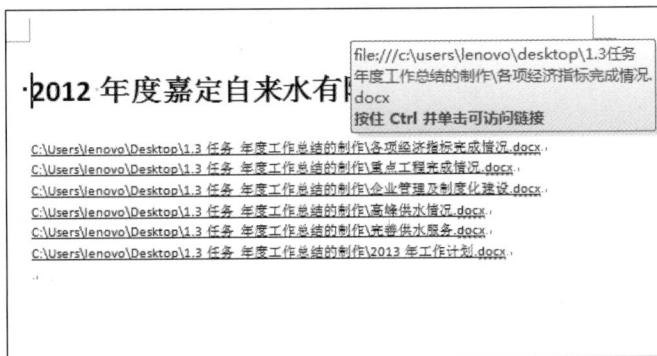

图 1-87　主控文档默认显示效果

回到主控文档中，执行"视图"→"大纲视图"→"展开子文档"，再单击"关闭大纲视图"，则主文档显示效果如图 1-88 所示。

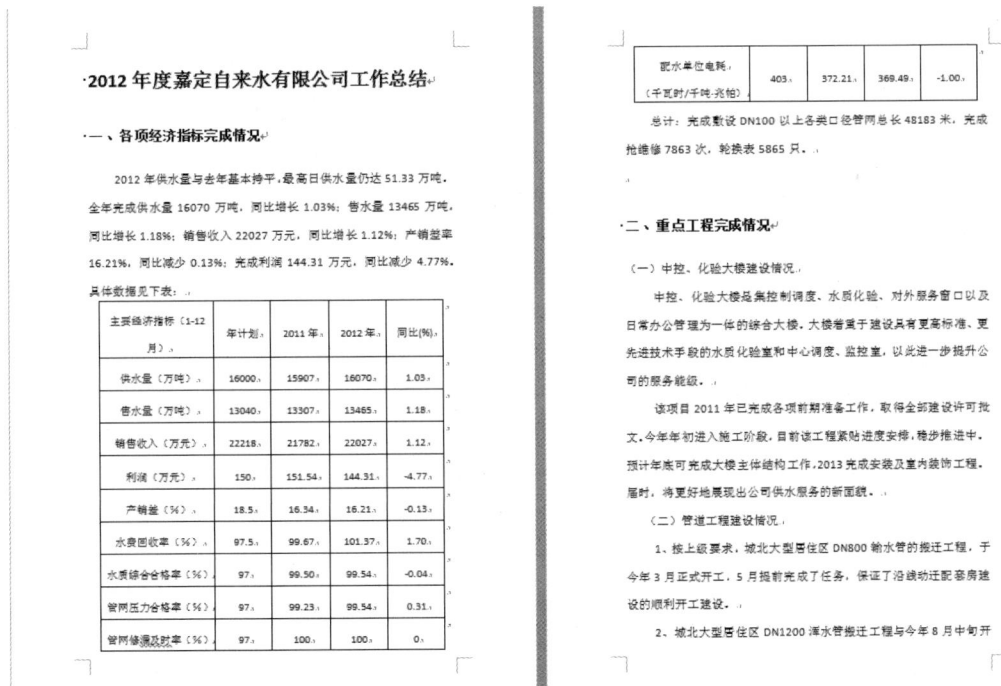

图 1-88　第（3）步完成后主控文档的显示效果

（4）根据情况进行修订。

对于汇总后的文档，可以进行修改、批注，修改、批注的内容也会保存到对应的子文档中。

主控文档修改完成后再进行保存，生成的子文档可以重新发给对应的人，大家就可以按修订、批注的内容进行修改。重复上面步骤，直至公司年度工作总结完成。

（5）转换成普通文档。

如果想把汇总后且编辑好的主控文档转换成一个普通文档。可以在主控文档中切换到"大纲视图"，单击"主控文档"功能组中的"展开子文档"，再单击"显示文档"，则显示所有子文档的内容。依次单击代表子文档的线框内部，单击"主控文档"功能组中的"取消链接"按钮。最后，执行"文件"→"另存为"菜单命令，保存文件。

知识链接

1. 主控文档及其作用

主控文档是一组单独文件（或子文档）的容器，使用主控文档可以创建并管理多个文档。主控文档包含一系列与相关子文档关联的超链接[①]。可以使用主控文档将长文档分成较小的、更易于管理的子文档，从而便于组织和维护。

2. 主控文档中子文档的编辑

（1）展开和折叠子文档。

打开主控文档时，默认情况下会折叠所包含的子文档，即每个子文档都以如图 1-89 所示的超链接形式出现。单击超链接，可以单独打开该子文档。

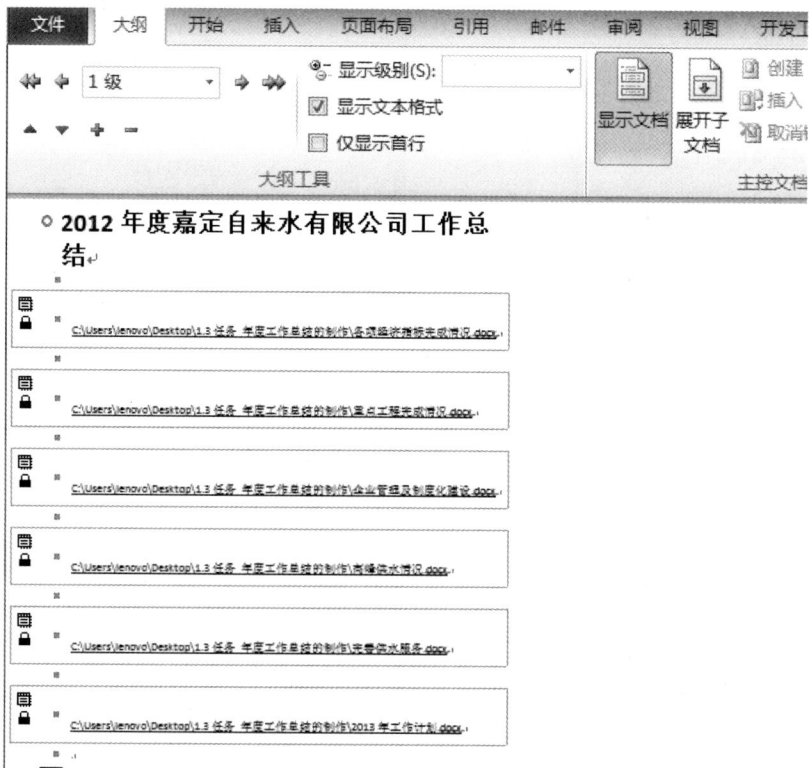

图 1-89 "折叠子文档"后的效果

[①] 超链接：将某个程序创建的信息副本插入 Microsoft Word 文档中，并维护两个文件之间的连接。如果更改了源文件中的信息，则目标文档将反应该更改操作。

要在主控文档中展开所有的子文档，可以执行"大纲"→"主控文档"→"展开子文档"菜单命令，子文档被展开，如图 1-90 所示，子文档被展开后，原来"展开子文档"按钮将变为"折叠子文档"按钮。单击"折叠子文档"按钮，子文档将变为折叠状态。

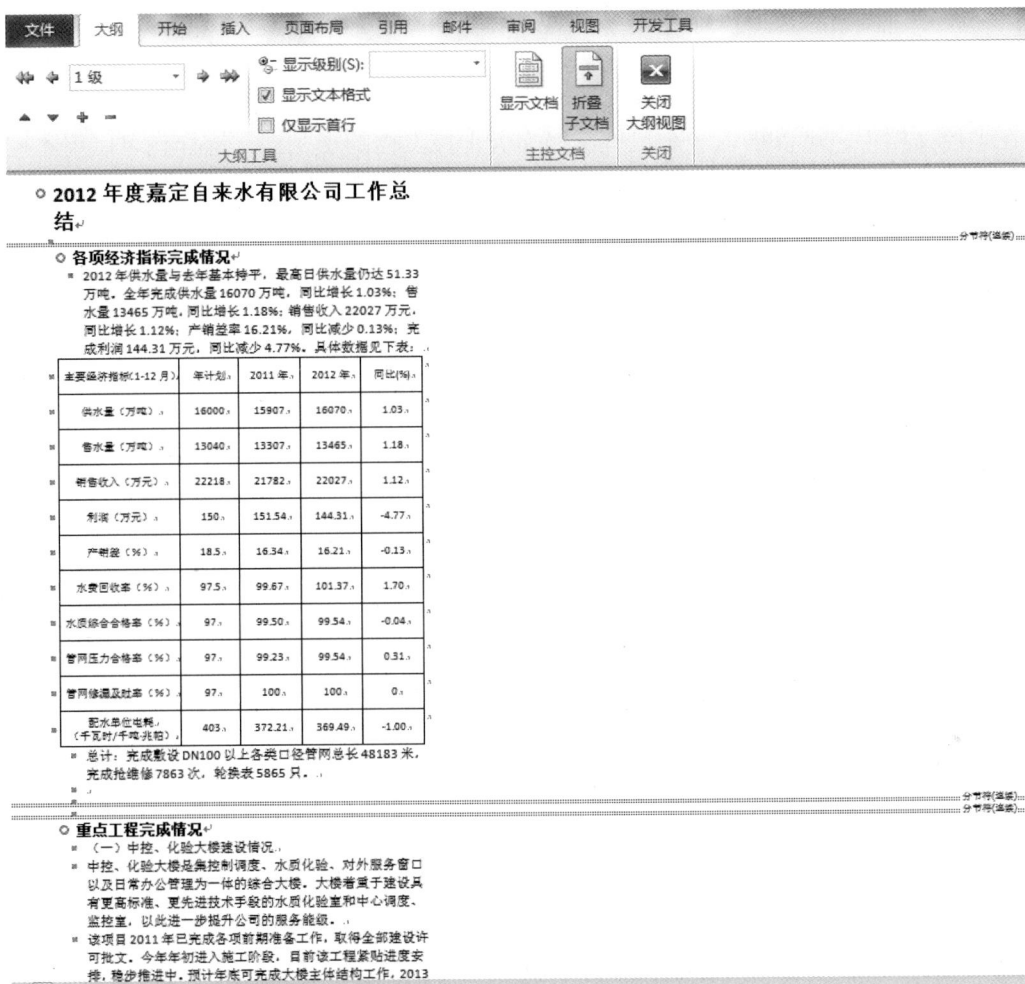

图 1-90　"展开子文档"后的效果

当主控文档处于展开状态时，如果要打开并进入该子文档，可以双击该子文档前面的图标，Word 2010 会单独为该子文档打开一个窗口。

（2）重命名子文档。

创建子文档时，Word 2010 会自动为子文档命名。此外，当把已有的文档作为子文档插入主控文档时，该子文档所采用的名字就是其原来的名字。为了便于用户记忆管理，可以将该子文档重命名。

操作步骤如下。

①打开主控文档，并切换到主控文档显示状态。

②单击"折叠子文档"按钮，折叠子文档。

③单击要重命名的子文档的超链接，打开该子文档。

④执行"文件"→"另存为"菜单命令，打开"另存为"对话框，选择保存的路径，输入该子文档的新文件名，单击"保存"按钮。

关闭该子文档并返回主控文档，此时会发现在主控文档中子文档的文件名已经发生改变，而且主控文档也可以继续保持对子文档的控制。

注意： 保存该主控文档方可在主控文档中重命名该子文档。

（3）插入子文档。

在主控文档中，可以插入一个已有文档作为主控文档的子文档。这样就可以用主控文档将以前已经编辑好的文档组织起来，而且还可以随时创建新的子文档，或将已存在的文档作为子文档添加进来。例如，作者编写一本书，计划以章节为单位，每个章节单独存储为一个文档。因此，编辑可以为全书创建一个主控文档，然后将各章节的文件作为子文档分别插入。操作方法如下。

①打开主控文档，并切换到大纲视图。

②如果主控文档处于折叠状态，先执行"大纲"→"主控文档"→"展开子文档"菜单命令，以激活"插入"按钮，如图 1-91 所示。

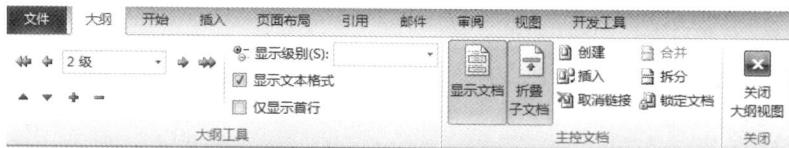

图 1-91 "插入"按钮

③将光标定位在要添加子文档的位置。如果将光标定位在某子文档内，那么插入的文档也会位于这个子文档内。

④执行"大纲"→"主控文档"→"插入"菜单命令，弹出"插入子文档"对话框，如图 1-92 所示。

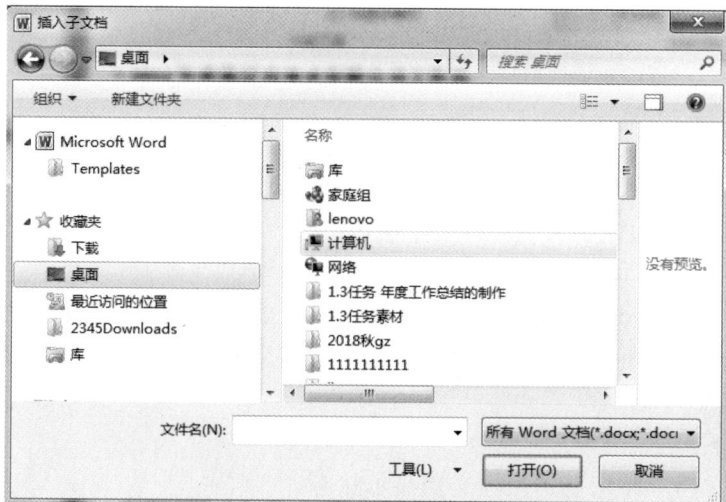

图 1-92 "插入子文档"对话框

⑤在"插入子文档"对话框的文件列表中找到要添加的文件，然后单击"打开"按钮。

完成上述操作，所选文档就作为子文档被插入主控文档中，用户可以像处理其他子文档一样处理该子文档。

（4）从主控文档中删除子文档。

如果要从主控文档中删除某个子文档，可以先选定该子文档，即单击该子文档前面的图标，按 Delete 键即可。

从主控文档中删除的子文档，并没有从磁盘中真正删除该文件，只是从主控文档中删除了这种主从关系。该子文档仍被保存在磁盘原来的位置。

⯈ 任务 1.4 "毕业论文"的排版

情景引入

大学生刘强明年就要毕业了，这学期要进行毕业论文的撰写。关于毕业论文的排版格式，学校有详细的要求。内容如下。

（1）论文结构及装订顺序：

①封面（包含题目、学院名称、专业班级、学生姓名、指导教师）；

②诚信承诺书；

③中文题目、中文摘要、关键词；

④英文题目、英文摘要、英文关键词；

⑤目录；

⑥图目录；

⑦表目录；

⑧论文主体部分；

⑨参考文献；

⑩致谢。

（2）排版要求：页面尺寸统一为 A4 纸大小，页边距要求上、下为 2.54 厘米，左、右为 2.8 厘米，单面打印。

（3）内容格式的具体要求见表 1-3。

表 1-3 内容格式的具体要求

节编号	内容	格式说明	页眉设置	页脚设置
1	封面		无	无
2	诚信承诺书		无	无
3	中文摘要	中文摘要的题目，格式设置为二号、楷体、居中；下空一行写"摘要"两个字，格式为宋体、四号、加粗、左对齐。摘要内容的格式为小四号、宋体、首行缩进2字符。 摘要内容下空一行，居左写"关键词："，格式为四号、黑体；后空一格，打印关键词，格式为小四号、宋体、加粗	××职业技术学院毕业论文；格式为右对齐、宋体、小四号	无
4	英文摘要	英文摘要的字体为"Times New Roman"，其他格式同上		无
5	目录	"目录"两个字格式为三号、黑体、居中；一级标题格式为四号、黑体；二级标题格式为小四号、黑体；三级标题格式为五号、宋体	无	页码采用"i, ii, iii…"格式，页码连续
6	图目录	"图目录"三个字，格式为三号、黑体、居中，内容的格式为黑体、小四号	无	页码格式同"目录"页码，编号顺接目录页页码
7	表目录	"表目录"三个字，格式为三号、黑体、居中，内容的格式为黑体、小四号	无	页码格式同"目录"页码，编号顺接图目录页页码

（续表）

节编号	内容	格式说明	页眉设置	页脚设置
8	论文主体部分	每章内容另起一页，正文的格式为小四号、宋体、1.25 倍行距，首行缩进 2 字符。 多级标题格式：第 1 章、1.1、1.1.1…	浅谈淘宝网电子商务模式的发展；格式为宋体、五号	页码采用"1，2，3…"，页码连续
9	参考文献		参考文献	页码同"正文"页码格式，编号顺接正文页码
10	致谢		致谢	页码同"正文"页码格式，编号顺接正文页码

作品展示

毕业论文排版效果如图 1-93 所示。

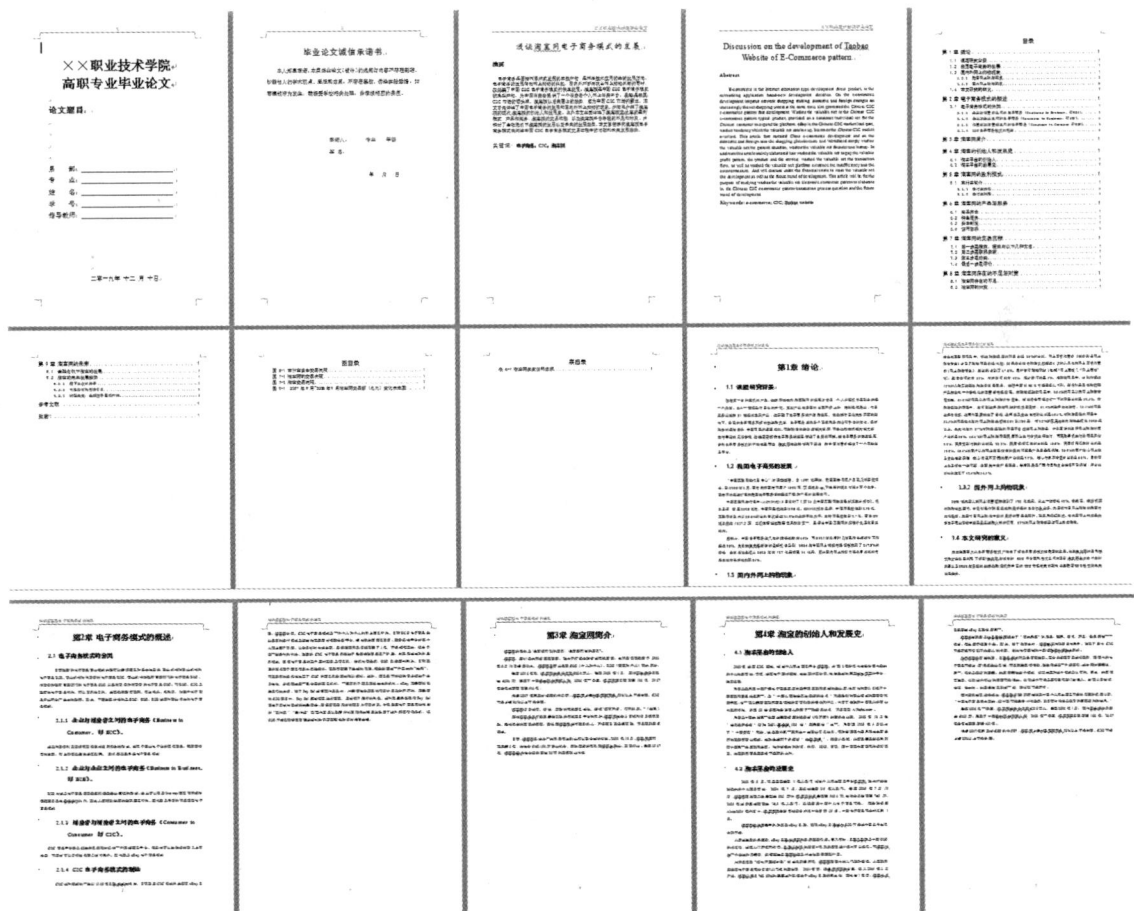

图 1-93　毕业论文排版效果图

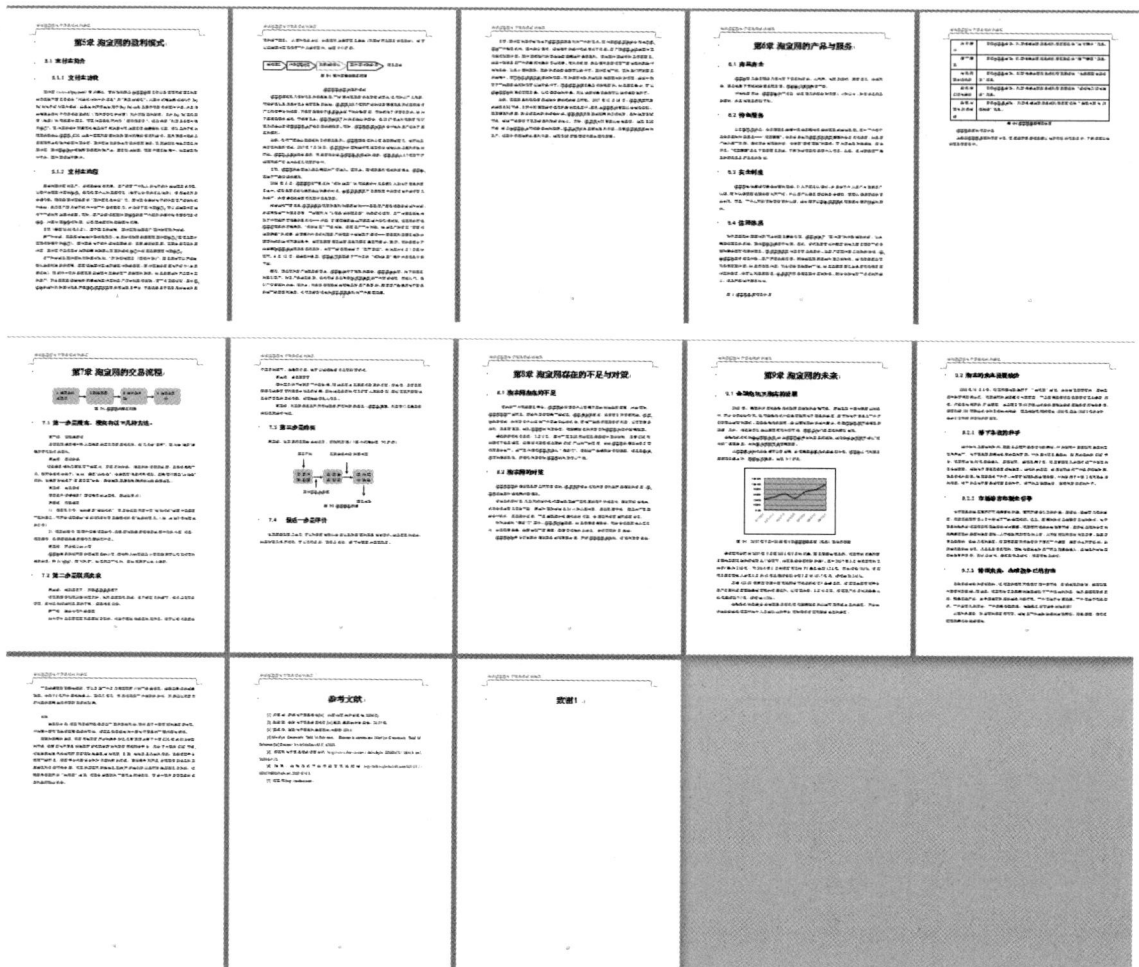

图 1-93　毕业论文排版效果图（续）

任务实施

实施步骤如下。

（1）页面设置：打开教学素材中的文件"毕业论文素材"，在"页面布局"选项卡中，单击"页面设置"右下角的小箭头，打开"页面设置"对话框，在"页边距"选项卡中，设置上、下页边距为 2.54 厘米，左、右页边距为 2.8 厘米，切换至"纸张"选项卡，在纸张大小区域中，选择"A4"选项，如图 1-94 所示。单击"确定"按钮。

（2）显示段落标记：在"开始"选项卡的"段落"功能区中，查看"显示/隐藏编辑标记"按钮 ⚓ 是否为被选中状态（橙色为被选中状态），如果没有被选中，则单击该按钮，以方便查看文档中的"分隔符""标题标记"等编辑标记。

（3）设置中文摘要、英文摘要、正文、参考文献中的文字格式和段落格式：

设置中文摘要：选择中文摘要的标题"浅谈淘宝网电子商务模式的发展"，按照表 1-3 的要求，设置该标题字体为楷体、二号、居中，另起一行的"摘要"二字，设置格式为宋体、四号、加粗、左对齐，摘要内容设置为宋体、小四号、首行缩进 2 个字符。摘要内容下空一行的关键词部分，按照同样方法，依据表 1-3 中的格式说明，进行格式设置。

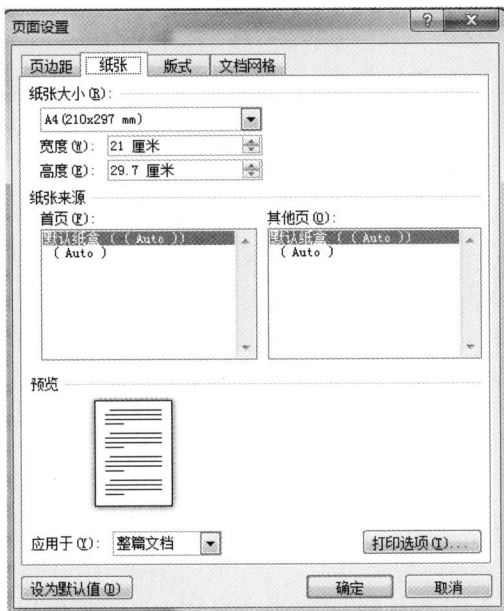

图 1-94　在"页面设置"对话框中设置纸张

设置英文摘要：按同样方法，依据表 1-3 中的格式要求对英文摘要标题和内容进行格式设置。

设置正文：选择从"1 绪论"开始到文末的所有正文内容，依据表 1-3 中对正文的格式要求，设置正文字体为宋体、小四号、1.25 倍行距、首行缩进 2 字符。操作完成后，效果如图 1-95 所示。

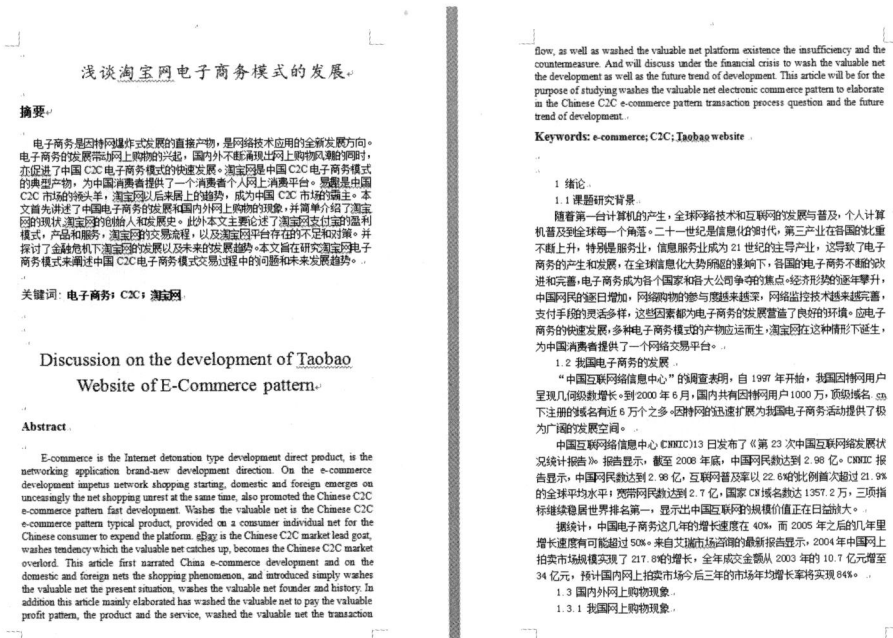

图 1-95　第（3）步完成后的效果

（4）利用分节符，将全文分页。

①将插入点定位在中文摘要标题的左侧起始处，连续执行两次"页面布局"→"分隔符"→"分节符"→"下一页"菜单命令，会在当前页前面增加两页，当前的中文摘要成为第3节。操作时注意观察下方状态栏左侧"节："的数字变化。

将插入点定位在英文摘要标题左侧起始处，执行"页面布局"→"分隔符"→"分节符"→"下一页"菜单命令，则英文摘要另起一页，并成为第4节。

再将插入点定位在正文内容起始处"1 绪论"左侧，连续执行三次"页面布局"→"分隔符"→"分节符"→"下一页"菜单命令，则在"1 绪论"前面增加了三个节（用于放置目录、图目录、表目录），"1 绪论"及其后面的内容成为文档的第8节。此时注意观察状态栏"节："后面的数字变化。

正文内容分页：从第2章起，将插入点依次定位在正文每章内容的起始处，执行"页面布局"→"分隔符"→"分页符"菜单命令，则每章内容另起一页，正文的9章内容处于同一节，即第8节。

插入点定位在"参考文献"左侧起始处，执行"页面布局"→"分隔符"→"分节符"→"下一页"菜单命令，则参考文献另起一页，并成为文档的第9节。

插入点定位在"致谢"左侧起始处，执行"页面布局"→"分隔符"→"分节符"→"下一页"菜单命令，则致谢另起一页，并成为文档的第10节。

②插入点定位在第2节的分节符前面，打开教学素材中的文件"诚信承诺书"，将承诺书内容复制到第2节的分节符前面；在第5节的分节符前面输入"目录"，在第6节的分节符前面输入"图目录"，在第7节的分节符前面输入"表目录"。操作完成后，效果如图1-96所示。

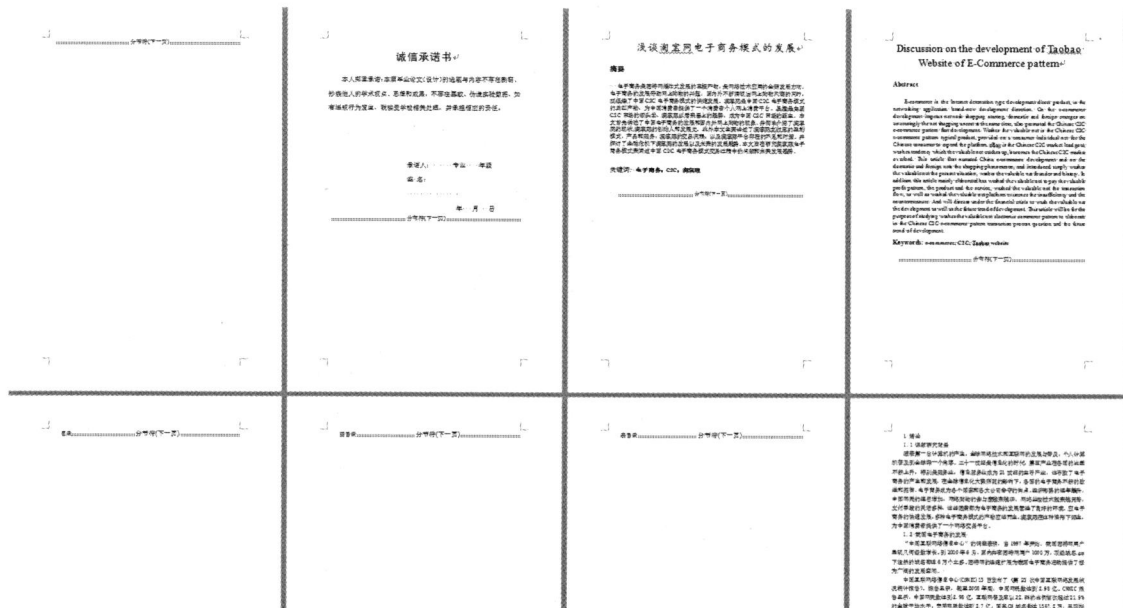

图1-96　第（4）步完成后的效果

（5）打开"导航"窗格：在"视图"选项卡中的"显示"功能区，勾选"导航窗格"复选框，从而打开"导航"窗格。

（6）应用并修改标题样式。

①应用"标题1"样式：在"开始"选项卡中，单击"样式"功能组右下角的小箭头 ，打开"样式"对话框；选中正文的第一个标题"1 绪论"，单击"样式"对话框的"标题1"样式，如图1-97所示。

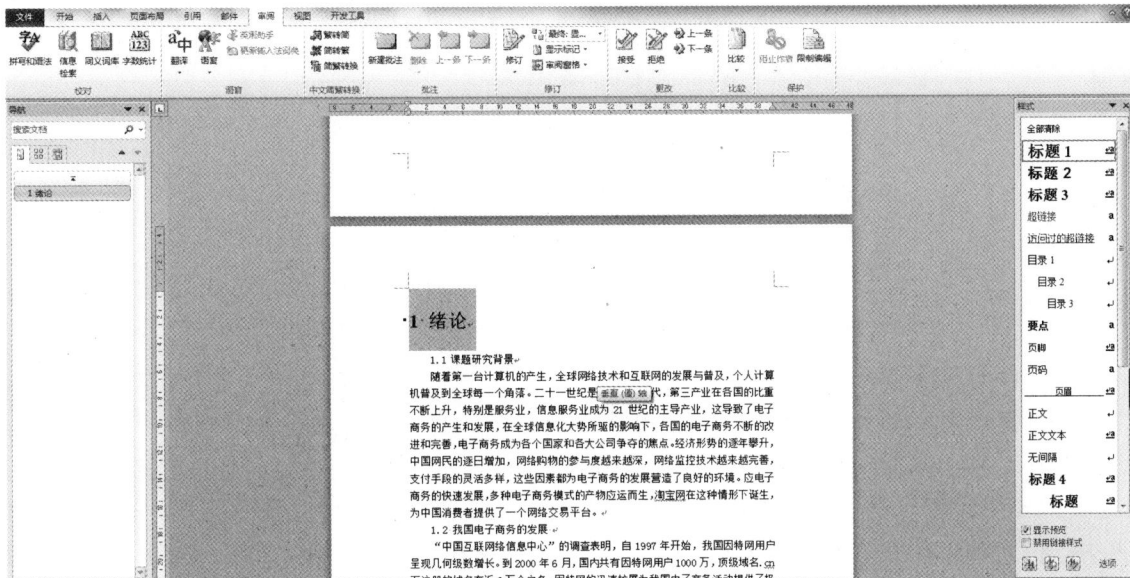

图1-97　应用"标题1"样式

②修改"标题1"样式：在"样式"对话框中，单击"标题1"右侧的下拉菜单按钮，选择"修改"选项，如图1-98所示，打开"修改样式"对话框，将对齐方式改为居中，如图1-99所示，单击"确定"按钮。

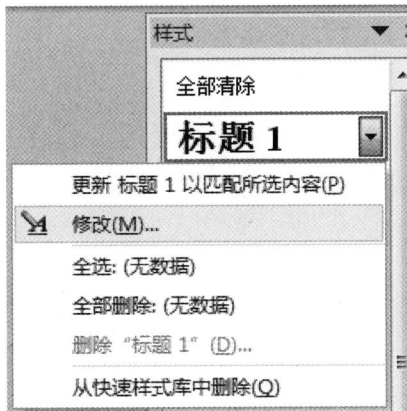

图1-98　在"标题1"下拉菜单中选择"修改"选项

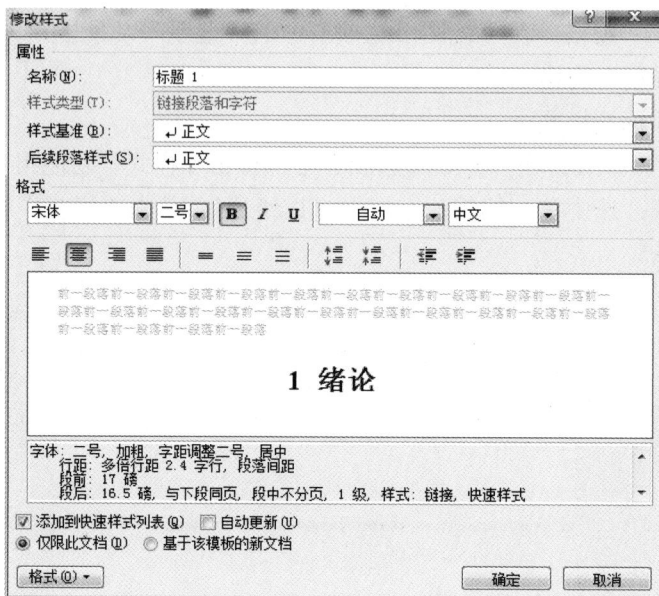

图 1-99　在"修改样式"对话框中将对齐方式改为居中

（7）设置多级编号。

①将光标定位在"1 绪论"前面，执行"开始"→"段落"→"多级列表" ⸬ 菜单命令，打开"多级列表"下拉菜单，如图 1-100 所示，选择"定义新的多级列表"选项，打开"定义新多级列表"对话框，单击左下角的"更多"按钮，将对话框全部展开，如图 1-101 所示。将光标定位在"输入编号的格式"文本框内灰色的"1"前面，输入汉字"第"，在"1"后面输入汉字"章"，在"将级别链接到样式"下拉菜单中选择"标题 1"，其他设置默认不变。

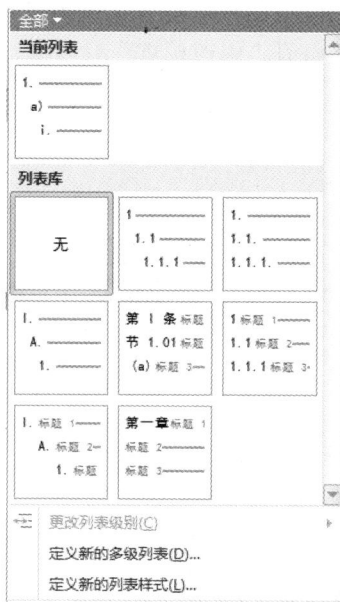

图 1-100　"多级列表"下拉菜单

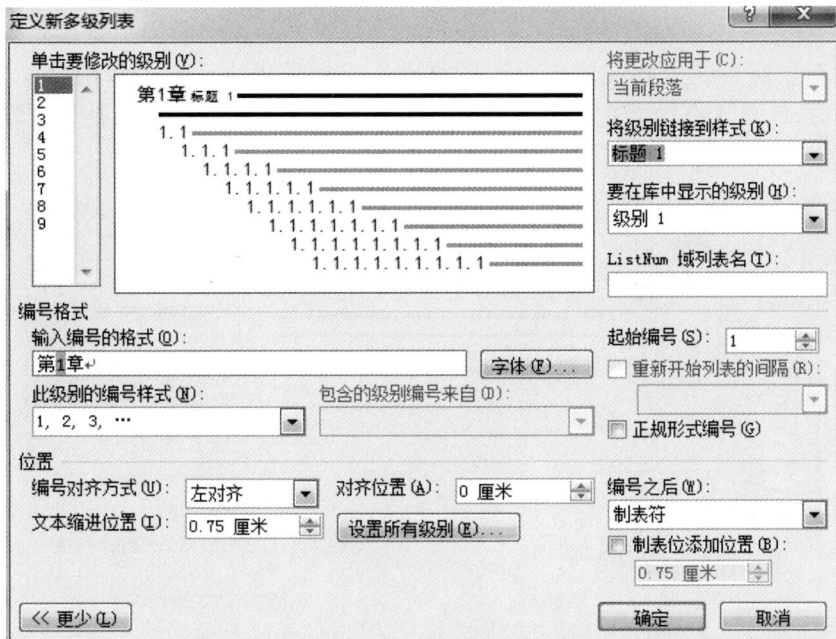

图 1-101　全部展开的"定义新多级列表"对话框

　　②在对话框左上方"单击要修改的级别"列表框下选择"2"，在"将级别链接到样式"下拉菜单中选择"标题 2"，在"要在库中显示的级别"下拉菜单中选择"级别 2"，勾选"重新开始列表的间隔"复选框，并在其下方的下拉菜单中选择"级别 1"，其他设置默认不变，如图 1-102 所示。

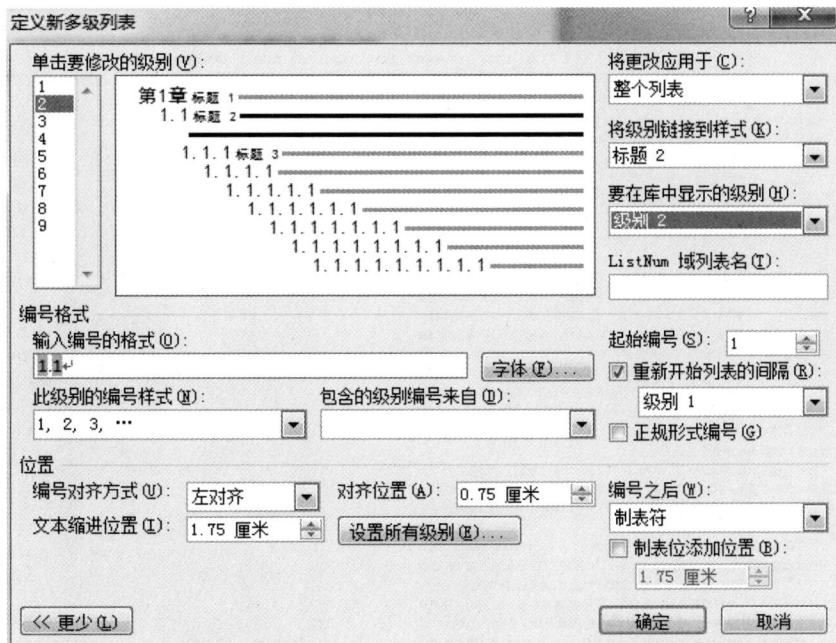

图 1-102　在"定义新多级列表"对话框中对"标题 2"进行设置

③接着，在"单击要修改的级别"列表框下选择"3"，在"将级别链接到样式"下拉菜单中选择"标题3"，在"要在库中显示的级别"下拉菜单中选择"级别3"，勾选"重新开始列表的间隔"复选框，并在其下方的下拉菜单中选择"级别2"，其他设置默认不变，如图1-103所示。

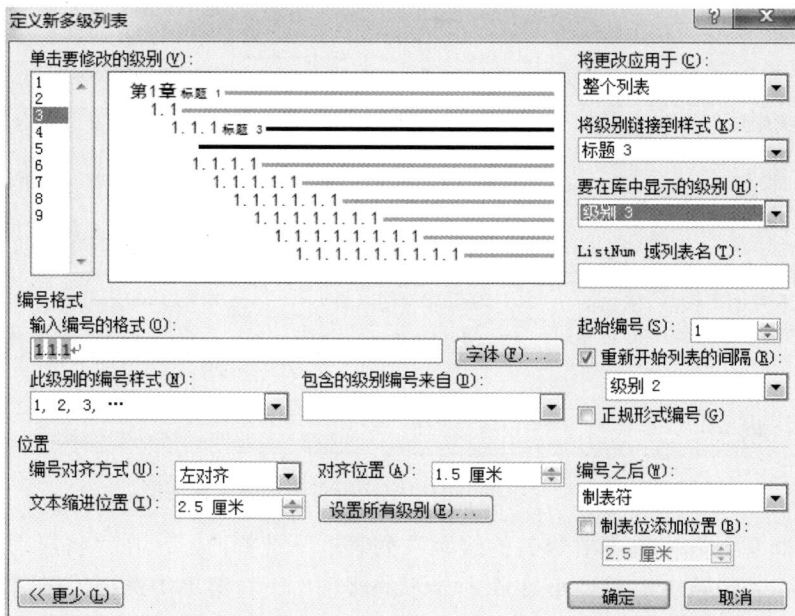

图1-103 在"定义新多级列表"对话框中对"标题3"进行设置

最后，单击"确定"按钮，操作完成后，效果如图1-104所示

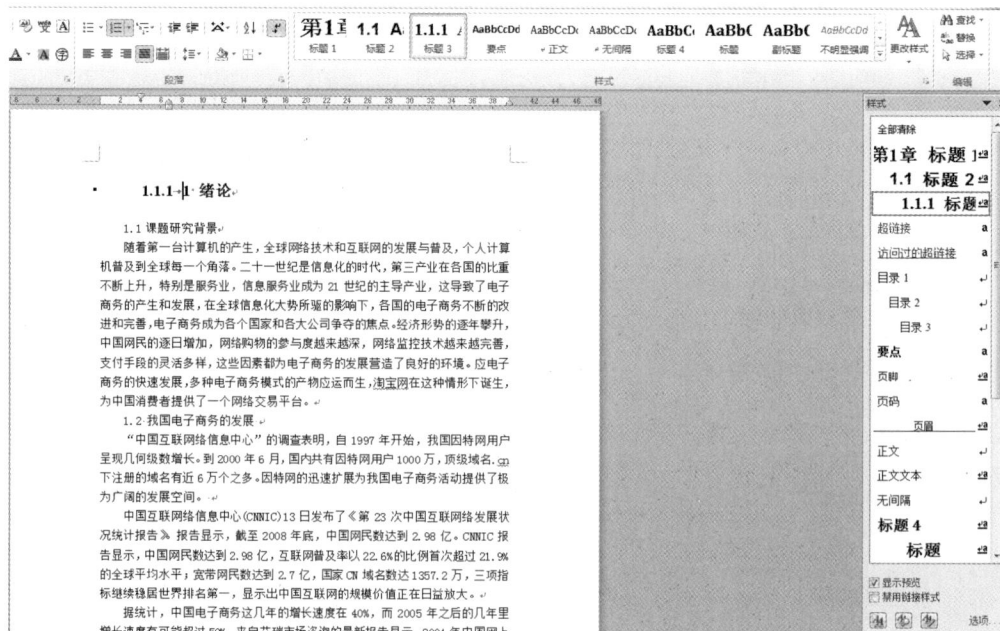

图1-104 第（7）步完成后的效果

（8）应用样式：为正文中的所有"章节名称""参考文献""致谢"，应用"标题1"样式，每章内容的层级标题依次应用"标题2"样式和"标题3"样式。观察"导航"窗格的变化，如图1-105所示。

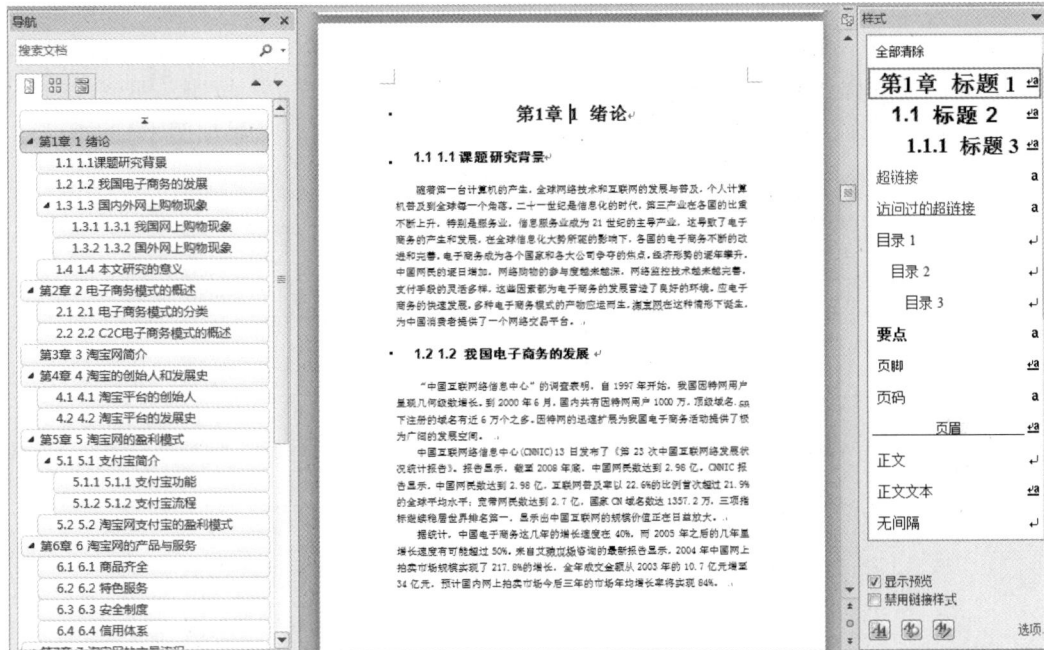

图1-105　应用样式后的效果

（9）删除各层标题中原来的编号，再次观察"导航"窗格的变化，如图1-106所示。

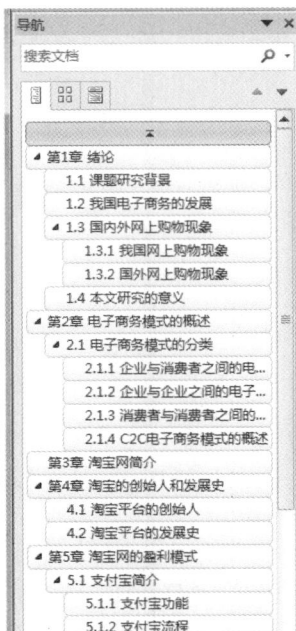

图1-106　删除各层标题原有编号后"导航"窗格的效果

（10）生成目录。

①将光标定位在第 5 节（即"英文摘要"页面的下一页），按照表 1-3 中的要求将"目录"两个字设置为黑体、三号、居中。

②将光标定位在"目录"后面，执行"引用"→"目录"→"插入目录"菜单命令，打开"目录"对话框，如图 1-107 所示，在"制表符前导符"下拉菜单中选择连线样式（标题和页码之间的连线样式），将"显示级别"设置为"3"，单击"确定"按钮，即可自动生成目录，然后，按照表 1-3 中的格式要求设置目录格式。操作完成后，效果如图 1-108 所示。

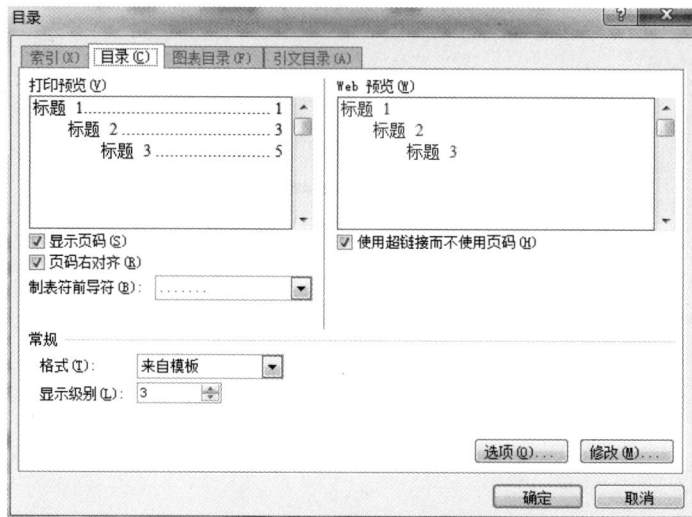

图 1-107 "目录"对话框

目录

第 1 章 绪论 1
　1.1 课题研究背景 1
　1.2 我国电子商务的发展 1
　1.3 国内外网上购物现象 1
　　1.3.1 我国网上购物现象 1
　　1.3.2 国外网上购物现象 2
　1.4 本文研究的意义 2
第 2 章 电子商务模式的概述 3
　2.1 电子商务模式的分类 3
　　2.1.1 企业与消费者之间的电子商务（Business to Customer，即 B2C）.... 3
　　2.1.2 企业与企业之间的电子商务（Business to Business，即 B2B）.... 3
　　2.1.3 消费者与消费者之间的电子商务（Consumer to Consumer 即 C2C）.... 3
　　2.1.4 C2C 电子商务模式的概述 3
第 3 章 淘宝网简介 5
第 4 章 淘宝的创始人和发展史 6
　4.1 淘宝平台的创始人 6
　4.2 淘宝平台的发展史 6
第 5 章 淘宝网的盈利模式 8
　5.1 支付宝简介 8
　　5.1.1 支付宝功能 8
　　5.1.2 支付宝流程 8
第 6 章 淘宝网的产品与服务 11
　6.1 商品齐全 11
　6.2 特色服务 11
　6.3 安全制度 11
　6.4 信用体系 11
第 7 章 淘宝网的交易流程 13
　7.1 第一步是搜索，搜索有以下几种方法。........ 13
　7.2 第二步是联系卖家 13
　7.3 第三步是购买 14
　7.4 最后一步是评价 14
第 8 章 淘宝网存在的不足与对策 15
　8.1 淘宝网存在的不足 15
　8.2 淘宝网的对策 15

第 9 章 淘宝网的未来 16
　9.1 金融危机下淘宝的发展 16
　9.2 淘宝的未来发展趋势 17
　　9.2.1 播下丰收的种子 17
　　9.2.2 市场语言和概念引导 17
　　9.2.3 转型未来：全球战争已然打响 17

参考文献 19

致谢！.. 20

图 1-108 生成并设置后的目录

（11）设置页眉和页脚。

①设置目录页的页码：将光标定位在目录页，执行"插入"→"页码"→"页面底端"→"普通数字2"菜单命令，则进入目录页页脚编辑状态，选中目录页的页码，进入"页眉和页脚工具"的"设计"选项卡，执行"页眉和页脚"→"页码"→"设置页码格式"菜单命令，如图1-109所示，打开"页码格式"对话框，如图1-110所示，单击"编号格式"下拉菜单按钮，选择"i，ii，iii，…"选项，在"页码编号"区域中勾选"起始编号"单选钮，并在文本框中输入"i"，单击"确定"按钮。操作完成后，效果如图1-111所示。

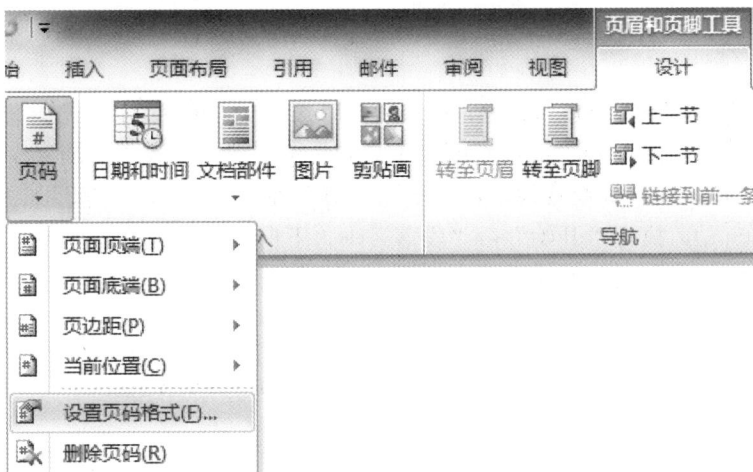

图1-109　选择"设置页码格式"命令

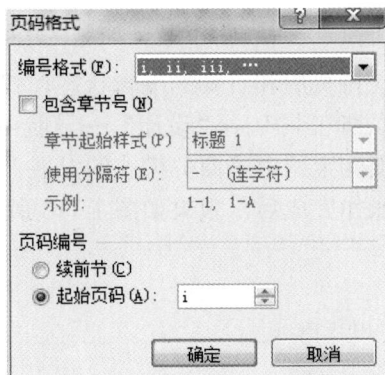

图1-110　"页码格式"对话框

7.2	第二步是联系卖家	13
7.3	第三步是购买	14
7.4	最后一步是评价	14
第8章	**淘宝网存在的不足与对策**	**15**
8.1	淘宝网存在的不足	15
8.2	淘宝网的对策	15

图1-111　设置完成后的目录页页码"i"

②设置图目录页的页脚：保持页眉和页脚的编辑状态，找到第6节（即目录页的后一页）的页脚编辑位置，选中页码，执行"页眉和页脚工具"→"设计"→"页码"→"设置页码格式"菜单命令，打开"页码格式"对话框，单击"编号格式"下拉菜单按钮，选择"i，ii，iii，…"选项，在"页码编号"区域中勾选"续前节"单选钮，单击"确定"按钮，则图目录页脚处页码显示为"iii"

③设置表目录页的页脚：保持页眉和页脚的编辑状态，找到第7节的页脚编辑位置，选中页码，执行"页眉和页脚工具"→"设计"→"页码"→"设置页码格式"菜单命令，打开"页码格式"对话框，单击"编号格式"下拉菜单按钮，选择"i，ii，iii，…"选项，在"页码编号"区域中勾选"续前节"单选钮，单击"确定"按钮，则表目录页脚处页码显示为"iv"。

④设置"摘要"页的页眉：将光标定位在"摘要"页的页眉编辑位置，执行"页眉和页脚工具"→"设计"→导航→"链接到前一条页眉"菜单命令，输入页眉文字"××职业技术学院毕业论文"，将文字格式设置为宋体、小四、右对齐；选中"××职业技术学院毕业论文"（包括右侧的回车符），执行"开始"→"段落"→"下框线"▦▾菜单命令，给页眉添加下框线，添加后的效果如图1-112所示。

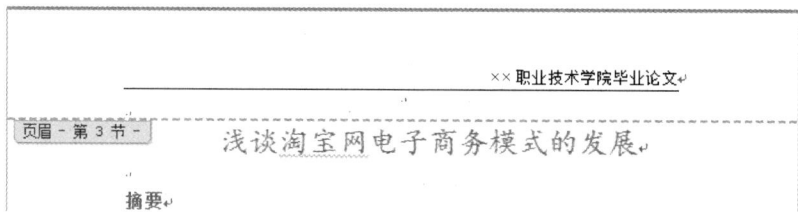

图1-112 "摘要"页添加页眉下框线后的效果

⑤设置"正文"的页眉：保持页眉和页脚的编辑状态，找到正文起始页（即第8节）的页眉编辑位置，执行"页眉和页脚工具"→"设计"→导航→"链接到前一条页眉"菜单命令，输入正文的页眉内容"浅谈淘宝网电子商务模式的发展"，并将文字设置为宋体、五号、左对齐，并添加页眉下框线。操作完成后，效果如图1-113所示。

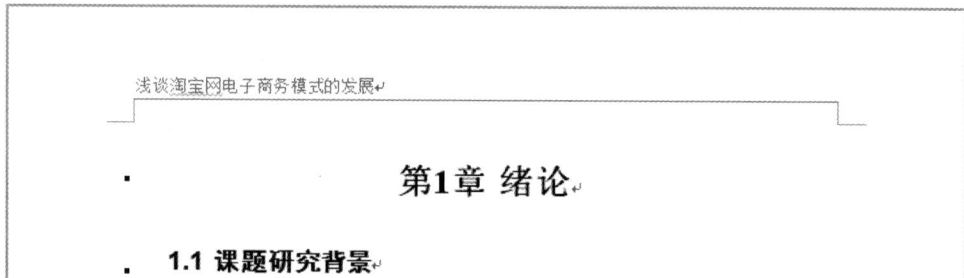

图1-113 正文添加页眉后的效果

⑥设置"正文"的页脚：切换到正文起始页的页脚编辑位置，执行"页眉和页脚工具"→"设计"→"导航"→"链接到前一条页眉"命令，选择页脚处的页码，执行"页眉和页脚工具"→"设计"→"页码"→"设置页码格式"菜单命令，打开"页码格式"对话框，单击

"编号格式"下拉菜单按钮，选择"1，2，3，…"选项，在"页码编号"区域中勾选"起始页码"单选钮，并在文本框中输入"1"，单击"确定"按钮。操作完成后，效果如图 1-114 所示。

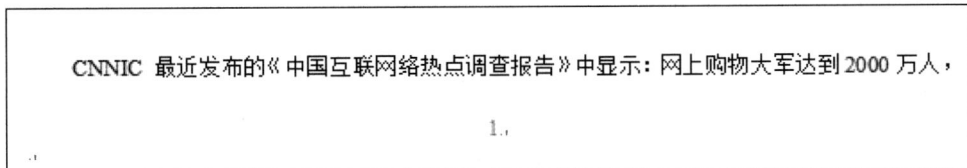

CNNIC 最近发布的《中国互联网络热点调查报告》中显示：网上购物大军达到 2000 万人，

1.

图 1-114　设置正文页脚后的效果

（12）插入题注（给图、表自动编号）。

选中正文第 5 章的第 1 张图，执行"引用"→"题注"→"插入题注"菜单命令，如图 1-115 所示，打开"题注"对话框，如图 1-116 所示，单击"新建标签"按钮，打开"新建标签"对话框，在"标签"下的文本框中输入"图"字，如图 1-117 所示，单击"确定"按钮，就返回了"题注"对话框。在"位置"下拉菜单中选择"所选项目下方"选项。

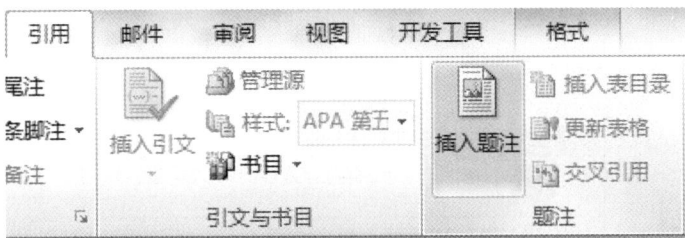

图 1-115　"引用"选项卡中的"插入题注"菜单命令

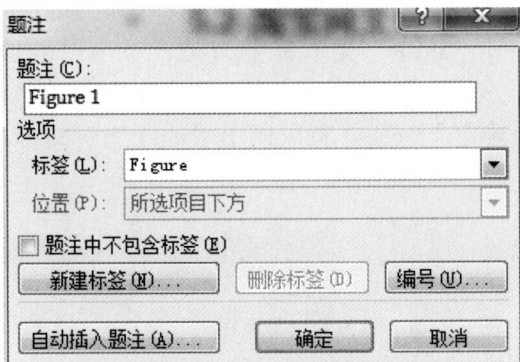

图 1-116　"题注"对话框

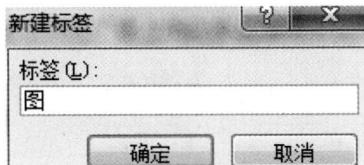

图 1-117　在"新建标签"对话框中输入"图"字

单击"编号"按钮，打开如图 1-118 所示的"题注编号"对话框，勾选"包含章节号"复选框，将"章起始样式"设置为"标题 1"，"使用分隔符"设置为"– （连字符）"，单击"确定"按钮，就回到了"题注"对话框，显示如图 1-119 所示。

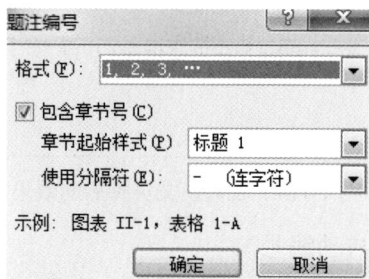

图 1-118 "题注编号"对话框

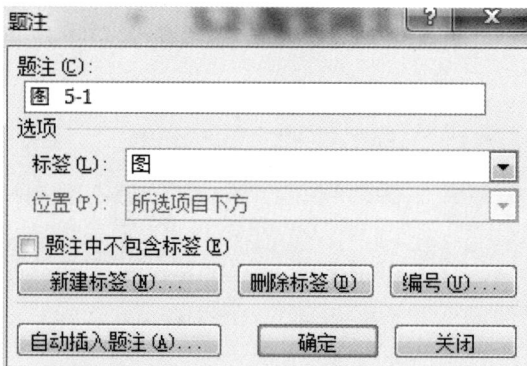

图 1-119 设置完"标签"和"编号"后的"题注"对话框

在"题注"对话框中，"题注"文本框中为某章节中图的编号，在编号后面输入图的说明文字，例如，论文第 5 章的第 1 张图，其说明文字为"支付宝安全交易流程"，如图 1-120 所示。单击"确定"按钮，就关闭了"题注"对话框，完成图的题注，效果如图 1-121 所示。

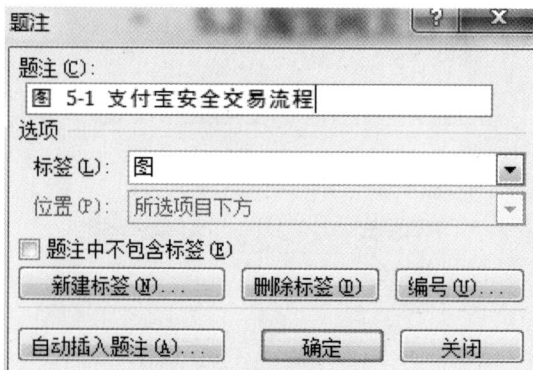

图 1-120 在"题注"对话框中设置图的说明文字

选择商品 → 付款到支付宝 → 买家收货确认 → 支付宝付款给买 → 交易完成

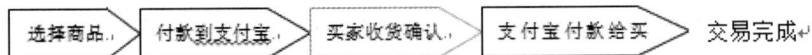

图 5-1 支付宝安全交易流程

图 1-121 图的题注效果

（13）设置交叉引用。

将光标定位在正文中需要引用图片题注编号的位置，先输入"如所示"三个字，再将光标定位在"如"和"所示"之间。执行"引用"→"题注"→"交叉引用"菜单命令，如图 1-122 所示，打开"交叉引用"对话框，如图 1-123 所示，在"引用类型"下拉菜单中选择"图"选项，在"引用内容"下拉菜单中选择"只有标签和编号"选项，依次单击"插入"和"关闭"按钮。操作完成后，效果如图 1-124 所示。

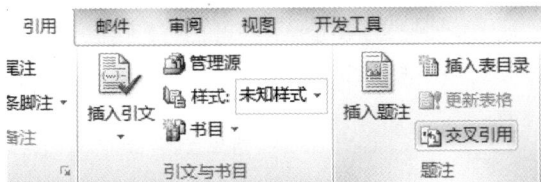

图 1-122 "引用"选项卡中的"交叉引用"命令

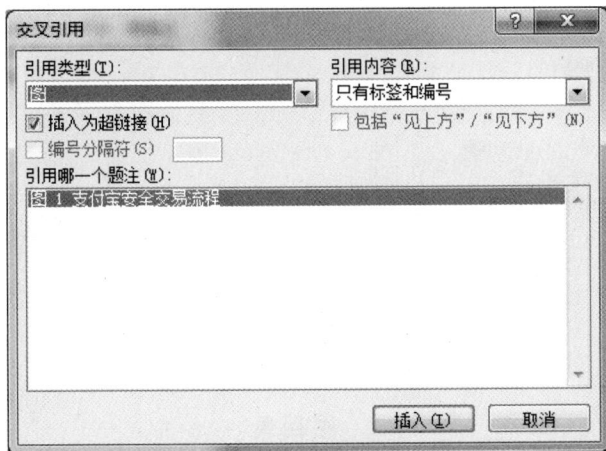

图 1-123 "交叉引用"对话框

它的线下交易。从某种意义上说，如果实际上 ... 易的买卖方），也可以通过支付宝向任何一个人进行支付，如图 5-1 所示。

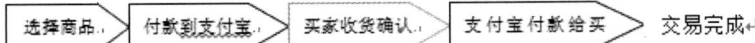

选择商品 → 付款到支付宝 → 买家收货确认 → 支付宝付款给买 → 交易完成

图 5-1 支付宝安全交易流程

图 1-124 完成"交叉引用"设置后的效果

（14）按照上述方法完成正文中其他图的编号设置和交叉引用设置。

（15）给表编号：选择正文中的表，如论文第 6 章的表 1，单击表左上角的全选按钮，执行"引用"→"题注"→"插入题注"菜单命令，打开"题注"对话框，单击"新建标签"按钮，打开"新建标签"对话框，在"标签"文本框中输入"表"字，单击"确定"按钮，就返回了"题注"对话框。在"位置"下拉菜单中选择"所选项目下方"选项，编号设置参照图的题注设置，并输入表的说明文字，单击"确定"按钮。

表的交叉引用设置方法同步骤（13）。

（16）建立图目录：将光标定位在第 6 个分节符的前面，执行"引用"→"题注"→"插入表目录"菜单命令，打开"图表目录"对话框，如图 1-125 所示，在"题注标签"下拉菜单中选择"图"选项，单击"确定"按钮。操作完成后，图目录自动生成的效果如图 1-126 所示。

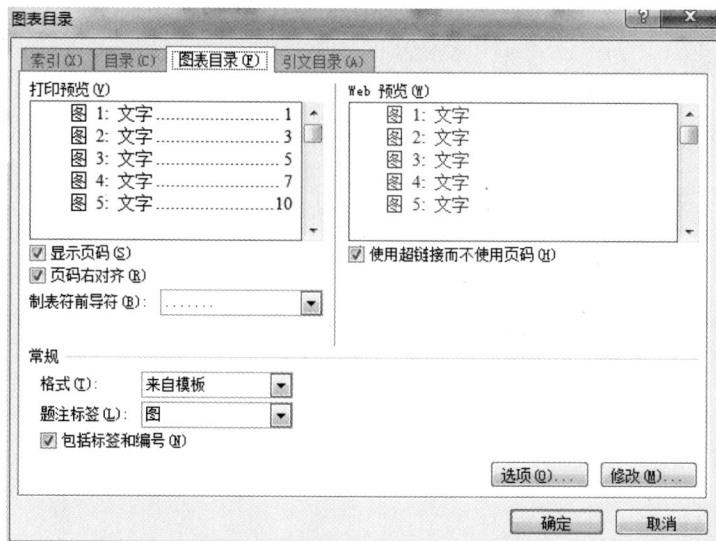

图 1-125　"图表目录"对话框

图目录

图 5—1 支付宝安全交易流程 9
图 7—1 淘宝网的交易流程 13
图 7—2 淘宝交易流程 14
图 9—1 2007 年 9 月~2008 年 9 月淘宝网交易额（亿元）变化示意图 ... 16

==========分节符(下一页)==========

图 1-126　图目录自动生成的效果

（17）建立表目录：将光标定位在第 7 个分节符的前面，执行"引用"→"题注"→"插入表目录"菜单命令，打开"图表目录"对话框，在"题注标签"下拉菜单中选择"表"选项，单击"确定"按钮。操作完成后，表目录自动生成的效果如图 1-127 所示。

表目录

表 6—1 淘宝网卖家信用体系 12

————————————分节符(下一页)————————————

图 1-127 表目录自动生成的效果

（18）更新目录：单击目录页目录，右击鼠标，弹出快捷菜单，选择"更新域"，打开"更新目录"对话框，选择"更新整个目录"命令，单击"确定"按钮。如图 1-128 所示。

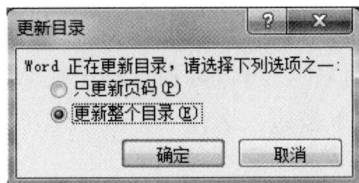

图 1-128 "更新目录"对话框

（19）打开教学素材中的"论文封面"，选中"文本框"并右击，如图 1-129 所示，在弹出的快捷菜单中，选择"复制"命令，将其粘贴到毕业论文第 1 节的页面，输入相应的信息。

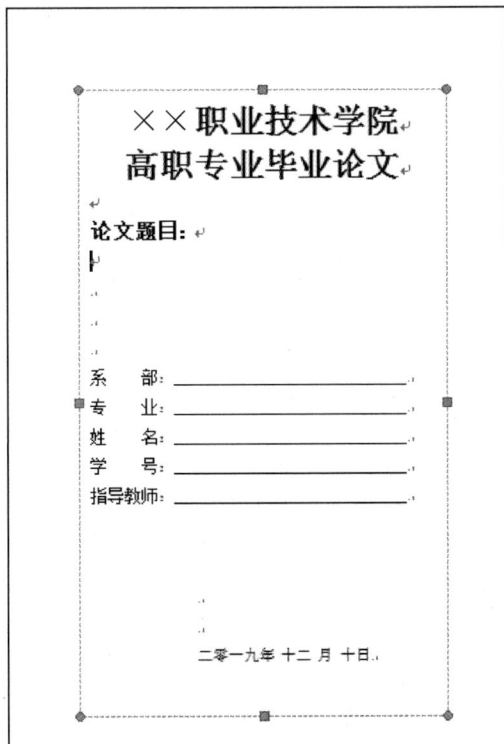

××职业技术学院
高职专业毕业论文

论文题目：

系　　部：＿＿＿＿＿＿＿＿
专　　业：＿＿＿＿＿＿＿＿
姓　　名：＿＿＿＿＿＿＿＿
学　　号：＿＿＿＿＿＿＿＿
指导教师：＿＿＿＿＿＿＿＿

二零一九年 十二 月 十日

图 1-129 选中"文本框"

（20）保存文件。

知识链接

1. 样式及其应用

样式是一组事先制作完成的"格式"命令的集合，一般包括字体、字号、段落缩进、对齐方式、大纲级别等格式设置。每种样式都有不同的名称，应用样式时只需在选定对象的前提下，单击样式名称即可。Word 本身自带了许多样式，被称为内置样式，我们可直接使用。我们也可根据需要新建样式、删除样式、以及对内置样式进行修改后再使用等。

打开"样式"对话框：单击"开始"选项卡，单击"样式"功能组右下角的小箭头，即可打开"样式"对话框。

修改样式：在"样式"对话框中，将鼠标指针移至要修改的样式名称上，名称右侧会出现下拉菜单按钮，单击该下拉菜单按钮，选择"修改"选项，打开"修改样式"对话框，用户根据需要修改样式即可。

新建样式：单击"样式"对话框左下角的"新建样式"按钮，打开"根据格式设置创建新样式"对话框，如 1-130 所示。在"名称"文本框中输入样式名，若与已有样式重名，系统会提示重新命名。"样式基准"表示该样式是从哪个样式派生出来的，默认为当前光标所在的字符或段落的样式，用户可根据需要重新选择。

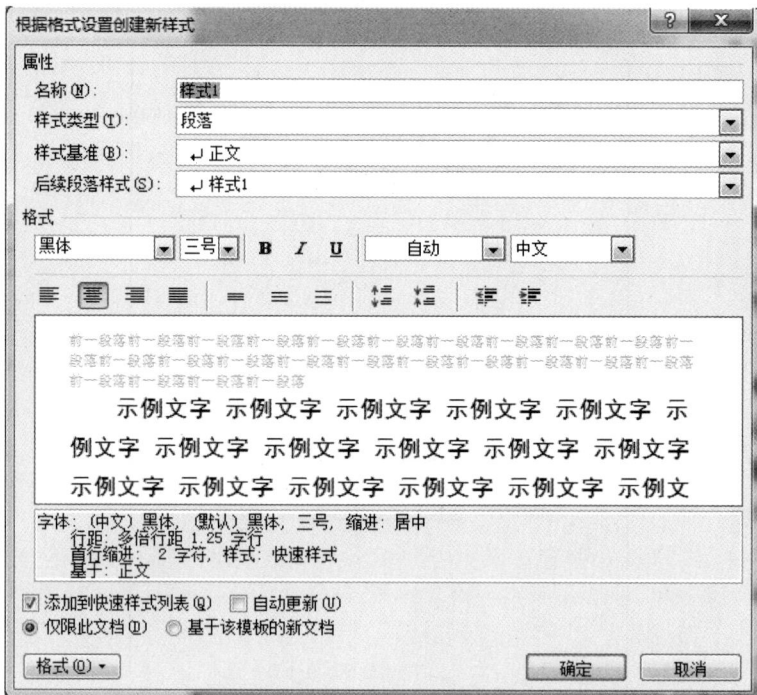

图 1-130　新建样式

删除样式：在"样式"对话框中，将鼠标指针移至要删除的样式名称上，名称右侧会出现下拉菜单按钮，单击该下拉菜单按钮，选择"删除"选项即可。

注意：系统内置的样式无法删除。

2. 页眉和页脚的编辑

（1）修改页眉/页脚的内容：双击页眉/页脚，进入页眉/页脚编辑状态，修改完成后，在"页眉和页脚工具"的"设计"选项卡中，单击"关闭页眉和页脚"按钮即可，如图 1-131 所示。

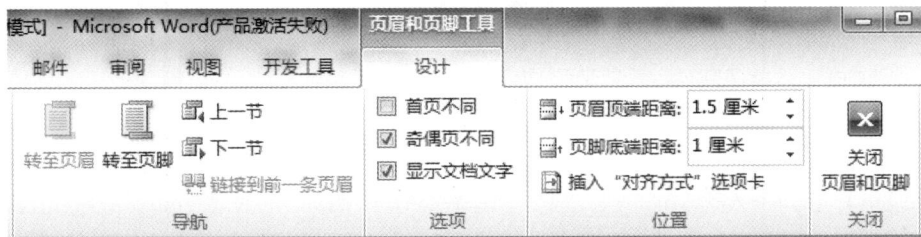

图 1-131 "页眉和页脚工具"中的"设计"选项卡

（2）删除页眉/页脚：双击页眉/页脚，进入页眉/页脚编辑状态，删除页眉/页脚的内容后，在"页眉和页脚工具"的"设计"选项卡中，单击"关闭页眉和页脚"按钮即可。

（3）去掉页眉下的横线：双击页眉，进入页眉编辑状态，选中页眉内容，执行"页面布局"→"页面背景"→"页面边框"菜单命令，就会弹出"边框和底纹"对话框，在"边框"选项卡，将"设置"选项设置为"无"，单击"确定"按钮即可。

（4）页眉/页脚距边界的距离。

双击页眉/页脚，进入页眉/页脚编辑状态，可以进入"页眉和页脚工具"的"设计"选项卡，在"位置"功能组中"页眉顶端距离"和"页脚底端距离"后面的文本框中进行设置。

或者在"页面布局"选项卡中，单击"页面设置"功能组右下角的小箭头，打开"页面设置"对话框，在"版式"选项卡的"页眉和页脚"区域中，设置"页眉"和"页脚"的"距界"参数，即在右侧的文本框中输入指定的数值，单击"确定"按钮，如图 1-132 所示。

3. 分节符及其应用

（1）什么是节？

"节"是文档格式的最大单位（或指一种排版格式的范围），分节符是一个"节"的结束符号，分节符可以控制它前面文字的格式。默认情况下，Word 将整篇文档视为一节。如果需要在一页之内或不同页之间采用不同的版面布局，需要插入分节符，将文档分成若干节，然后根据需要设置每节的格式。

（2）分节符的类型。

下一页：使新的一节从下一页开始。

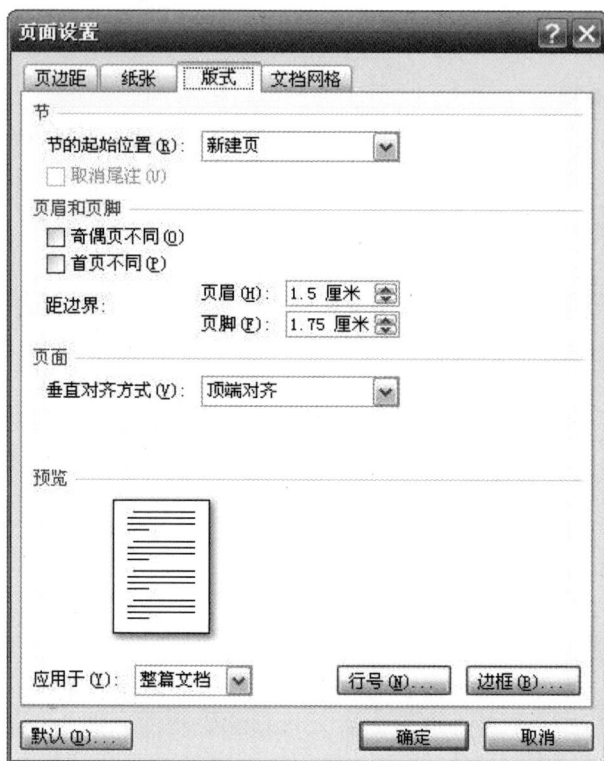

图 1-132　在"页面设置"对话框中的"版式"选项卡中设置页眉和页脚

连续：使当前节与下一节共存于同一页面。并不是所有种类的格式都能共存于同一页面。所以，即使选择了"连续"选项，Word 有时也会迫使不同格式的内容从新的一页开始。可以在同一页面的不同部分共存的不同节的格式包括列数，左、右页边距和行号。

偶数页：使新的一节从下一个偶数页开始。如果下一页是奇数页，那么此页将保持空白。

奇数页：使新的一节从下一个奇数页开始。如果下一页是偶数页，那么此页将保持空白。

（3）插入分节符。

将光标定位在要插入分节符的位置，执行"页面布局"→"页面设置"→"分隔符"菜单命令，选择需要插入的分节符类型。

（4）删除分节符。

在"视图"选项卡的"文档视图"功能组中，单击"大纲视图"或"草稿"按钮，可以看到文档中的分节符被显示出来，选中需要删除的分节符，按 Delete 键即可。

注意：删除分节符时，同时删除了该节文本的格式，即分节符前面的文字将被合并到后面的那一节，并沿用后面那一节的格式。

4.分页符

分页符用于在文档的任意位置强制分页，该工具可以将其后边的内容转到新的一页。使用分页符分页与文档中的自动分页有所不同，分页符前、后的文档始终处于两个不同的页面，不会随着字体、版式的改变合并为一页。

插入分页符有三种方法，分别如下。

（1）将光标定位在需要分页的位置，执行"页面布局"→"页面设置"→"分隔符"→"分页符"菜单命令。

（2）将光标定位在需要分页的位置，执行"插入"→"页"→"分页"菜单命令。

（3）将光标定位在需要分页的位置，按"Ctrl+Enter"组合键即可插入分页符。

⯈ 综合实训："论文"的编排与制作

情景引入

小王在撰写一篇有关质量管理的论文，论文内容录入后，需要对论文进行编辑、排版，要求如下。

（1）设置页面的纸张大小为 A4，左、右页边距为 2 厘米，上、下页边距为 2.3 厘米。

（2）将除表格内容外的所有中文的格式设置为仿宋、四号、首行缩进 2 字符、单倍行距，将除表格内容外的所有英文设置为 Times New Roman、四号；表格中的文字，其字体、字号、段落格式不变。

（3）为第一段"企业质量管理浅析"应用样式"标题 1"，并居中对齐。"一、质量工作意识是提升发展品质的前提""二、持续改进工作常态化"等六个标题对应的段落应用样式"标题 2"。

（4）在文档的蓝色文字中添加某类项目符号。

（5）将表格及其标题"质量信息表"排版在同一页面，设置该页的纸张方向为横向，删除表格最下面的空行，调整表格的宽度及高度使表格协调。

（6）将表格按"反馈单号"从小到大的顺序进行排序，并为表格应用一种内置表格样式，要求所有单元格内容为水平居中对齐。

（7）为表格添加标题"表 1　质量信息表"，位于表格上方的居中位置，并在表格标题"质量信息表"前面段落的最后一行文字"如"和"所示"之间插入对应的表格编号。

（8）在文档标题"企业质量管理浅析"之后、正文"有人说：产量是……"之前插入仅包含第 2 级标题的目录，目录及其上方的文档标题单独作为一页，将目录中的文字格式设置为三号、3 倍行距。

（9）为目录页添加页眉"质量管理"，居中对齐。在文档底部靠右的位置插入页码，页码形式为"第几页　共几页"（注意：页码和总页数应当能够自动更新），目录页不显示页码，页码从正文第 1 页开始。最后，更新目录页码。

作品展示

综合实训完成后的效果图如图 1-133 所示。

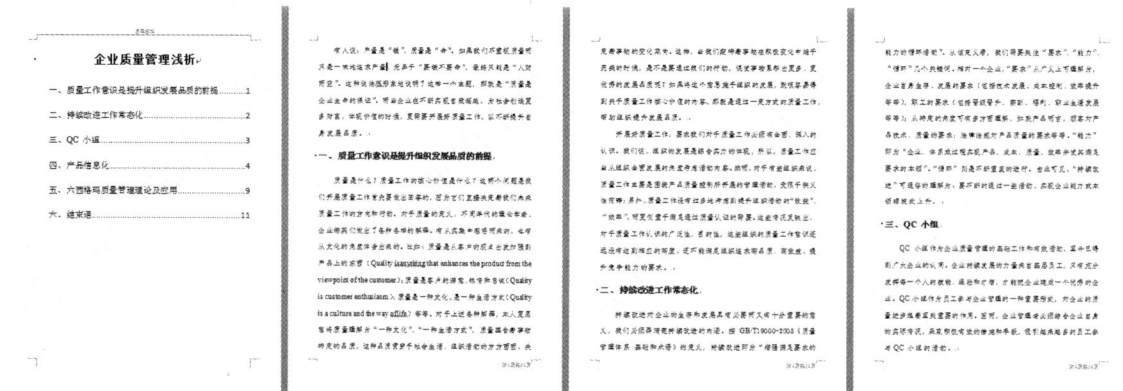

图 1-133　综合实训效果图

图 1-133　综合实训效果图（续）

知识链接

1. 表格排序

将光标定位在表格中的某个单元格内，执行"表格工具"→"布局"→"数据"→"排序"菜单命令，打开"排序"对话框，勾选下方的"有标题行"单选钮，"主要关键字"设置为"反馈单号"，勾选右侧的"升序"单选钮，单击"确定"按钮即可完成表格排序。

2. 插入"第几页　共几页"的页码

（1）执行"插入"→"页脚"→"编辑页脚"菜单命令，进入"页脚"编辑状态，在页脚处输入"第页　共页"。

（2）将光标定位在"第"和"页"之间，执行"插入"→"文本"→"文档部件"→"域"菜单命令，打开"域"对话框。

（3）在左侧的"域名"列表中选择"Page"选项，在右侧的"域属性"区域中选择相应的格式，单击"确定"按钮，发现在"第"和"页"之间出现了当前页的页码。

（4）将光标定位在"共"和"页"之间，执行"插入"→"文本"→"文档部件"→"域"菜单命令，打开"域"对话框。

（5）在左侧的"域名"列表中选择"NumPages"选项，在右侧的"域属性"区域中选择相应的格式，单击"确定"按钮，发现在"共"和"页"之间出现了共有页数的页码。

3. 添加水印

执行"页面布局"→"页面背景"→"水印"→"自定义水印"菜单命令，打开"水印"对话框，可在其中对水印进行设置。

⫸ 思考练习

1. 判断题

（1）Word 2010 可以同时打开多个文档窗口，但是，打开的文档窗口越多，占用的内存也会越多，因而速度会更慢。　　　　　　　　　　　　　　　　　　　　　　（　　）

（2）在 Word 文本区左边缘有一个向上、向下延伸的狭窄区域，当鼠标指针移入此区域时，鼠标指针将变成向左上倾斜的空心箭头，此区域被称为选定文本区域。　　　　（　　）

（3）制表符可以帮用户方便地向左、向右或居中对齐本行，同时也可以实现文本、数字和竖线字符的对齐。　　　　　　　　　　　　　　　　　　　　　　　　　　（　　）

（4）当使用 Word 图形编辑器的基本绘图工具绘制正方形、圆、30°角倾斜直线、45°角倾斜直线、60°角倾斜直线、90°角倾斜直线时，单击相应的绘图工具按钮后，必须按住 Ctrl 键不放并拖动鼠标绘制。　　　　　　　　　　　　　　　　　　　　　　　（　　）

（5）段落格式化是指对段落前后间距、行距、段落缩进等属性进行设置。　　（　　）

（6）文档 1 是新建的 Word 文档的文件名。　　　　　　　　　　　　　（　　）

（7）现有前、后两个段落，且两个段落的格式不同，若删除前一个段落末尾的结束标记，则前、后两个段落会合并为一段，原先各自的段落格式均丢失，而采用文档的默认格式。（　　）

（8）调整图片的大小可以用鼠标拖动图片四周任意控制点来实现，但只有拖动中心控制点才能使图片等比例缩放。　　　　　　　　　　　　　　　　　　　　　　（　　）

（9）空格、逗号、制表、冒号等符号都能作为将正文内容分隔开并转换为表格单元格内容的分隔符。　　　　　　　　　　　　　　　　　　　　　　　　　　　　　（　　）

（10）设置段落缩进的正确操作是在"开始"选项卡的"段落"功能组中，单击"段落"功能组右下角的小箭头，打开"段落"对话框，再设置"缩进"与"间距"参数。　　（　　）

2. 单项选择题

（1）在 Word 中，（　　　）的作用是控制文本内容在屏幕上显示的位置。

A．最大化按钮

B．状态栏

C．标尺

D．滚动条

（2）在 Word 中，如果菜单的某个命令选项后面有类似省略号的符号"•••"，当选择该选项后，会出现（　　　）。

A．一个子菜单

B．一个对话框

C．一个空白窗口

D．一个工具栏

（3）在 Word 中，要检查文档的真实布局情况，应选用（　　　）模式。

A．大纲视图

B．页面视图

C．联机版式视图

D．普通视图

（4）在 Word 中，将一个表格分成上、下两部分，应使用（　　）命令。

A．拆分单元格

B．剪切

C．拆分表格

D．拆分窗口

（5）在 Word 的编辑状态下，对于一个多行、多列的表格。如果选中一个单元格，再按 Delete 键，则（　　）。

A．删除该单元格所在的行

B．删除该单元格的内容

C．删除该单元格，右方单元格左移

D．删除该单元格，下方单元格上移

（6）如果想在 Word 的文档中插入页眉和页脚，应当使用的选项卡是（　　）。

A．"工具"选项卡

B．"插入"选项卡

C．"格式"选项卡

D．"视图"选项卡

（7）在 Word 文档中，对所插入的图片，不能进行的操作是（　　）。

A．放大或缩小

B．从矩形边缘裁剪

C．修改其中的图形

D．移动其在文档中的位置

（8）在 Word 中能进行强制分页的组合键是（　　）。

A．Ctrl+Shift

B．Ctrl+Enter

C．Ctrl+Space

D．Ctrl+Alt

（9）如果文档很长，可采用 Word 提供的（　　）技术，同时在同一文档中滚动查看不同部分。

A．滚动条

B．拆分窗口

C．排列窗口

D．帮助

（10）在 Word 的编辑状态下进行"替换"操作，应使用（　　）选项卡。

A．工具

B．格式

C．视图

D．编辑

3．多项选择题

（1）在 Word 中拆分表格可采用的操作是（　　　）。

A．"格式"→"拆分表格"

B．"表格"→"拆分表格"

C．Ctrl+Enter

D．Ctrl+Shift+Enter

（2）要想在 Word 中创建表格，以下属于正确的方法为（　　　）。

A．使用"表格"菜单创建

B．利用"插入"菜单创建

C．使用"插入表格"命令按钮创建

D．利用"格式"菜单创建

（3）"格式"工具栏上包含的功能有（　　　）。

A．样式设置

B．字形设置

C．项目符号设置

D．段落对齐方式设置

（4）下面操作属于"域"的有（　　　）。

A．页码

B．索引和目录

C．邮件合并

D．文本框

（5）Word 中可以设置的水印效果有（　　　）。

A．图片

B．文字

C．缩放

D．图形

（6）修改图形的大小时，若想保持其长宽比例不变，可执行的操作有（　　　）。

A．用鼠标拖动四角上的控制点

B．按住 Shift 键，同时用鼠标拖动四角上的控制点

C．按住 Ctrl 键，同时用鼠标拖动四角上的控制点

D．在"设置图片格式"中锁定纵横比

（7）设置首行缩进的方法有（　　　）。

A．通过格式菜单选择"段落"，然后在"特殊格式"中设定"首行缩进"格式

B．通过标尺调节

C．通过 Tab 键

D．以上只有一种方法正确

（8）在 Word 中，要将 123456 转换成 4 列×2 行的表格，则可采用的分隔方式为（　　）。

A．1，2，3，4，5，6

B．*2*3*4*5*6

C．/2/3/4/5/6

D．1！2！3！4！5！6

（9）在 Word 中，"分栏功能"可用于（　　）。

A．选中文本

B．整篇文档

C．文本框

D．自选取图表

（10）在 Word 中，表格可自动调整的内容有（　　）。

A．平均分布各行

B．平均分布各列

C．使表格边线一样粗

D．根据内容调整表格大小

模块二

Excel 应用篇

Excel 2010 是 Microsoft 公司开发的 Office 2010 办公组件之一，它是一款技术先进、性能优越、功能强大的电子表格软件，被广泛应用于办公自动化、数据分析与管理领域。Excel 2010 不仅能够胜任各种表格制作和数据统计计算，而且具有强大的图形、图表、数据分析功能。Excel 2010 采用了更加灵活的数据处理方式，可以大大减轻工作强度，有效提高工作效率，为企业决策者提供有力的数据支持。

Excel 2010 除可以方便、高效地完成各种复杂数据的计算外，还具有各种数据管理功能，如排序、筛选、分类汇总、合并计算等，被广泛应用于信息管理工作中。

本模块以五个任务案例为引领，主要讲解公式应用、强大的函数应用、数据管理工具、数据透视功能、数据处理与分析、图表操作等知识点。所有任务案例经过精心设计，涉及的经济模型有很强的针对性，基本涵盖了企业数据管理和分析的核心内容，将 Excel 2010 操作与企业管理中的实际问题有机地结合起来，每个任务案例都给出详细的操作步骤，以便读者快捷、轻松地学习与应用。

➡ 任务 2.1　对"销售记录统计表"进行数据分析

情景引入

为了使公司领导能够对公司 B 平台 2019 年第二季度销售记录进行全面分析和了解，公司对该平台的相关数据以表格的形式进行管理与分析。具体要求如下。

◆ 结合"商品基本信息"工作表，利用 VLOOKUP 函数补全统计表中的信息。

◆ 利用公式分别求出对应的"小计"和"毛利润"。

◆ 筛选出毛利润大于等于 1000 元的记录，复制到新工作表中，并根据"商品名称"和"毛利润"建立簇状柱形图，且在柱中显示对应的数据。

◆ 取消自动筛选，利用条件格式，将毛利润大于等于 1000 元的数据显示为"红色、加粗"。

作品展示

制作"GW 公司 2019 年第二季度 B 平台销售记录统计表"，效果如图 2-1 所示。

	A	B	C	D	E	F	G	H
1	GW公司2019年第二季度B平台销售记录统计表							
2	日期	商品名称	单位	售价	数量	小计	进价	毛利润
3	2018年4月8日	10米网线	根	¥15.00	20	¥300.00	¥10.00	¥100.00
4	2018年4月9日	15米网线	根	¥25.00	15	¥375.00	¥15.00	¥150.00
5	2018年4月11日	BS190	付	¥85.00	20	¥1,700.00	¥65.00	¥400.00
6	2018年4月11日	BSONYQ28	付	¥18.00	50	¥900.00	¥12.00	¥300.00
7	2018年4月15日	CD207	付	¥10.00	10	¥100.00	¥6.00	¥40.00
8	2018年4月19日	CD930	付	¥19.00	20	¥380.00	¥14.00	¥100.00
9	2018年4月21日	CC980	台	¥345.00	15	¥5,175.00	¥250.00	¥1,425.00
10	2018年4月25日	10米网线	根	¥15.00	20	¥300.00	¥10.00	¥100.00
11	2018年4月27日	15米网线	根	¥25.00	15	¥375.00	¥15.00	¥150.00
12	2018年4月29日	18米网线	根	¥85.00	20	¥1,700.00	¥18.00	¥1,340.00
13	2018年4月30日	3米电话线	根	¥18.00	50	¥900.00	¥0.40	¥880.00
14	2018年5月4日	3米网线	根	¥10.00	10	¥100.00	¥3.00	¥70.00
15	2018年5月8日	5米电话线	根	¥19.00	20	¥380.00	¥0.40	¥372.00
16	2018年5月13日	5米网线	根	¥15.00	15	¥225.00	¥5.00	¥150.00
17	2018年5月14日	SONYCDR	张	¥25.00	20	¥500.00	¥1.40	¥472.00
18	2018年5月16日	BS190	付	¥85.00	15	¥1,275.00	¥65.00	¥300.00
19	2018年5月17日	BSONY928	付	¥18.00	20	¥360.00	¥5.00	¥260.00
20	2018年5月21日	BSONYQ22	付	¥10.00	50	¥500.00	¥7.00	¥150.00
21	2018年5月23日	BSONYQ28	付	¥19.00	10	¥190.00	¥12.00	¥70.00
22	2018年5月24日	BSONYQ55	付	¥15.00	20	¥300.00	¥15.00	¥0.00
23	2018年5月26日	BT693	对	¥25.00	15	¥375.00	¥10.00	¥225.00
24	2018年5月29日	B松下842	付	¥85.00	20	¥1,700.00	¥5.00	¥1,600.00
25	2018年5月30日	CC330V	台	¥230.00	15	¥3,450.00	¥165.00	¥975.00
26	2018年5月31日	CC980	台	¥290.00	20	¥5,800.00	¥250.00	¥800.00
27	2018年6月1日	CD207	付	¥19.00	50	¥950.00	¥6.00	¥650.00
28	2018年6月3日	CD930	付	¥15.00	10	¥150.00	¥14.00	¥10.00
29	2018年6月4日	5米电话线	根	¥25.00	20	¥500.00	¥0.40	¥492.00
30	2018年6月5日	5米网线	根	¥85.00	15	¥1,275.00	¥5.00	¥1,200.00
31	2018年6月8日	SONYCDR	张	¥18.00	20	¥360.00	¥1.40	¥332.00
32	2018年6月11日	BS190	付	¥85.00	15	¥1,275.00	¥65.00	¥300.00
33	2018年6月13日	BSONY928	付	¥19.00	20	¥380.00	¥5.00	¥280.00
34	2018年6月15日	BSONYQ22	付	¥15.00	50	¥750.00	¥7.00	¥400.00
35	2018年6月17日	BSONYQ28	付	¥25.00	10	¥250.00	¥12.00	¥130.00
36	2018年6月19日	BSONYQ28	付	¥85.00	20	¥1,700.00	¥12.00	¥1,460.00
37	2018年6月20日	CD207	付	¥18.00	15	¥270.00	¥6.00	¥180.00
38	2018年6月21日	CD930	付	¥19.00	20	¥380.00	¥14.00	¥100.00
39	2018年6月23日	CC980	台	¥310.00	15	¥4,650.00	¥250.00	¥900.00
40	2018年6月24日	10米网线	根	¥15.00	20	¥300.00	¥10.00	¥100.00
41	2018年6月27日	15米网线	根	¥25.00	50	¥1,250.00	¥15.00	¥500.00
42	2018年6月28日	18米网线	根	¥85.00	10	¥850.00	¥18.00	¥670.00
43	2018年6月29日	3米电话线	根	¥18.00	20	¥360.00	¥0.40	¥352.00
44	2018年6月30日	BSONYQ22	付	¥10.00	15	¥150.00	¥7.00	¥45.00

图 2-1 "GW 公司 2019 年第二季度 B 平台销售记录统计表"效果图

任务实施

1. 利用 VLOOKUP 函数补全统计表中的信息

（1）在教学素材中打开"GW 公司 2019 年第二季度 B 平台销售记录统计表"原始文件，如图 2-2 所示。

	A	B	C	D	E	F	G	H
1				GW公司2019年第二季度B平台销售记录统计表				
2	日期	商品名称	单位	售价	数量	小计	进价	毛利润
3	2018年4月8日	10米网线		¥15.00	20			
4	2018年4月9日	15米网线		¥25.00	15			
5	2018年4月11日	BS190		¥85.00	20			
6	2018年4月11日	BSONYQ28		¥18.00	50			
7	2018年4月15日	CD207		¥10.00	10			
8	2018年4月19日	CD930		¥19.00	20			
9	2018年4月21日	CC980		¥345.00	15			
10	2018年4月25日	10米网线		¥15.00	20			
11	2018年4月27日	15米网线		¥25.00	15			
12	2018年4月29日	18米网线		¥85.00	20			
13	2018年4月30日	3米电话线		¥18.00	50			
14	2018年5月4日	3米网线		¥10.00	10			
15	2018年5月8日	5米电话线		¥19.00	20			
16	2018年5月13日	5米网线		¥15.00	15			
17	2018年5月14日	SONYCDR		¥25.00	20			
18	2018年5月16日	BS190		¥85.00	15			
19	2018年5月17日	BSONY928		¥18.00	20			
20	2018年5月21日	BSONYQ22		¥10.00	50			
21	2018年5月23日	BSONYQ28		¥19.00	10			
22	2018年5月24日	BSONYQ55		¥15.00	20			
23	2018年5月26日	BT693		¥25.00	15			
24	2018年5月29日	B松下842		¥85.00	20			
25	2018年5月30日	CC330V		¥230.00	15			
26	2018年5月31日	CC980		¥290.00	15			
27	2018年6月1日	CD207		¥15.00	50			
28	2018年6月3日	CD930		¥15.00	10			
29	2018年6月4日	5米电话线		¥25.00	20			
30	2018年6月5日	5米网线		¥85.00	15			
31	2018年6月8日	SONYCDR		¥18.00	20			
32	2018年6月11日	BS190		¥85.00	15			
33	2018年6月13日	BSONY928		¥19.00	20			
34	2018年6月15日	BSONYQ22		¥15.00	50			
35	2018年6月17日	BSONYQ28		¥25.00	10			
36	2018年6月19日	BSONYQ28		¥85.00	20			
37	2018年6月20日	CD207		¥18.00	15			
38	2018年6月21日	CD930		¥19.00	20			
39	2018年6月23日	CC980		¥310.00	15			
40	2018年6月24日	10米网线		¥15.00	20			
41	2018年6月27日	15米网线		¥25.00	50			
42	2018年6月28日	18米网线		¥85.00	10			
43	2018年6月29日	3米电话线		¥18.00	20			
44	2018年6月30日	BSONYQ22		¥10.00	15			

图 2-2 "GW 公司 2019 年第二季度 B 平台销售记录统计表" 原始文件

（2）单击"C3"单元格，执行"公式"→"插入函数"菜单命令，如图 2-3 所示，打开"插入函数"对话框，然后选择 VLOOKUP 函数，如图 2-4 所示，单击"确定"按钮，会弹出如图 2-5 所示的"函数参数"对话框。

图 2-3 "公式"选项卡中的"插入函数"菜单命令

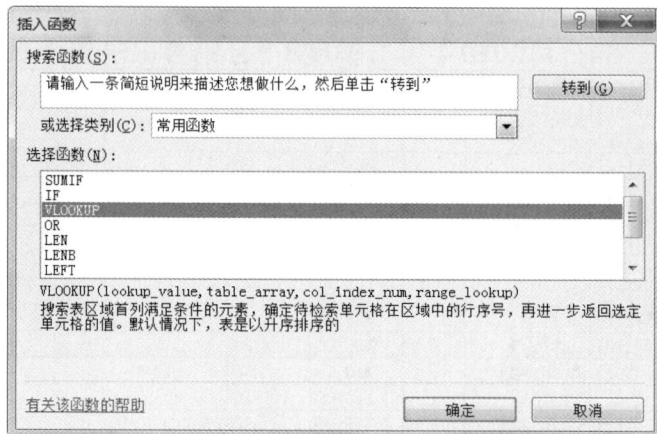

图 2-4　在"插入函数"对话框中选择 VLOOKUP 函数

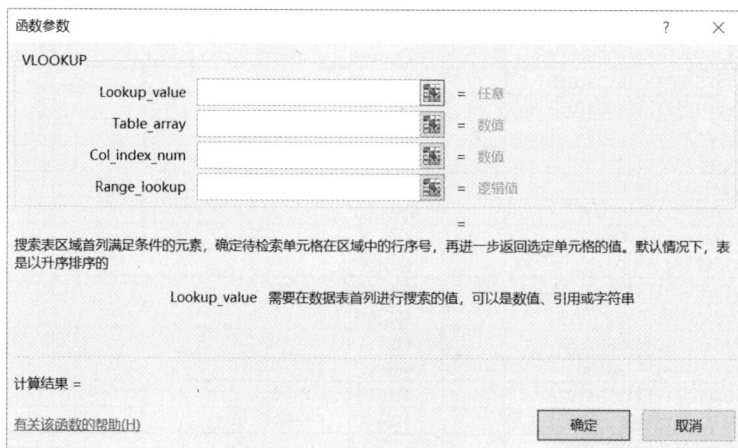

图 2-5　VLOOKUP 函数的"函数参数"对话框

（3）结合如图 2-6 所示的商品基本信息，在 VLOOKUP 函数的"函数参数"对话框中输入相应的参数，函数的参数设置如图 2-7 所示，单击"确认"按钮，分别求出对应的"单位"和"进价"。

商品名称	单位	进价	类别
10米网线	根	¥10.00	网线
15米网线	根	¥15.00	网线
18米网线	根	¥18.00	网线
3米电话线	根	¥0.40	电话线
3米网线	根	¥3.00	网线
5米电话线	根	¥0.40	电话线
5米网线	根	¥5.00	网线
SONYCDR	张	¥1.40	刻录盘
BS190	付	¥65.00	耳机
BSONY928	付	¥5.00	耳机
BSONYQ22	付	¥7.00	耳机
BSONYQ28	付	¥12.00	耳机
BSONYQ55	付	¥15.00	耳机
BT693	对	¥10.00	音箱
B松下842	付	¥5.00	耳机
CC330V	台	¥165.00	电子词典
CC980	台	¥250.00	电子词典
CD207	付	¥6.00	耳机
CD930	付	¥14.00	耳机

图 2-6　商品基本信息

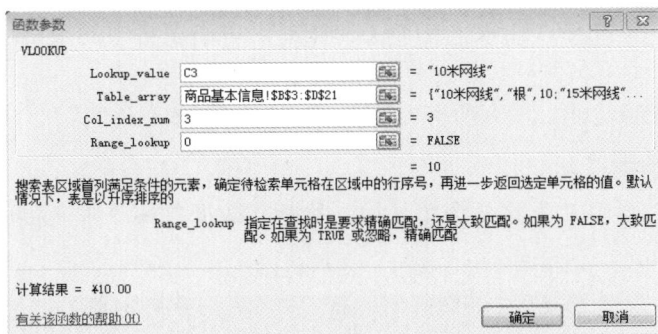

图 2-7　VLOOKUP 函数的参数设置

（4）利用公式复制功能填充所有商品的"单位"和"进价"。

2. 利用公式分别求出对应的"小计"和"毛利润"

（1）单击"F3"单元格，输入公式"=D3*E3"，如图 2-8 所示，单击表格中的空白区域，即可计算相应商品的"小计"。

	A	B	C	D	E	F	G	H
1	GW公司2019年第二季度B平台销售记录统计表							
2	日期	商品名称	单位	售价	数量	小计	进价	毛利润
3	2018年4月8日	10米网线	根	¥15.00	20	=D3*E3	¥10.00	
4	2018年4月9日	15米网线	根	¥25.00	15		¥15.00	
5	2018年4月11日	BS190	付	¥85.00	20		¥65.00	
6	2018年4月11日	BSONYQ28	付	¥18.00	50		¥12.00	
7	2018年4月15日	CD207	付	¥10.00	10		¥6.00	
8	2018年4月19日	CD930	付	¥19.00	20		¥14.00	
9	2018年4月21日	CC980	台	¥345.00	15		¥250.00	
10	2018年4月25日	10米网线	根	¥15.00	20		¥10.00	
11	2018年4月27日	15米网线	根	¥25.00	15		¥15.00	
12	2018年4月29日	18米网线	根	¥85.00	20		¥18.00	
13	2018年4月30日	3米电话线	根	¥18.00	50		¥0.40	
14	2018年5月4日	3米网线	根	¥10.00	10		¥3.00	
15	2018年5月8日	5米电话线	根	¥19.00	20		¥0.40	
16	2018年5月13日	5米网线	根	¥15.00	15		¥5.00	
17	2018年5月14日	SONYCDR	张	¥25.00	20		¥1.40	
18	2018年5月16日	BS190	付	¥85.00	15		¥65.00	
19	2018年5月17日	BSONY928	付	¥18.00	20		¥5.00	
20	2018年5月21日	BSONYQ22	付	¥10.00	50		¥7.00	
21	2018年5月23日	BSONYQ28	付	¥19.00	10		¥12.00	
22	2018年5月24日	BSONYQ55	付	¥15.00	20		¥15.00	
23	2018年5月26日	BT693	对	¥25.00	15		¥10.00	
24	2018年5月29日	B松下842	付	¥85.00	20		¥5.00	
25	2018年5月30日	CC330V	台	¥230.00	15		¥165.00	
26	2018年5月31日	CC980	台	¥290.00	20		¥250.00	
27	2018年6月1日	CD207	付	¥19.00	50		¥6.00	
28	2018年6月3日	CD930	付	¥15.00	10		¥14.00	
29	2018年6月4日	5米电话线	根	¥25.00	20		¥0.40	
30	2018年6月5日	5米网线	根	¥85.00	15		¥5.00	
31	2018年6月8日	SONYCDR	张	¥18.00	20		¥1.40	
32	2018年6月11日	BS190	付	¥85.00	15		¥65.00	
33	2018年6月13日	BSONY928	付	¥19.00	20		¥5.00	
34	2018年6月15日	BSONYQ22	付	¥15.00	50		¥7.00	
35	2018年6月17日	BSONYQ28	付	¥25.00	10		¥12.00	
36	2018年6月19日	BSONYQ28	付	¥85.00	20		¥12.00	
37	2018年6月20日	CD207	付	¥18.00	20		¥6.00	
38	2018年6月21日	CD930	付	¥19.00	20		¥14.00	
39	2018年6月23日	CC980	台	¥310.00	15		¥250.00	
40	2018年6月24日	10米网线	根	¥15.00	20		¥10.00	
41	2018年6月27日	15米网线	根	¥25.00	15		¥15.00	
42	2018年6月28日	18米网线	根	¥85.00	10		¥18.00	
43	2018年6月29日	3米电话线	根	¥18.00	20		¥0.40	
44	2018年6月30日	BSONYQ22	付	¥10.00	15		¥7.00	

图 2-8　输入公式

（2）单击"H3"单元格，输入"=(D3-G3)*E3"，单击表格中的空白区域，即可计算相应商品的"毛利润"。

（3）利用公式复制功能，填充所有商品的"小计"和"毛利润"。

3. 数据筛选与图表建立

（1）选中"A2"到"H2"这几个单元格，执行"数据"→"排序和筛选"→"筛选"菜单命令，如图 2-9 所示。

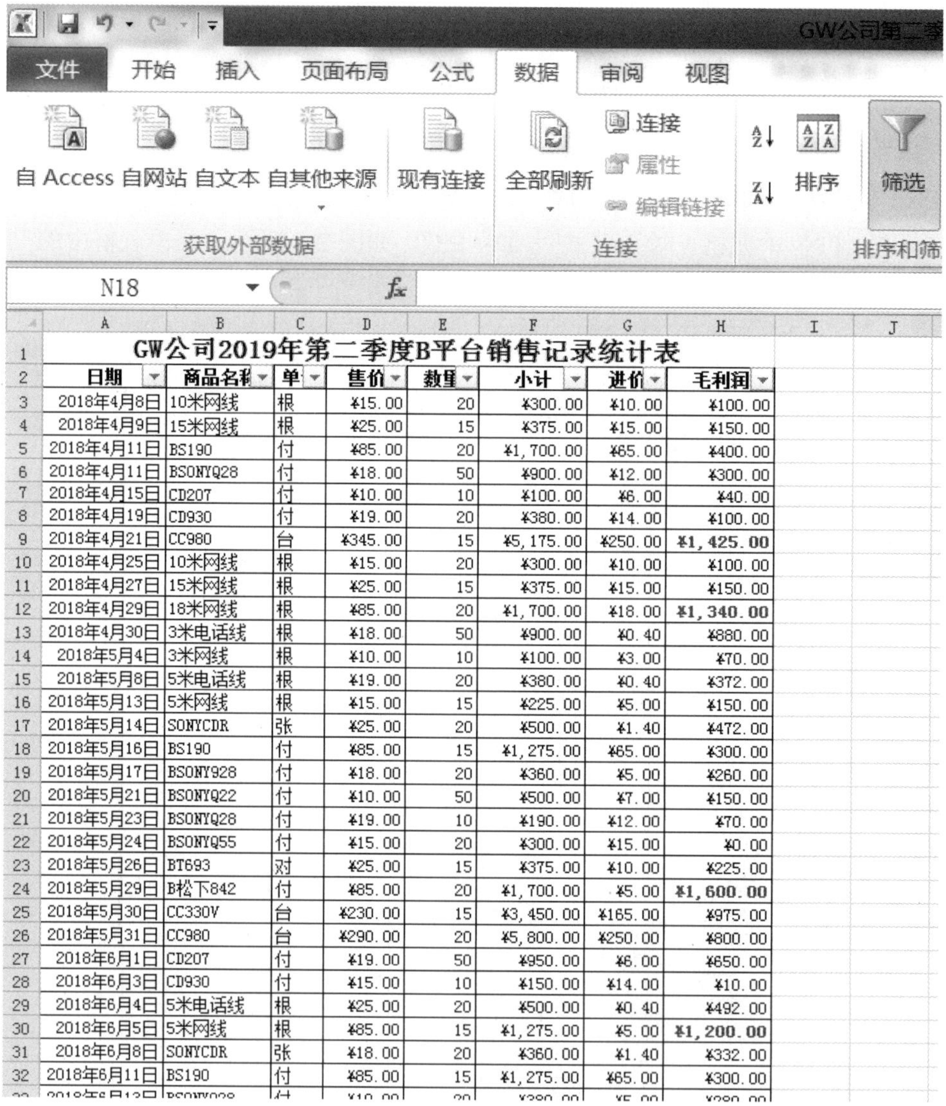

图 2-9　选择目标单元格执行"筛选"

（2）单击"毛利润"字段名右侧的倒三角按钮，在弹出的下拉菜单中执行"数字筛选"→"自定义筛选"菜单命令，如图 2-10 所示，打开"自定义自动筛选方式"对话框，如图 2-11 所示。

在"自定义自动筛选方式"对话框中输入相应的条件，即在"毛利润"下方的第一个下拉菜单中选择"大于或等于"选项，在其右侧的文本框中输入"1000"，如图 2-12 所示，单击"确定"按钮，即可筛选出满足条件的记录，自动筛选后的效果如图 2-13 所示。

图 2-10　在下拉菜单中选择"自定义筛选"

图 2-11　"自定义自动筛选方式"对话框

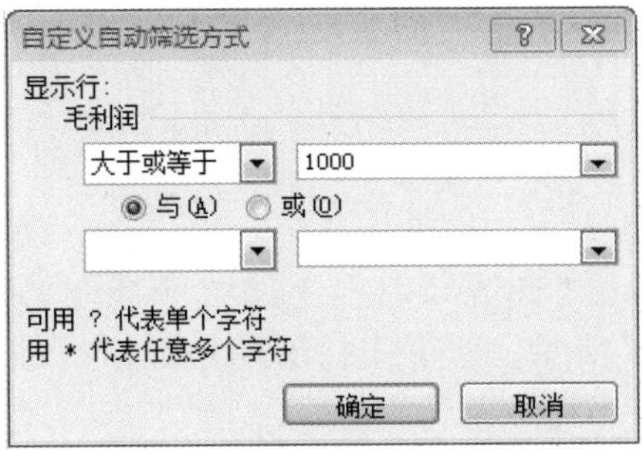

图 2-12　在"自定义自动筛选方式"对话框中进行设置

日期	商品名称	单位	售价	数量	小计	进价	毛利润
2018年4月21日	CC980	台	¥345.00	15	¥5,175.00	¥250.00	¥1,425.00
2018年4月29日	18米网线	根	¥85.00	20	¥1,700.00	¥18.00	¥1,340.00
2018年5月29日	B松下842	付	¥85.00	20	¥1,700.00	¥5.00	¥1,600.00
2018年6月5日	5米网线	根	¥85.00	15	¥1,275.00	¥5.00	¥1,200.00
2018年6月19日	BSONYQ28	付	¥85.00	20	¥1,700.00	¥12.00	¥1,460.00

图 2-13　自动筛选后的效果

（3）将筛选出的数据表复制到新的工作表中，按住 Ctrl 键同时选中"商品名称"列和"毛利润"列，如图 2-14 所示。

	A	B	C	D	E	F	G	H
1	日期	商品名称	单位	售价	数量	小计	进价	毛利润
2	2018年4月21日	CC980	台	¥345.00	15	¥5,175.00	¥250.00	¥1,425.00
3	2018年4月29日	18米网线	根	¥85.00	20	¥1,700.00	¥18.00	¥1,340.00
4	2018年5月29日	B松下842	付	¥85.00	20	¥1,700.00	¥5.00	¥1,600.00
5	2018年6月5日	5米网线	根	¥85.00	15	¥1,275.00	¥5.00	¥1,200.00
6	2018年6月19日	BSONYQ28	付	¥85.00	20	¥1,700.00	¥12.00	¥1,460.00

图 2-14　同时选中"商品名称"列和"毛利润"列

单击"插入"选项卡，在"图表"功能组，执行"柱形图"→"二位柱形图"→"簇状柱形图"菜单命令，如图 2-15 所示，就插入了簇状柱形图。

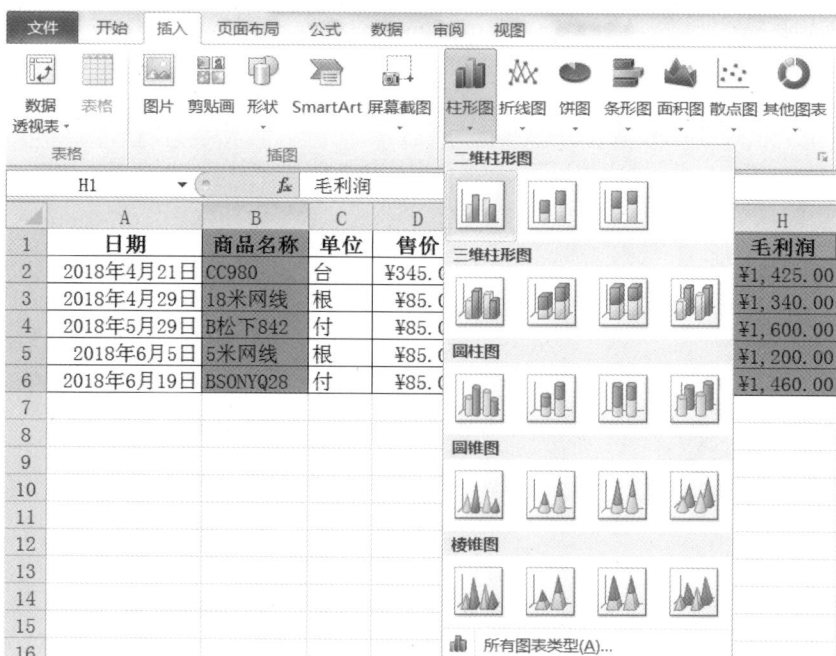

图 2-15　簇状柱形图的选定

选中簇状柱形图后，单击"图表工具"下的"布局"选项卡，执行"数据标签"→"居中"菜单命令，如图 2-16 所示，即可在柱形图中显示对应的数据标签，效果如图 2-17 所示。

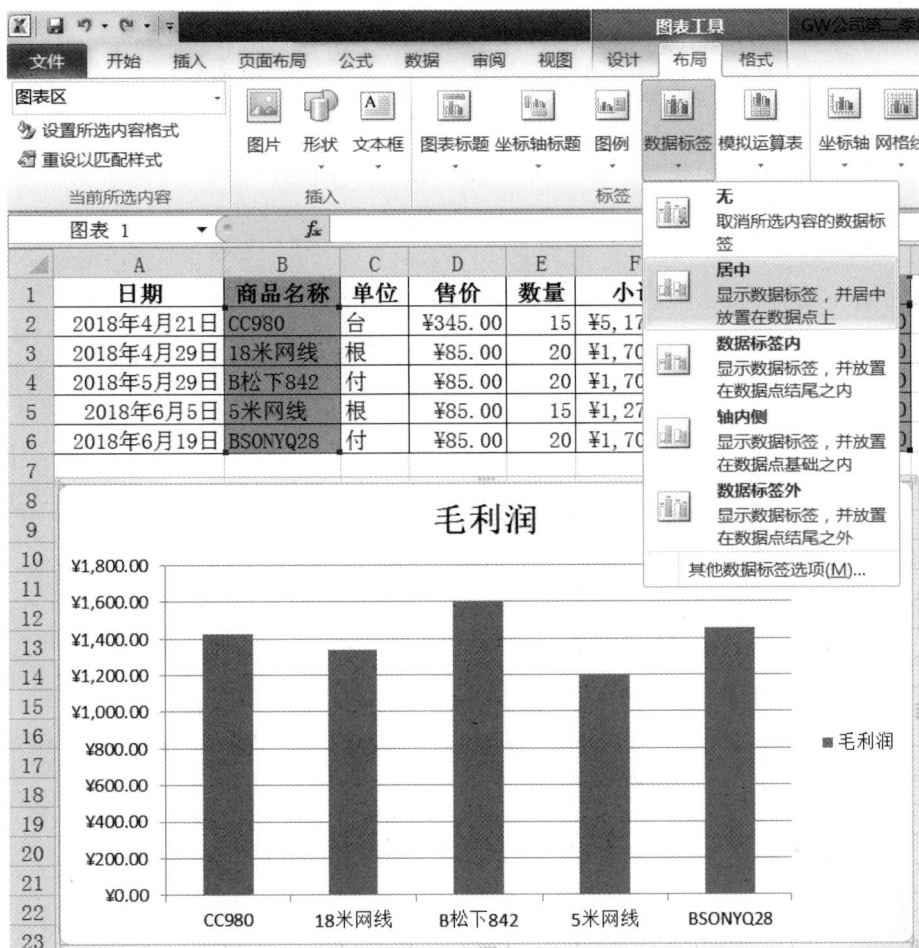

图 2-16 设置"数据标签"为"居中"

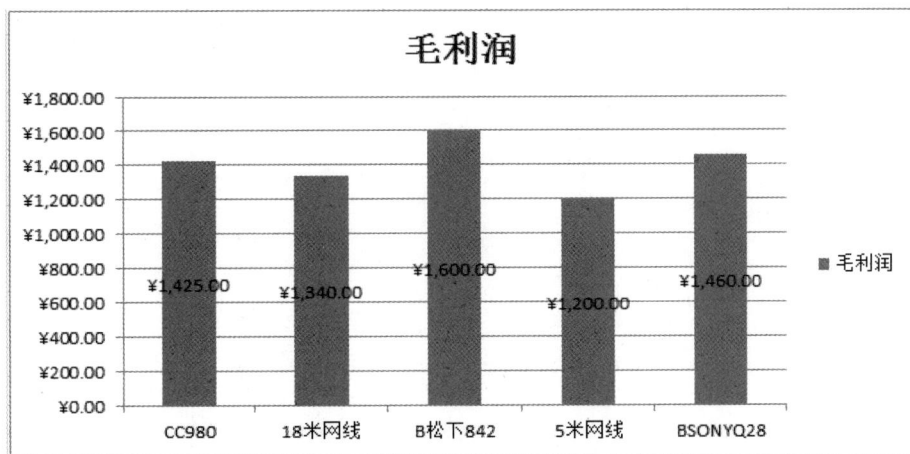

图 2-17 带"居中"格式数据标签的簇状柱形图

4. 取消自动筛选，设置条件格式

将毛利润大于等于 1000 元的数据用用红色、加粗格式显示。

（1）回到没插入簇状柱形图的工作表，执行"数据"→"排序和筛选"→"筛选"菜单命令，取消自动筛选。

（2）选中"毛利润"单元格，执行"开始"→"条件格式"→"新建规则"菜单命令，如图 2-18 所示。

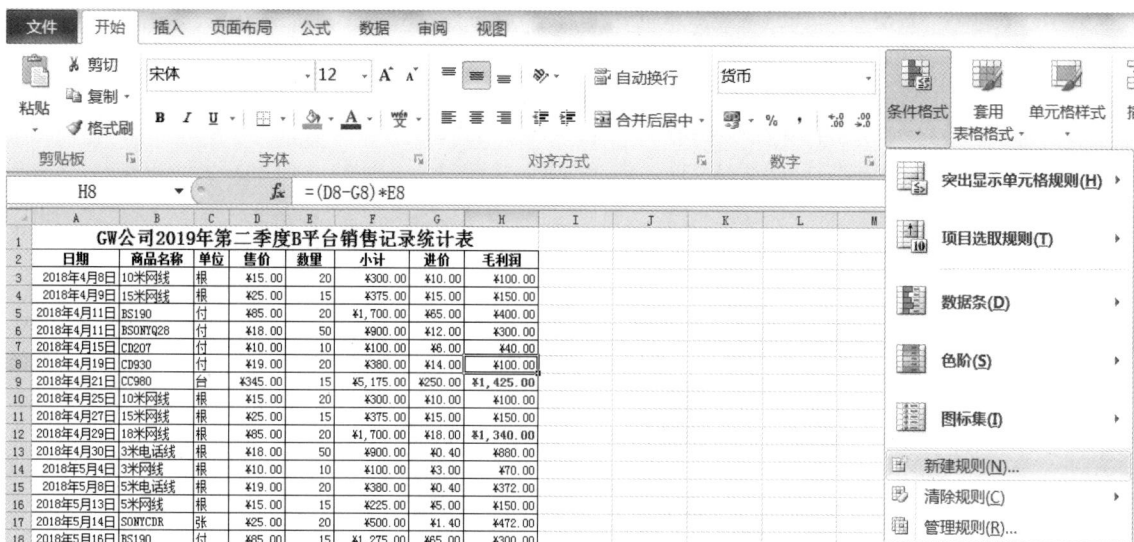

图 2-18　在"条件格式"下拉菜单中选择"新建规则"选项

（3）在弹出的"新建格式规则"对话框中完成相应的设置，如图 2-19 所示。

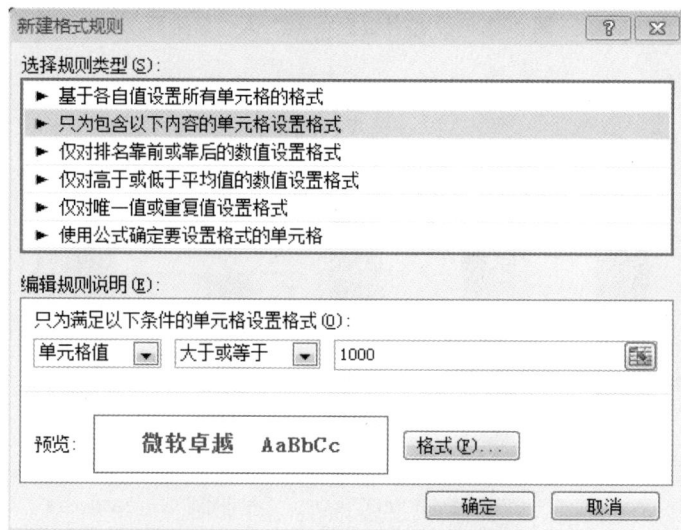

图 2-19　新建格式规则对话框

在"新建格式规则"对话框中，单击"格式"按钮，打开"设置单元格格式"对话框，单击"字体"选项卡，对字体格式进行设置，在"字形"列表框中选择"加粗"选项，在"颜色"下拉菜单中选择"红色"选项，如图 2-20 所示，单击"确定"按钮，即可完成将"毛利润大于等于 1000 元"的数据用红色、加粗格式显示的操作，保存文件。

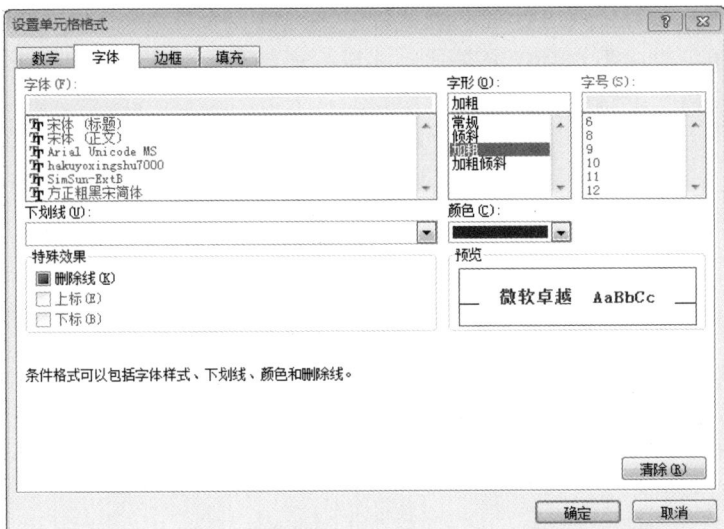

图 2-20　在"设置单元格格式"对话框中进行设置

知识链接

1. VLOOKUP 函数

（1）语法：

VLOOKUP(lookup-value,table-array,col-index-num,[range-lookup])

（2）功能：

在表格或数值数组的首列查找指定的数值，并据此返回表格或数值数组当前列中指定行的数值。

（3）说明：

lookup-value 为需要在表格数组第一列中查找的数值，可以为数值或引用。若 lookup-value 小于 table-array 第一列中的最小值，VLOOKUP 将返回错误值#N/A。

table-array 为两列或多列数据，其中第一列中的数值是由 lookup-value 搜索的值，可以是文本、数字或逻辑值。

col-index-num 为逻辑值，指定希望 VLOOKUP 查找精确匹配值还是近似匹配值，如果为 TRUE 或省略，则返回值为近似匹配值；为 FALSE 则返回值为精确匹配值。

2. 自动筛选

自动筛选一般用于简单的条件筛选，只显示符合条件的数据，将不满足条件的数据暂时隐藏起来，因此自动筛选并不会改变当前数据表的内容。常见的字段类型有文本型、日期型、数字型等，自动筛选对应的是"文本筛选""日期筛选""数字筛选"等操作。

3. 公式和函数

充分利用 Excel 提供的多种功能，对表格进行公式、数据可靠性、表格保护等设计，可以提高工作效率。公式是 Excel 的核心工具之一，使用公式和函数可以处理数据间的复杂运算。Excel 具有强大的自动计算功能，能够轻而易举地完成算术运算、科学计算和财务、统计计算等。另外，还可以用公式进行文本或字符串的比较。

输入公式后还可以向下自动填充公式，将鼠标指针移至单元格右下角的填充柄，按住鼠标左键不放向下拖曳即可复制公式。

任务 2.2 制作"生意参谋平台数据报表"

情景引入

公司通过对三种产品 2019 年的促销活动数据进行对比和分析，才能明确各种产品的促销力度与市场需求，从而更有针对性地制订 2020 年更精准的销售计划。具体要求如下。

◆ 计算金额。

◆ 折扣金额。

◆ 折后金额（会计专用表示）。

◆ 利用分类汇总功能，依据产品类型对数量及折后金额汇总求和，将二级分类结果复制到"产品汇总分析"工作表中。

作品展示

制作"GW 公司 2019 年生意参谋平台数据报表"，效果如图 2-21 所示。

序号	日期	类型	数量	价格	金额	折扣金额	折后金额
001	1/1	产品A	1481	¥3,200	¥4,739,200	¥47,392	¥4,691,808
002	1/1	产品B	882	¥2,800	¥2,469,600	¥0	¥2,469,600
003	1/1	产品C	1575	¥2,100	¥3,307,500	¥66,150	¥3,241,350
004	1/2	产品B	900	¥2,800	¥2,520,000	¥0	¥2,520,000
005	1/2	产品C	1532	¥2,100	¥3,217,200	¥64,344	¥3,152,856
006	1/3	产品A	1561	¥3,200	¥4,995,200	¥99,904	¥4,895,296
007	1/3	产品C	1551	¥2,100	¥3,257,100	¥65,142	¥3,191,958
008	1/4	产品A	1282	¥3,200	¥4,102,400	¥41,024	¥4,061,376
009	1/4	产品B	812	¥2,800	¥2,273,600	¥0	¥2,273,600
010	1/4	产品C	1518	¥2,100	¥3,187,800	¥63,756	¥3,124,044
011	1/5	产品B	880	¥2,800	¥2,464,000	¥0	¥2,464,000
012	1/6	产品A	1516	¥3,200	¥4,851,200	¥97,024	¥4,754,176
013	1/6	产品C	1564	¥2,100	¥3,284,400	¥65,688	¥3,218,712
014	1/7	产品A	1530	¥3,200	¥4,896,000	¥97,920	¥4,798,080
015	1/7	产品B	840	¥2,800	¥2,352,000	¥0	¥2,352,000
016	1/7	产品C	1515	¥2,100	¥3,181,500	¥63,630	¥3,117,870
017	1/8	产品A	1248	¥3,200	¥3,993,600	¥39,936	¥3,953,664
018	1/8	产品B	993	¥2,800	¥2,780,400	¥0	¥2,780,400
019	1/8	产品C	1530	¥2,100	¥3,213,000	¥64,260	¥3,148,740
020	1/9	产品A	1538	¥3,200	¥4,921,600	¥98,432	¥4,823,168
021	1/9	产品C	1589	¥2,100	¥3,336,900	¥66,738	¥3,270,162
022	1/10	产品A	1498	¥3,200	¥4,793,600	¥47,936	¥4,745,664
023	1/10	产品B	817	¥2,800	¥2,287,600	¥0	¥2,287,600
024	1/10	产品C	1595	¥2,100	¥3,349,500	¥66,990	¥3,282,510
025	1/11	产品A	1579	¥3,200	¥5,052,800	¥101,056	¥4,951,744
026	1/11	产品B	822	¥2,800	¥2,301,600	¥0	¥2,301,600
027	1/11	产品C	1531	¥2,100	¥3,215,100	¥64,302	¥3,150,798
028	1/12	产品B	840	¥2,800	¥2,352,000	¥0	¥2,352,000
029	1/12	产品C	1513	¥2,100	¥3,177,300	¥63,546	¥3,113,754
030	1/13	产品A	1565	¥3,200	¥5,008,000	¥100,160	¥4,907,840
031	1/13	产品B	840	¥2,800	¥2,352,000	¥0	¥2,352,000
032	1/13	产品C	1501	¥2,100	¥3,152,100	¥63,042	¥3,089,058
033	1/14	产品A	1463	¥3,200	¥4,681,600	¥46,816	¥4,634,784
034	1/14	产品B	934	¥2,800	¥2,615,200	¥0	¥2,615,200
035	1/14	产品C	1539	¥2,100	¥3,231,900	¥64,638	¥3,167,262
036	1/15	产品A	1429	¥3,200	¥4,572,800	¥45,728	¥4,527,072
037	1/15	产品B	819	¥2,800	¥2,293,200	¥0	¥2,293,200
038	1/16	产品A	1231	¥3,200	¥3,939,200	¥39,392	¥3,899,808
039	1/17	产品A	1354	¥3,200	¥4,332,800	¥43,328	¥4,289,472
040	1/17	产品B	911	¥2,800	¥2,550,800	¥0	¥2,550,800

图 2-21 "GW 公司 2019 年生意参谋平台数据报表"效果图

任务实施

1. 计算金额

（1）在教学素材中打开"GW 公司 2019 年生意参谋平台数据报表"原始文件，如图 2-22 所示。

图 2-22 "GW 公司 2019 年生意参谋平台数据报表"原始文件

（2）单击"E4"单元格，打开插入函数对话框，选择 VLOOKUP 函数，在如图 2-23 所示的"函数参数"对话框中，结合如图 2-24 所示的"产品价格对照表"，利用 VLOOKUP 函数求出各种产品对应的价格。

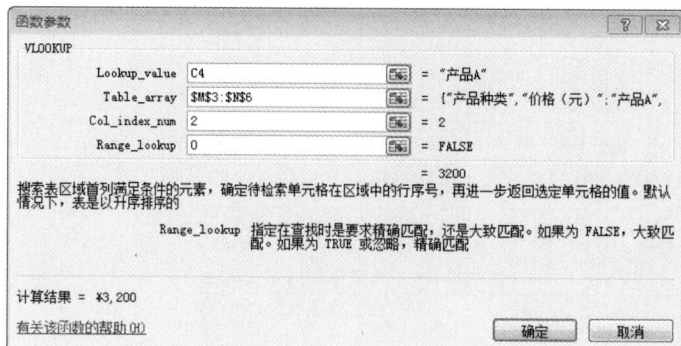

图 2-23 VLOOKUP 函数的"函数参数"对话框

产品种类	价格（元）
产品A	3200
产品B	2800
产品C	2100

图 2-24 产品价格对照表

（3）单击"F4"单元格，利用公式"=D3*E3"求出对应的金额。

（4）利用公式复制功能，求出其他产品对应的价格和金额。

2. 计算折扣金额

（1）单击"G4"单元格，打开"插入函数"对话框，选择 IF 函数，打开如图 2-25 所示的 IF 函数的"函数参数"对话框，结合如图 2-26 所示的"折扣比例对照表"，利用 IF 函数的嵌套功能求出相应的折扣金额，效果如图 2-27 所示。

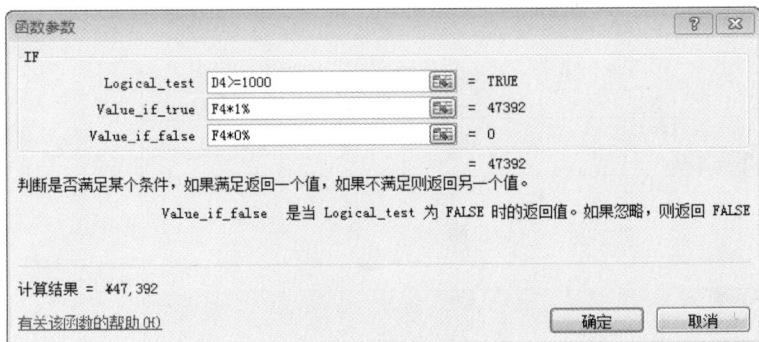

图 2-25　IF 函数的"函数参数"对话框

图 2-26　折扣比例对照表

数量等级	折扣比例
1-999	0%
1000-1499	1%
1500-1999	2%
2000及以上	3%

G4　=IF(D4>=2000,F4*3%,IF(D4>=1500,F4*2%,IF(D4>=1000,F4*1%,0)))

GW公司2019年生意参谋平台数据报表

序号	日期	类型	数量	价格	金额	折扣金额	折后金额
001	1/1	产品A	1481	¥3,200	¥4,739,200	¥47,392	
002	1/1	产品B	882	¥2,800	¥2,469,600		
003	1/1	产品C	1575	¥2,100	¥3,307,500		
004	1/2	产品B	900	¥2,800	¥2,520,000		
005	1/2	产品C	1532	¥2,100	¥3,217,200		
006	1/3	产品A	1561	¥3,200	¥4,995,200		
007	1/3	产品C	1551	¥2,100	¥3,257,100		
008	1/4	产品A	1282	¥3,200	¥4,102,400		
009	1/4	产品B	812	¥2,800	¥2,273,600		
010	1/4	产品B	1518	¥2,800	¥3,187,800		
011	1/5	产品B	880	¥2,800	¥2,464,000		
012	1/6	产品A	1516	¥3,200	¥4,851,200		
013	1/6	产品C	1564	¥2,100	¥3,284,400		
014	1/7	产品A	1530	¥3,200	¥4,896,000		
015	1/7	产品B	840	¥2,800	¥2,352,000		
016	1/7	产品C	1515	¥2,100	¥3,181,500		
017	1/8	产品A	1248	¥3,200	¥3,993,600		
018	1/8	产品B	993	¥2,800	¥2,780,400		
019	1/8	产品C	1530	¥2,100	¥3,213,000		
020	1/9	产品A	1538	¥3,200	¥4,921,600		
021	1/9	产品C	1589	¥2,100	¥3,336,900		
022	1/10	产品A	1498	¥3,200	¥4,793,600		
023	1/10	产品B	817	¥2,800	¥2,287,600		
024	1/10	产品C	1595	¥2,100	¥3,349,500		
025	1/11	产品A	1579	¥3,200	¥5,052,800		
026	1/11	产品B	822	¥2,800	¥2,301,600		
027	1/11	产品C	1531	¥2,100	¥3,215,100		
028	1/12	产品B	840	¥2,800	¥2,352,000		
029	1/12	产品C	1513	¥2,100	¥3,177,300		
030	1/13	产品A	1565	¥3,200	¥5,008,000		
031	1/13	产品B	840	¥2,800	¥2,352,000		
032	1/13	产品C	1501	¥2,100	¥3,152,100		
033	1/14	产品A	1463	¥3,200	¥4,681,600		
034	1/14	产品B	934	¥2,800	¥2,615,200		
035	1/14	产品C	1539	¥2,100	¥3,231,900		
036	1/15	产品A	1429	¥3,200	¥4,572,800		
037	1/15	产品B	819	¥2,800	¥2,293,200		
038	1/16	产品A	1231	¥3,200	¥3,939,200		
039	1/17	产品A	1354	¥3,200	¥4,332,800		
040	1/17	产品B	911	¥2,800	¥2,550,800		

图 2-27　使用 IF 函数进行嵌套后的效果

（2）利用公式复制功能，求出各种产品对应的折扣金额。

3. 计算折后金额

（1）单击"H4"单元格，利用公式"=F4-G4"求出对应的折后金额。

（2）并利用公式复制功能，求出其他产品对应的折后金额。

（3）在"金额对照表"中，单击如图 2-28 所示"M31"的单元格，打开 SUMIF 函数的"函数参数"对话框并进行设置，如图 2-29 所示，再依次求出各类产品对应的金额、折扣金额、折后金额，如图 2-30 所示。

	J	K	L	M	N	O
30			类型	金额	折扣金额	折后金额
31			产品A			
32	技能提高		产品B			
33			产品C			

图 2-28　金额对照表

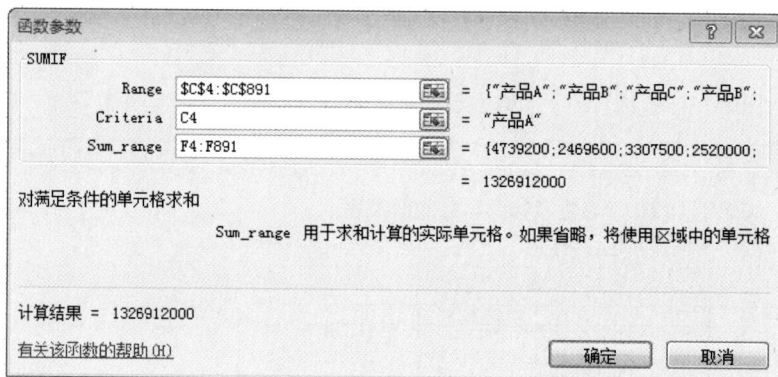

图 2-29　SUMIF 函数的"函数参数"对话框

	J	K	L	M	N	O
30			类型	金额	折扣金额	折后金额
31			产品A	1326912000	17627936	1309284064
32	技能提高		产品B	1221432800	18888072	1202544728
33			产品C	779186100	8725857	770460243

图 2-30　完成"金额对照表"计算后的效果图

4. 分类汇总

利用分类汇总功能，依据产品的类型对数量及折后金额汇总求和，将二级分类结果复制到"产品汇总分析"工作表中。

（1）打开之前已完成的如图 2-21 所示的"GW 公司 2019 年生意参谋平台数据报表"，选择"类型"字段，进行升序排序，如图 2-31 所示。

（2）选中"类型"列，执行"数据"→"分级显示"→"分类汇总"菜单命令，如图 2-32 所示，打开"分类汇总"对话框，如图 2-33 所示，在"分类字段"下拉菜单中选择"类型"选项；在"汇总方式"下拉菜单中选择"求和"选项；在"选定汇总项"列表框中选中"数量"复选框和"折后金额"复选框，其他选项按默认值即可，单击"确定"按钮，即可完成数据的分类汇总，效果如图 2-34 所示。

图 2-31 选择"类型"字段对"GW 公司 2019 年生意参谋平台数据报表"进行升序排序后的效果

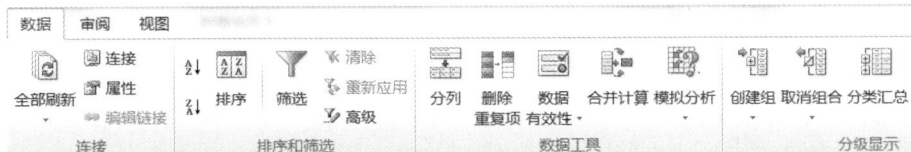

图 2-32 在"数据"选项卡中选择"分类汇总"命令

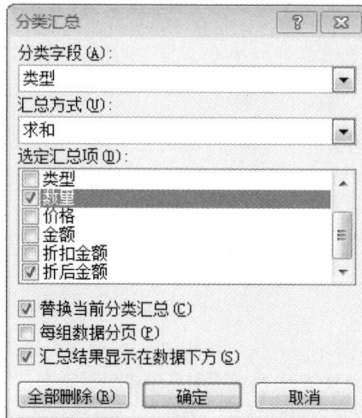

图 2-33 "分类汇总"对话框

图 2-34 完成分类汇总后的效果图

（3）选择 2 级汇总项，如图所 2-35 所示。

（4）执行"开始"→"编辑"→"查找和选择"→"定位条件"菜单命令，如图 2-36 所示。

图 2-35　选择 2 级汇总项

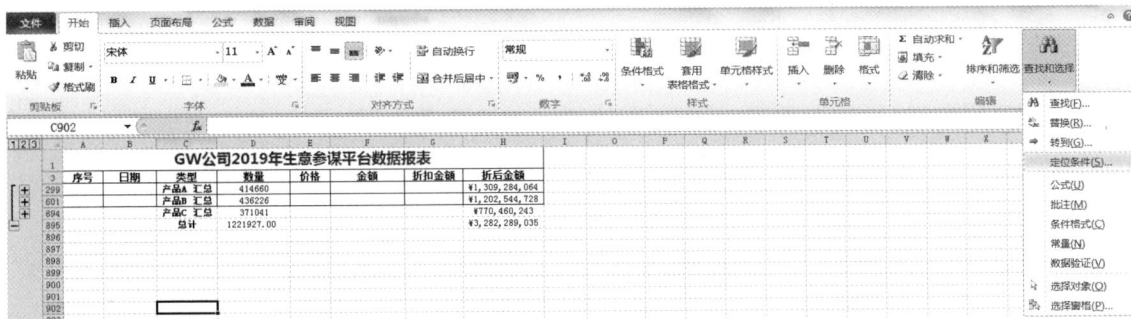

图 2-36　选择"定位条件"下拉菜单命令

（5）如图 2-37 所示，打开"定位条件"对话框后，选中"可见单元格"单选钮，单击"确定"按钮。

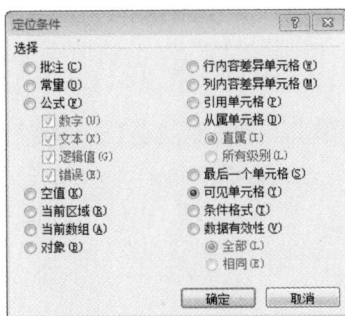

图 2-37　在"定位条件"对话框选中"可见单元格"单选钮

（6）选择 2 级汇总项，执行"开始"→"剪贴板"→"复制"菜单命令，如图 2-38 所示。新建工作表 Sheet2，单击 A1 单元格，粘贴 2 级汇总项，并将工作表 Sheet2 重命名为"产品汇总分析"，如图 2-39 所示，保存文件。

图 2-38　选择 2 级汇总项并复制

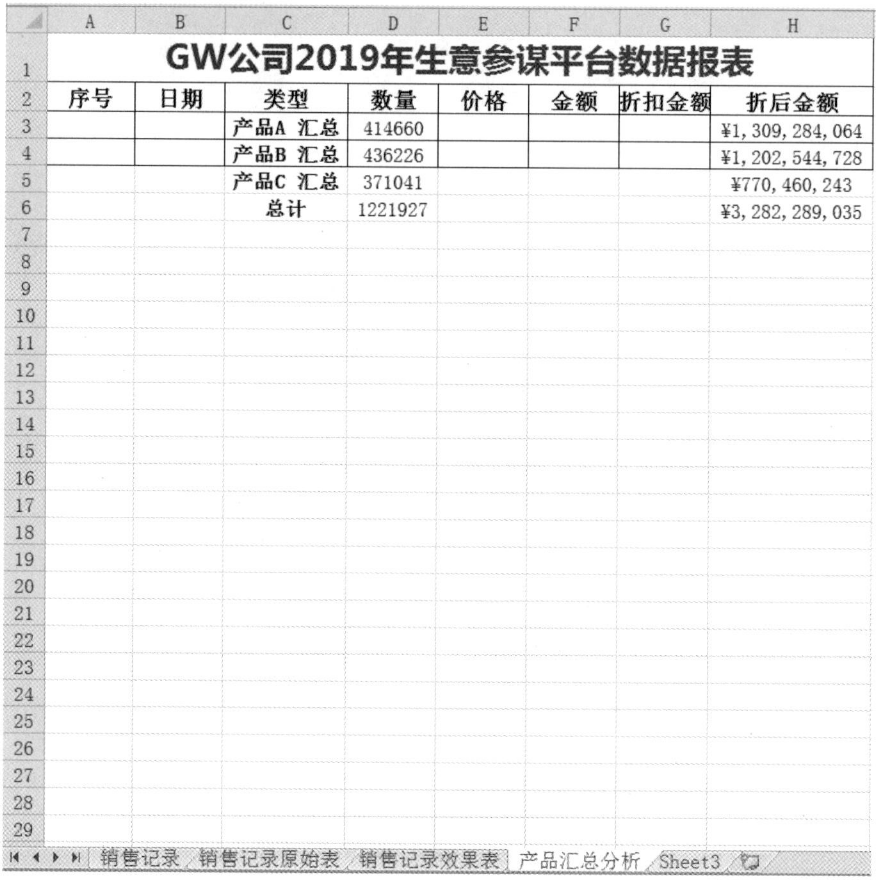

GW公司2019年生意参谋平台数据报表							
序号	日期	类型	数量	价格	金额	折扣金额	折后金额
		产品A 汇总	414660				¥1,309,284,064
		产品B 汇总	436226				¥1,202,544,728
		产品C 汇总	371041				¥770,460,243
		总计	1221927				¥3,282,289,035

图 2-39 产品汇总分析表

知识链接

1. 嵌套函数

嵌套函数也被称为复合函数，即将一个函数作为另一个函数的参数使用。Excel 中的函数嵌套最多可达 7 层。

2. SUMIF 函数

（1）语法：

Excel（range，criteria，[sum-range]）

（2）功能：

先在区域 range 中查找符合条件 criteria 的数据，然后在区域 sum-range 中对满足条件的数据求和。

（3）说明：

range 为指定的查找单元格区域；criteria 为判断条件，其形式可以为数字、表达式或文本；sum-range 为参加求和的实际单元格区域，此参数可以省略，如果省略，会对应用 range 指定的区域的单元格求和。

3. 数据的分类汇总

分类汇总指对工作表中的数据进行快速统计汇总，使用分类汇总命令可以免去输入大量公式和函数的操作。

执行分类汇总操作前，首先，需要确定哪些字段数据是需要分类的，并对该列数据进行排序，保证该列中相同名称的数据紧挨在一起；然后，进行分类汇总。对分类字段进行排序是分类汇总前的重中之重。

分类字段：需要选择在工作表中已排过序，并且有重复记录的名称。

汇总方式：可以选择"求和""计数""平均值""最大值"等汇总方式。

选定汇总项：选择的汇总字段项必须是数字类型。

▋▶ 任务 2.3 对"销售业务统计表"进行数据分析

情景引入

公司领导要求对"GW 店 2019 年 8 月销售业务统计表"进行数据分析，通过系统内置函数，快捷准确地对公司销售人员的整体业务情况进行全面梳理，并且对每个销售人员的订单数、销售总额、奖金所得等进行详细的数据处理，这样更有利于体现多劳多得的分配机制，更有利于今后业务的开展。具体要求如下。

◆ 分别求出每位销售人员的订单数、销售额及销售奖金。
◆ 利用自动求和功能求出各项数据的总和。
◆ 分段统计订单数目。

作品展示

结合给定的"GW 店 2019 年 8 月销售业务统计表"，统计每位销售人员的订单数、销售额、销售奖金，制作如图 2-40 所示的"销售人员业务统计表"；分段统计订单数目，制作如图 2-41 所示的"销售人员业务分段统计表"。

销售人员	订单数	销售额（元）	销售奖金（元）
张天文	5	48500	4850
张恒	7	280700	42105
杨玉	3	55780	5578
王军	3	212800	31920
谢敏敏	2	106890	16033.5
孙欣业	4	257500	38625
总计	24	962170	139111.5

图 2-40 销售人员业务统计表

分段统计订单数目	小于等于5万	17	50000
	5万-10万	5	100000
	10万-15万	1	150000
	15万以上	1	

图 2-41 销售人员业务分段统计表

任务实施

1. 求每位销售人员的订单数

（1）在教学素材中打开"GW 店 2019 年 8 月销售业务统计表"原始数据表，如图 2-42 所示。

（2）单击"G3"单元格，执行"公式"→"插入函数"菜单命令，在弹出的"插入函数"对话框中选择"COUNTIF"函数，单击"确定"按钮，弹出 COUNTIF 函数的"函数参数"对话框，在对话框中进行相应设置，如图 2-43 所示，单击"确定"按钮，即求出销售人员"张文天"的订单数，如图 2-44 所示。

	A	B	C	D
1	GW店2019年8月份销售业务统计表			
2	订单编号	客户来源	订单金额（元）	销售人员
3	20190801	浙江	5000	张天文
4	20190802	淄博	4500	张恒
5	20190803	上海	20000	张天文
6	20190804	西南	4200	张恒
7	20190805	苏州	4500	张天文
8	20190806	上海	2500	孙欣业
9	20190807	烟台	15000	张恒
10	20190808	济南	95000	张恒
11	20190809	上海	1000	张天文
12	20190810	苏州	50000	孙欣业
13	20190811	浙江	2580	杨玉
14	20190812	苏州	3200	杨玉
15	20190813	苏州	4600	王军
16	20190814	苏州	50000	杨玉
17	20190815	西安	12000	张恒
18	20190816	北京	200000	王军
19	20190817	北京	98000	谢敏敏
20	20190818	北京	136000	孙欣业
21	20190819	济南	69000	孙欣业
22	20190820	苏州	8200	王军
23	20190821	苏州	8890	谢敏敏
24	20190822	上海	18000	张天文
25	20190823	济南	64000	张恒
26	20190824	烟台	86000	张恒

图 2-42　"GW 店 2019 年 8 月销售业务统计表"原始数据表

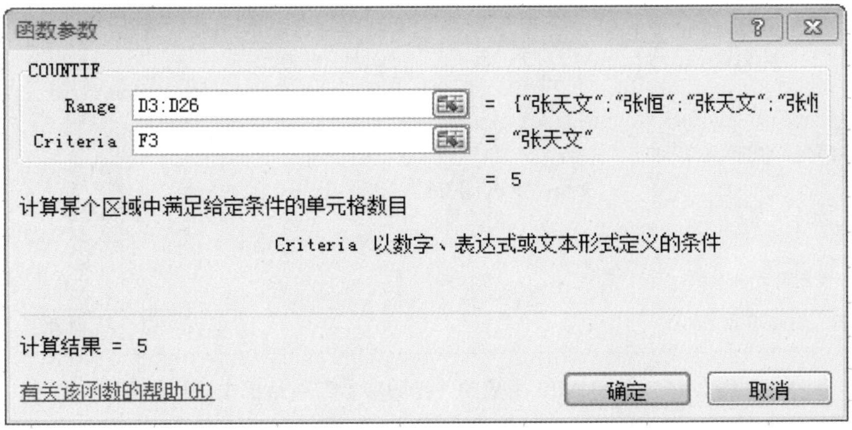

图 2-43　在 COUNTIF 函数的"函数参数"对话框中进行设置

（3）利用公式复制功能，求出各销售人员的订单数。

订单编号	客户来源	订单金额（元）	销售人员		销售人员	订单数	销售额（元）	销售奖金（元）
					GW店2019年8月份销售业务统计表			
20190801	浙江	5000	张天文		张天文	5		
20190802	淄博	4500	张恒		张恒			
20190803	上海	20000	张天文		杨玉			
20190804	西南	4200	张恒		王军			
20190805	苏州	4500	张天文		谢敏敏			
20190806	上海	2500	孙欣业		孙欣业			
20190807	烟台	15000	张恒		总计			
20190808	济南	95000	张恒					
20190809	上海	1000	张天文					
20190810	苏州	50000	孙欣业		分段	小于等于5万		50000
20190811	浙江	2580	杨玉		统计	5万-10万		100000
20190812	苏州	3200	杨玉		订单	10万-15万		150000
20190813	苏州	4600	王军		数目	15万以上		
20190814	苏州	50000	杨玉					
20190815	西安	12000	张恒					
20190816	北京	200000	王军		知识点：			
20190817	北京	98000	谢敏敏		countif()			
20190818	北京	136000	孙欣业		sumif()			
20190819	济南	69000	孙欣业		if()			
20190820	苏州	8200	王军					
20190821	苏州	8890	谢敏敏		备注：订单总额>=10万时，销售奖金=订单总额15%，否则为了10%			
20190822	上海	18000	张天文					
20190823	济南	64000	张恒					
20190824	烟台	86000	张恒					

图 2-44　计算出销售人员"张文天"的订单数

2. 求每位销售人员的销售额

（1）单击"H3"单元格，执行"公式"→"插入函数"菜单命令，在弹出的"插入函数"对话框中选择"SUMIF"函数，单击"确定"按钮，弹出 SUMIF 函数的"函数参数"对话框，在对话框中进行相应设置，如图 2-45 所示，单击"确定"按钮即可求出销售人员"张文天"的销售额，如图 2-46 所示。

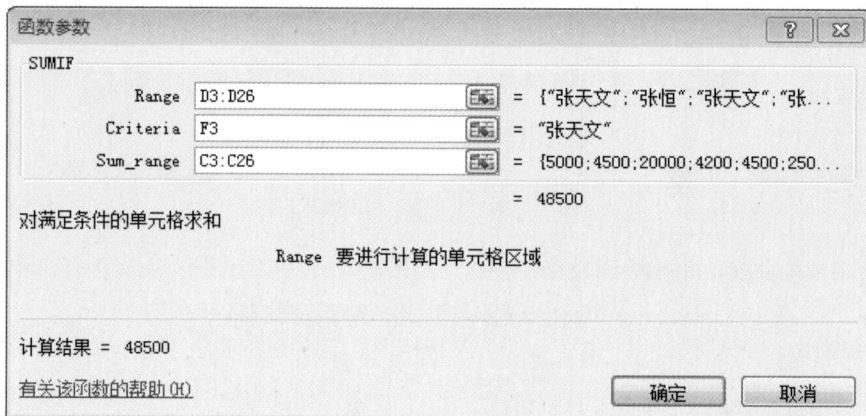

图 2-45　在 SUMIF 函数的"函数参数"对话框中进行设置

	A	B	C	D	E	F	G	H	I	J	K
1	GW店2019年8月份销售业务统计表										
2	订单编号	客户来源	订单金额（元）	销售人员		销售人员	订单数	销售额（元）	销售奖金（元）		
3	20190801	浙江	5000	张天文		张天文	5	48500			
4	20190802	淄博	4500	张恒		张恒	7				
5	20190803	上海	20000	张天文		杨玉	3				
6	20190804	西南	4200	张恒		王军	3				
7	20190805	苏州	4500	张天文		谢敏敏	2				
8	20190806	上海	2500	孙欣业		孙欣业	4				
9	20190807	烟台	15000	张恒		总计	24				
10	20190808	济南	95000	张恒							
11	20190809	上海	1000	张天文							
12	20190810	苏州	50000	孙欣业							
13	20190811	浙江	2580	杨玉		分段	小于等于5万	17	50000		
14	20190812	苏州	3200	杨玉		统计	5万-10万	5	100000		
15	20190813	苏州	4600	王军		订单	10万-15万	1	150000		
16	20190814	苏州	50000	杨玉		数目	15万以上	1			
17	20190815	西安	12000	张恒							
18	20190816	北京	200000	王军							
19	20190817	北京	98000	谢敏敏		知识点:					
20	20190818	北京	136000	孙欣业		countif()					
21	20190819	济南	69000	孙欣业		countifs()					
22	20190820	苏州	8200	王军		sumif()					
23	20190821	苏州	8890	谢敏敏		if()					
24	20190822	上海	18000	张天文							
25	20190823	济南	64000	张恒							
26	20190824	烟台	86000	张恒		备注：订单总额>=10万时，销售奖金=订单总额15%，否则为10%					

图 2-46　计算出销售人员"张文天"的销售额

（2）利用公式复制，求出各销售人员的销售额。

3. 求每位销售人员的销售奖金

（1）单击"I3"单元格，执行"公式"→"插入函数"菜单命令，在弹出的"插入函数"对话框中选择"IF"函数，单击"确定"按钮，弹出 IF 函数的"函数参数"对话框，结合给定的条件"订单总额>=10 万时，销售奖金=订单总额 15%，否则为 10%"在对话框中进行相应设置，如图 2-47 所示，单击"确定"按钮即可求出销售人员"张文天"的销售奖金，如图 2-48 所示。

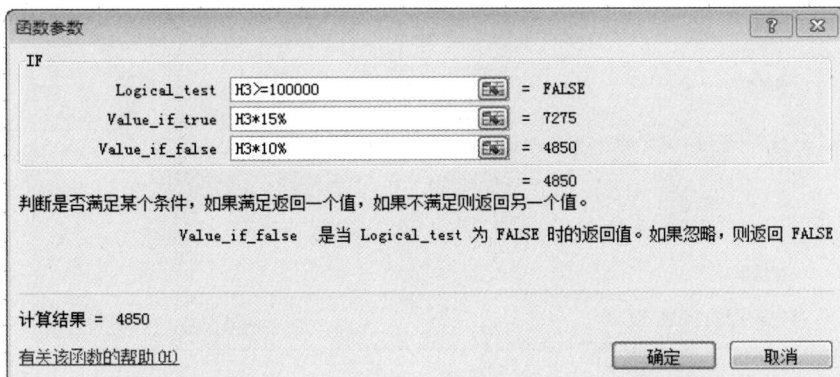

图 2-47　在 IF 函数的"函数参数"对话框中进行设置

（2）利用公式复制，求出各销售人员的销售奖金。

	A	B	C	D	E	F	G	H	I	J	K
1	GW店2019年8月份销售业务统计表										
2	订单编号	客户来源	订单金额（元）	销售人员		销售人员	订单数	销售额（元）	销售奖金（元）		
3	20190801	浙江	5000	张天文		张天文	5	48500	4850		
4	20190802	淄博	4500	张恒		张恒	7	280700			
5	20190803	上海	20000	张天文		杨玉	3	55780			
6	20190804	西南	4200	张恒		王军	3	212800			
7	20190805	苏州	4500	张天文		谢敏敏	2	106890			
8	20190806	上海	2500	孙欣业		孙欣业	4	257500			
9	20190807	烟台	15000	张恒		总计	24	962170			
10	20190808	济南	95000	张恒							
11	20190809	上海	1000	张天文							
12	20190810	苏州	50000	孙欣业							
13	20190811	浙江	2580	杨玉		分段	小于等于5万	17	50000		
14	20190812	苏州	3200	杨玉		统计	5万-10万	5	100000		
15	20190813	苏州	4600	王军		订单	10万-15万	1	150000		
16	20190814	苏州	50000	杨玉		数目	15万以上	1			
17	20190815	西安	12000	张恒							
18	20190816	北京	200000	王军							
19	20190817	北京	98000	谢敏敏		知识点：					
20	20190818	北京	136000	孙欣业		countif()					
21	20190819	济南	69000	孙欣业		countifs()					
22	20190820	苏州	8200	王军		sumif()					
23	20190821	苏州	8890	谢敏敏		if()					
24	20190822	上海	18000	张天文							
25	20190823	济南	64000	张恒							
26	20190824	烟台	86000	张恒		备注：订单总额>=10万时，销售奖金=订单总额15%，否则为10%					

图 2-48　计算出销售人员"张文天"的销售奖金

4. 分段统计订单数目

（1）单击"H13"单元格，执行"公式"→"插入函数"菜单命令，在弹出的"插入函数"对话框中选择"COUNTIF"函数，单击"确定"按钮，弹出 COUNTIF 函数的"函数参数"对话框，在对话框中进行相应设置，如图 2-49 所示，单击"确定"按钮即可求出"小于等于 5 万"的订单数，如图 2-50 所示。

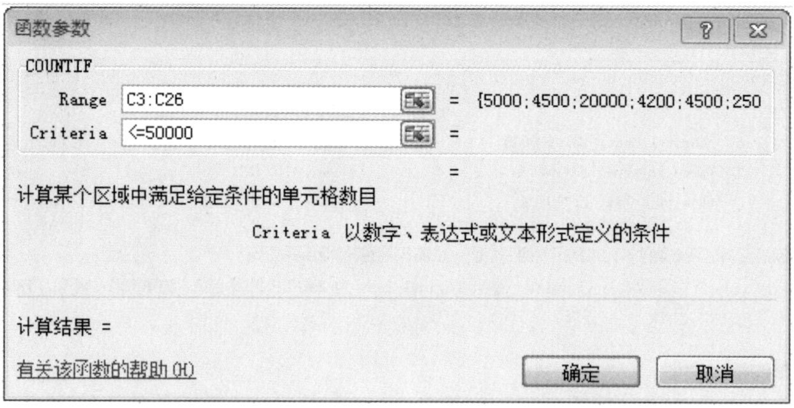

图 2-49　在 COUNTIF 函数的"函数参数"对话框中进行设置

	A	B	C	D	E	F	G	H	I	J	K
1	GW店2019年8月份销售业务统计表										
2	订单编号	客户来源	订单金额（元）	销售人员		销售人员	订单数	销售额（元）	销售奖金（元）		
3	20190801	浙江	5000	张天文		张天文	5	48500	4850		
4	20190802	淄博	4500	张恒		张恒	7	280700	42105		
5	20190803	上海	20000	张天文		杨玉	3	55780	5578		
6	20190804	西南	4200	张恒		王军	3	212800	31920		
7	20190805	苏州	4500	张天文		谢敏敏	2	106890	16033.5		
8	20190806	上海	2500	孙欣业		孙欣业	4	257500	38625		
9	20190807	烟台	15000	张恒		总计	24	962170	139111.5		
10	20190808	济南	95000	张恒							
11	20190809	上海	1000	张天文							
12	20190810	苏州	50000	孙欣业							
13	20190811	浙江	2580	杨玉		分段	小于等于5万	17	50000		
14	20190812	苏州	3200	杨玉		统计	5万-10万		100000		
15	20190813	苏州	4600	王军		订单	10万-15万		150000		
16	20190814	苏州	50000	杨玉		数目	15万以上				
17	20190815	西安	12000	张恒							
18	20190816	北京	200000	王军							
19	20190817	北京	98000	谢敏敏		知识点：					
20	20190818	北京	136000	孙欣业		countif()					
21	20190819	济南	69000	孙欣业		countifs()					
22	20190820	苏州	8200	王军		sumif()					
23	20190821	苏州	8890	谢敏敏		if()					
24	20190822	上海	18000	张天文							
25	20190823	济南	64000	张恒							
26	20190824	烟台	86000	张恒		备注：订单总额>=10万时，销售奖金=订单总额15%，否则为10%					

图 2-50　求出"小于等于 5 万"的订单数

（2）单击"H14"单元格，执行"公式"→"插入函数"菜单命令，在弹出的"插入函数"对话框中选择"COUNTIFS"函数，单击"确定"按钮，弹出 COUNTIFS 函数的"函数参数"对话框，在对话框中进行相应设置，如图 2-51 所示，单击"确定"按钮即可求出"大于 5 万小于等于 10 万"的订单数，如图 2-52 所示。

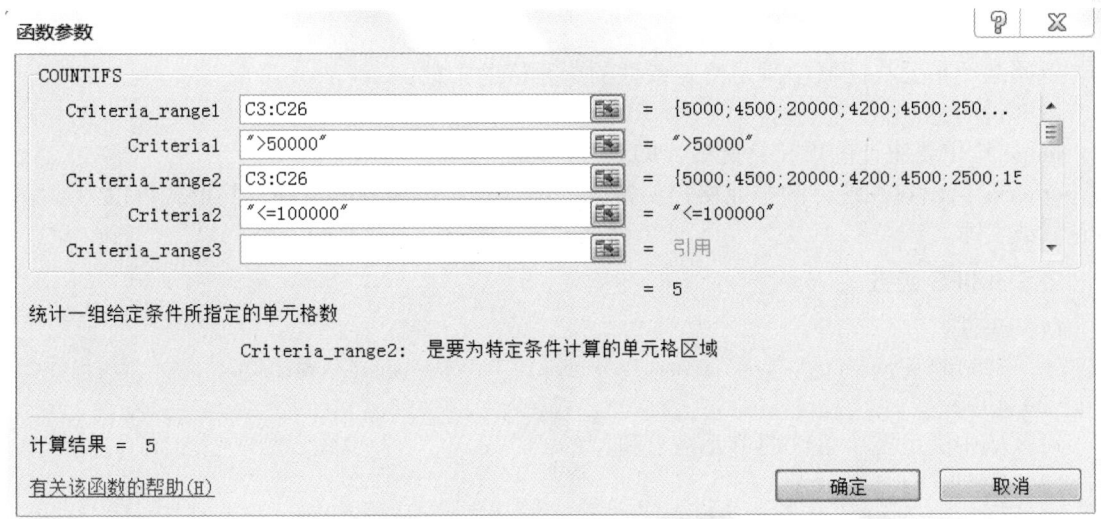

图 2-51　在 COUNTIFS 函数的"函数参数"对话框中进行设置

	A	B	C	D	E	F	G	H	I	J	K
1	GW店2019年8月份销售业务统计表										
2	订单编号	客户来源	订单金额（元）	销售人员		销售人员	订单数	销售额（元）	销售奖金（元）		
3	20190801	浙江	5000	张天文		张天文	5	48500	4850		
4	20190802	淄博	4500	张恒		张恒	7	280700	42105		
5	20190803	上海	20000	张天文		杨玉	3	55780	5578		
6	20190804	西南	4200	张恒		王军	3	212800	31920		
7	20190805	苏州	4500	张天文		谢敏敏	2	106890	16033.5		
8	20190806	上海	2500	孙欣业		孙欣业	4	257500	38625		
9	20190807	烟台	15000	张恒		总计	24	962170	139111.5		
10	20190808	济南	95000	张恒							
11	20190809	上海	1000	张天文							
12	20190810	苏州	50000	孙欣业							
13	20190811	浙江	2580	杨玉		分段	小于等于5万	17	50000		
14	20190812	苏州	3200	杨玉		统计	5万-10万	5	100000		
15	20190813	苏州	4600	王军		订单	10万-15万		150000		
16	20190814	苏州	50000	杨玉		数目	15万以上				
17	20190815	西安	12000	张恒							
18	20190816	北京	200000	王军							
19	20190817	北京	98000	谢敏敏		知识点：					
20	20190818	北京	136000	孙欣业		countif()					
21	20190819	济南	69000	孙欣业		countifs()					
22	20190820	苏州	8200	王军		sumif()					
23	20190821	苏州	8890	谢敏敏		if()					
24	20190822	上海	18000	张天文							
25	20190823	济南	64000	张恒							
26	20190824	烟台	86000	张恒		备注：订单总额>=10万时，销售奖金=订单总额15%，否则为10%					

图 2-52　求出"大于 5 万小于等于 10 万"的订单数

（3）利用同样的方法，依次求出各分段之间的订单数，保存文件。

知识链接

1. COUNTIF 函数

（1）语法：

COUNTIF(range,criteria)

（2）功能：

返回某个单元格区域中满足给定条件的单元格的个数。

（3）说明：

range 给出要统计的单元格区域，即条件区域。

criteria 给出参加统计的单元格需要符合的条件。可以为判断条件，其形式可以为数字、表达式或文本。

2. SUMIFS 函数

（1）语法：

SUMIFS（sum-range，criteria-range1，criteria1，[criteria-range2，criteria2]，…）

（2）功能：

对区域中满足多个条件的单元格求和。

（3）说明：

sum-range 为要求和的单元格区域；criteria-range1 为在其中计算关联条件的第一个区域；criteria1 是关联条件，用来定义将对 criteria-range1 区域中的哪些单元格进行求和；criteria-range2 以及后续内容是可选项，是附加的区域及其关联条件，用来继续设置多个条件。

任务 2.4　合并计算“销售情况报表”和“销售业务统计表”

情景引入

公司业务主管想根据“GW 公司 2019 年四个季度各部门家电销售情况报表”和“GW 店 2019 年 8 月销售业务统计表”得到四个季度各部门家电销售情况的汇总情况、各销售人员 8 月的销售业绩汇总，此时就要用到合并计算功能。具体要求如下。

- 求 GW 公司 2019 年四个季度各部门各种家电销量总和。
- 求各销售人员销售金额总计。

作品展示

结合给定的“GW 公司 2019 年四个季度各部门家电销售情况报表”和“GW 店 2019 年 8 月销售业务统计表”，利用合并计算功能完成如图 2-53 所示的“GW 公司 2019 年四个季度各部门各种家电销量总和表”，以及如图 2-54 所示的“各销售员销售金额总计表”。

产品名称	部门一	部门二	部门三	部门四	部门五
空调	21	29	31	31	57
电视	24	58	43	41	36
冰箱	49	30	36	52	50
洗衣机	27	47	71	37	34
微波炉	24	33	40	33	34
燃气灶	53	39	44	65	30

图 2-53　GW 公司 2019 年四个季度各部门各种家电销量总和表

	订单金额（元）
张天文	48500
张恒	280700
孙欣业	257500
杨玉	55780
王军	212800
谢敏敏	106890

图 2-54　各销售人员销售金额总计表

任务实施

1. 求 GW 公司 2019 年四个季度各部门各种家电销量总和

（1）在教学素材中打开“GW 公司 2019 年四个季度各部门家电销售情况报表”原始文件，如图 2-55 所示。

GW公司2019年四个季度各部门家电销售情况报表

第一季度家电销售报表					
产品名称	部门一	部门二	部门三	部门四	部门五
空调	9	8	5	4	9
电视	5	17	22	8	24
冰箱	12	3	14	20	3
洗衣机	5	19	24	5	15
微波炉	1	3	16	23	7
燃气灶	21	20	11	33	5

第二季度家电销售报表					
产品名称	部门三	部门二	部门一	部门四	部门五
燃气灶	2	8	5	4	9
空调	5	17	2	8	24
电视	12	3	2	20	3
洗衣机	5	4	9	5	9
微波炉	1	3	16	2	5
冰箱	8	3	11	6	9

第三季度家电销售报表					
产品名称	部门五	部门二	部门四	部门一	部门三
微波炉	2	8	5	4	9
电视	5	17	5	8	4
冰箱	5	3	14	20	3
洗衣机	5	19	8	5	18
空调	1	3	16	9	5
燃气灶	8	6	11	3	9

第四季度家电销售报表					
产品名称	部门二	部门四	部门三	部门五	部门一
电视	21	8	5	4	9
燃气灶	5	17	22	8	24
微波炉	19	3	14	20	3
洗衣机	5	19	24	5	8
空调	1	3	16	23	1
冰箱	21	12	11	33	6

要求：统计该公司各部门四个季度各种家电销售总量

图 2-55　“GW 公司 2019 年四个季度各部门家电销售情况报表”原始文件

（2）单击"A22"单元格，如图2-56所示，执行"数据"→"数据工具"→"合并计算"菜单命令，弹出"合并计算"对话框。

图2-56 准备执行"合并计算"菜单命令

（3）在"合并计算"对话框的"函数"下拉菜单中选择"求和"选项；在"引用位置"文本框中依次引用四个季度家电销售报表的数据。

（4）在"标签位置"区域中，选中"首行""首列"两个复选框，如图2-57所示，单击"确定"按钮。

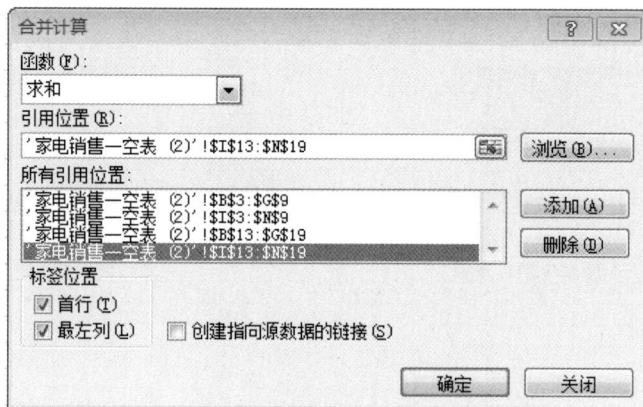

图2-57 在"合并计算"对话框中进行设置

（5）利用公式复制功能即可完成其他部门各种家电销量总和的合并计算操作，如图2-58所示。

	部门一	部门二	部门三	部门四	部门五
空调	21	29	31	31	57
电视	24	58	43	41	36
冰箱	49	30	36	52	50
洗衣机	27	47	71	37	34
微波炉	24	33	40	33	34
燃气灶	53	39	44	65	30

图 2-58　完成各部门各种家电销量总和的合并计算操作

（6）完成合并计算后，由于第一个单元格无法显示字段名，只能手动输入"产品名称"，最终的"GW 公司 2019 年四个季度各部门各种家电销量总和表"如图 2-59 所示。

产品名称	部门一	部门二	部门三	部门四	部门五
空调	21	29	31	31	57
电视	24	58	43	41	36
冰箱	49	30	36	52	50
洗衣机	27	47	71	37	34
微波炉	24	33	40	33	34
燃气灶	53	39	44	65	30

图 2-59　GW 公司 2019 年四个季度各部门各种家电销量总和表

2. 求各销售人员销售金额总计

（1）在教学素材中打开"GW 店 2019 年 8 月销售业务统计表"原始文件，如图 2-60 所示。

	A	B	C	D	E	F	G	H
1	**GW店2019年8月份销售业务统计表**							
2	订单编号	客户来源	订单金额（元）	销售人员				
3	20190801	浙江	5000	张天文				
4	20190802	淄博	4500	张恒				
5	20190803	上海	20000	张天文				
6	20190804	西南	4200	张恒				
7	20190805	苏州	4500	张天文				
8	20190806	上海	2500	孙欣业				
9	20190807	烟台	15000	张恒				
10	20190808	济南	95000	张恒				
11	20190809	上海	1000	张天文				
12	20190810	苏州	50000	孙欣业				
13	20190811	浙江	2580	杨玉				
14	20190812	苏州	3200	杨玉				
15	20190813	苏州	4600	王军				
16	20190814	苏州	50000	杨玉				
17	20190815	西安	12000	张恒				
18	20190816	北京	200000	王军				
19	20190817	北京	98000	谢敏敏				
20	20190818	北京	136000	孙欣业				
21	20190819	济南	69000	孙欣业				
22	20190820	苏州	8200	王军				
23	20190821	苏州	8890	谢敏敏				
24	20190822	上海	18000	张天文				
25	20190823	济南	64000	张恒				
26	20190824	烟台	86000	张恒				

图 2-60　"GW 店 2019 年 8 月销售业务统计表"原始文件

（2）单击"F2"单元格，执行"数据"→"数据工具"→"合并计算"菜单命令，打开"合并计算"对话框。在"合并计算"对话框的"函数"下拉菜单中选择"求和"选项；在"引用位置"文本框中引用"GW店 2019 年 8 月销售业务统计表"的"$C$2:$D$26"的数据。

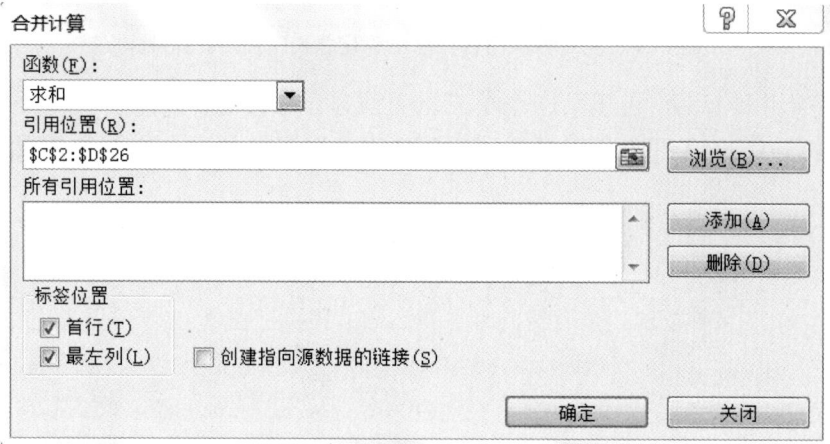

图 2-61　在"合并计算"对话框中引用数据

（3）在"标签位置"区域中，选中"首行""首列"两个复选框，如图 2-61 所示，单击"确定"按钮，生成"各销售人员销售金额总计表"，如图 2-62 所示，保存文件。

		GW店2019年8月份销售业务统计			销售人员	订单金额（元）
订单编号	客户来源	销售人员	订单金额（元）		张天文	48500
20190801	浙江	张天文	5000		张恒	280700
20190802	淄博	张恒	4500		孙欣业	257500
20190803	上海	张天文	20000		杨玉	55780
20190804	西南	张恒	4200		王军	212800
20190805	苏州	张天文	4500		谢敏敏	106890
20190806	上海	孙欣业	2500			
20190807	烟台	张恒	15000			
20190808	济南	张恒	95000			
20190809	上海	张天文	1000			
20190810	苏州	孙欣业	50000			
20190811	浙江	杨玉	2580			
20190812	苏州	杨玉	3200			
20190813	苏州	王军	4600			
20190814	苏州	杨玉	50000			
20190815	西安	张恒	12000			
20190816	北京	王军	200000			
20190817	北京	谢敏敏	98000			
20190818	北京	孙欣业	136000			
20190819	济南	孙欣业	69000			
20190820	苏州	王军	8200			
20190821	苏州	谢敏敏	8890			
20190822	上海	张天文	18000			
20190823	济南	张恒	64000			
20190824	烟台	张恒	86000			

图 2-62　各销售人员销售金额总计表

知识链接

1. 数据的合并计算

合并计算用来汇总一个或多个源区域中的数据。合并计算不仅可以求和，还可以求平均值、求标准差等。利用合并计算功能可以将各单独工作表中的数据合并计算到一个主工作表中，而且这些单独工作表可以与主工作表在同一个工作簿中，也可位于其他工作簿中。

2. 合并计算的方法

要想合并计算数据，首先必须为合并数据定义一个目标区域，用来显示合并后的信息，此目标区域可位于与源数据相同的工作表中，也可在另一个工作表中；然后选择要合并计算的数据源，此数据源可以来自单个工作表、多个工作表或多个工作簿，但合并计算的结果只能在单个输出区域显示。

3. 合并计算的种类

Excel 的合并计算功能包括求和、求平均值、计数、求最大值、求最小值等一系列合并功能。

⫸ 任务 2.5 对"定购交易报告"进行数据分析

情景引入

公司分店的店长需要通过"GW 公司 D 网店平台定购交易分析报告"统计物料的定购金额,并根据物料的定购数量与交货数量,判断并分析物料的交货情况。最后,店长根据所有的数据分析结果建立数据透视表,对数据进行全面的分析。具体要求如下。

◆ 计算物料的金额。

◆ 根据物料的待交货数量分析交货情况,若交货数量为 0,则交货情况为"待交",否则为"已交"。

◆ 建立数据透视表。

作品展示

制作的"GW 公司 D 网店平台定购交易分析报告",效果如图 2-63 所示。

	C	D	E	F	G	H	I
1	GW公司D网店平台定购交易分析报告						
2	单价	金额	定购日期	合同号	交货数量	待交货数量	交货情况
3	80	2400	2019/3/8	KL16	30	0	已交
4	50	2500	2019/2/6	KL16	50	0	已交
5	30	3000	2019/4/7	KL16	50	50	待交
6	45	2250	2019/4/7	KL16	30	20	待交
7	35	2100	2019/3/1	KL16	60	0	已交
8	60	3000	2019/3/2	KL16	30	20	待交
9	71	4970	2019/3/8	KL16	70	0	已交
10	51	2550	2019/6/5	KL16	50	0	已交
11	80	3600	2019/3/8	KL16	30	15	待交
12	50	2750	2019/2/6	KL16	50	5	待交
13	30	3300	2019/4/7	KL16	50	60	待交
14	45	2250	2019/4/7	KL16	50	0	已交
15	35	2800	2019/3/1	KL16	60	20	待交
16	60	4500	2019/3/2	KL16	30	45	待交
17	71	4970	2019/3/8	KL16	70	0	已交
18	51	2550	2019/6/5	KL16	50	0	已交
19	80	4800	2019/3/8	KL16	30	30	待交
20	50	2500	2019/2/6	KL16	50	0	已交
21	30	3600	2019/4/7	KL16	50	70	待交
22	45	2250	2019/4/7	KL16	50	0	已交
23	35	2100	2019/3/1	KL16	60	0	已交
24	60	3000	2019/3/2	KL16	30	20	待交
25	71	4970	2019/3/8	KL16	70	0	已交
26	51	2550	2019/6/5	KL16	50	0	已交
27	80	2400	2019/3/8	KL16	30	0	已交
28	50	2500	2019/2/6	KL16	50	0	已交
29	30	3300	2019/4/7	KL16	50	60	待交
30	45	2250	2019/4/7	KL16	50	0	已交
31	35	2450	2019/3/1	KL16	60	10	待交
32	60	3000	2019/3/2	KL16	30	20	待交
33	71	4970	2019/3/8	KL16	70	0	已交
34	51	2550	2019/6/5	KL16	50	0	已交
35	80	7200	2019/3/8	KL16	30	60	待交
36	50	2500	2019/2/6	KL16	50	0	已交
37	30	4500	2019/4/7	KL16	50	100	待交
38	45	2250	2019/4/7	KL16	50	0	已交
39	35	2100	2019/3/1	KL16	60	0	已交
40	60	3600	2019/3/2	KL16	30	30	待交

图 2-63 "GW 公司 D 网店平台定购交易分析报告"效果图

实施步骤

1. 计算金额

（1）在教学素材中打开"GW公司D网店平台定购交易分析报告"原始文件，如图 2-64 所示。单击"D3"单元格，输入公式"=B3*C3"。

（2）利用公式复制功能计算数据表中 D 列所有物料的"金额"。

	A	B	C	D	E	F	G	H	I
1				GW公司D网店平台定购交易分析报告					
2	物料名称	定购数量	单价	金额	定购日期	合同号	交货数量	待交货数量	交货情况
3	PD12	30	80		2019/3/8	KL16	30		
4	MA07D	50	50		2019/2/6	KL16	50		
5	MTC51	100	30		2019/4/7	KL16	50		
6	DIC64	50	45		2019/4/7	KL16	30		
7	ATND1A	60	35		2019/3/1	KL16	60		
8	A515	50	60		2019/3/2	KL16	30		
9	DA50	70	71		2019/3/8	KL16	70		
10	SO12	50	51		2019/6/5	KL16	50		
11	PD12	45	80		2019/3/8	KL16	30		
12	MA07D	55	50		2019/2/6	KL16	50		
13	MTC51	110	30		2019/4/7	KL16	50		
14	DIC64	50	45		2019/4/7	KL16	50		
15	ATND1A	80	35		2019/3/1	KL16	60		
16	A515	75	60		2019/3/2	KL16	30		
17	DA50	70	71		2019/3/8	KL16	70		
18	SO12	50	51		2019/6/5	KL16	50		
19	PD12	60	80		2019/3/8	KL16	30		
20	MA07D	50	50		2019/2/6	KL16	50		
21	MTC51	120	30		2019/4/7	KL16	50		
22	DIC64	50	45		2019/4/7	KL16	50		
23	ATND1A	60	35		2019/3/1	KL16	60		
24	A515	50	60		2019/3/2	KL16	30		
25	DA50	70	71		2019/3/8	KL16	70		
26	SO12	50	51		2019/6/5	KL16	50		
27	PD12	30	80		2019/3/8	KL16	30		
28	MA07D	50	50		2019/2/6	KL16	50		
29	MTC51	110	30		2019/4/7	KL16	50		
30	DIC64	50	45		2019/4/7	KL16	50		
31	ATND1A	70	35		2019/3/1	KL16	60		
32	A515	50	60		2019/3/2	KL16	30		
33	DA50	70	71		2019/3/8	KL16	70		
34	SO12	50	51		2019/6/5	KL16	50		
35	PD12	90	80		2019/3/8	KL16	30		
36	MA07D	50	50		2019/2/6	KL16	50		
37	MTC51	150	30		2019/4/7	KL16	50		
38	DIC64	50	45		2019/4/7	KL16	50		
39	ATND1A	60	35		2019/3/1	KL16	60		
40	A515	60	60		2019/3/2	KL16	30		
41	DA50	80	71		2019/3/8	KL16	70		
42	SO12	50	51		2019/6/5	KL16	50		

图 2-64 "GW 公司 D 网店平台定购交易分析报告"原始文件

2. 分析交货情况

根据物料的待交货数量分析交货情况，若交货数量为 0，则交货情况为"待交"，否则为 "已交"。

（1）单击"H3"单元格，输入公式"=B3-G3"。

（2）利用公式复制功能计算数据表中 H 列所有物料的"待交货数量"，如图 2-65 所示。

（3）单击"I3"单元格，执行"公式"→"插入函数"菜单命令，在弹出的"插入函数"

对话框中选择"IF"函数，单击"确定"按钮，弹出如图 2-66 所示的 IF 函数的"函数参数"对话框，在对话框中进行相应设置。

	A	B	C	D	E	F	G	H	I
	H3				f_x	=B3-G3			
1	GW公司D网店平台定购交易分析报告								
2	物料名称	定购数量	单价	金额	定购日期	合同号	交货数量	待交货数量	交货情况
3	PD12	30	80	2400	2019/3/8	KL16	30	0	
4	MA07D	50	50	2500	2019/2/6	KL16	50	0	
5	MTC51	100	30	3000	2019/4/7	KL16	50	50	
6	DIC64	50	45	2250	2019/4/7	KL16	30	20	
7	ATND1A	60	35	2100	2019/3/1	KL16	60	0	
8	A515	50	60	3000	2019/3/2	KL16	30	20	
9	DA50	70	71	4970	2019/3/8	KL16	70	0	
10	SO12	50	51	2550	2019/6/5	KL16	50	0	
11	PD12	45	80	3600	2019/3/8	KL16	30	15	
12	MA07D	55	50	2750	2019/2/6	KL16	50	5	
13	MTC51	110	30	3300	2019/4/7	KL16	50	60	
14	DIC64	50	45	2250	2019/4/7	KL16	50	0	
15	ATND1A	80	35	2800	2019/3/1	KL16	60	20	
16	A515	75	60	4500	2019/3/2	KL16	30	45	
17	DA50	70	71	4970	2019/3/8	KL16	70	0	
18	SO12	50	51	2550	2019/6/5	KL16	50	0	
19	PD12	60	80	4800	2019/3/8	KL16	30	30	
20	MA07D	50	50	2500	2019/2/6	KL16	50	0	
21	MTC51	120	30	3600	2019/4/7	KL16	50	70	
22	DIC64	50	45	2250	2019/4/7	KL16	50	0	
23	ATND1A	60	35	2100	2019/3/1	KL16	60	0	
24	A515	50	60	3000	2019/3/2	KL16	30	20	
25	DA50	70	71	4970	2019/3/8	KL16	70	0	
26	SO12	50	51	2550	2019/6/5	KL16	50	0	
27	PD12	30	80	2400	2019/3/8	KL16	50	0	
28	MA07D	50	50	2500	2019/2/6	KL16	50	0	
29	MTC51	110	30	3300	2019/4/7	KL16	50	60	
30	DIC64	50	45	2250	2019/4/7	KL16	50	0	
31	ATND1A	70	35	2450	2019/3/1	KL16	60	10	
32	A515	50	60	3000	2019/3/2	KL16	30	20	
33	DA50	70	71	4970	2019/3/8	KL16	70	0	
34	SO12	50	51	2550	2019/6/5	KL16	50	0	
35	PD12	90	80	7200	2019/3/8	KL16	30	60	
36	MA07D	50	50	2500	2019/2/6	KL16	50	0	
37	MTC51	150	30	4500	2019/4/7	KL16	50	100	
38	DIC64	50	45	2250	2019/4/7	KL16	50	0	
39	ATND1A	60	35	2100	2019/3/1	KL16	60	0	
40	A515	60	60	3600	2019/3/2	KL16	30	30	

图 2-65　计算出所有物料的"待交货数量"

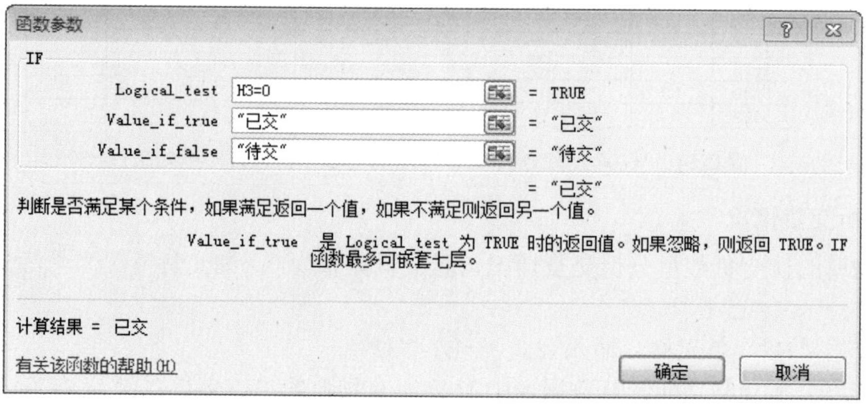

图 2-66　在 IF 函数的"函数参数"对话框中进行设置

（4）利用公式复制功能统计数据表中 I 列所有物料的"交货情况"。

3．建立数据透视表

（1）选择"GW 公司 D 网店平台定购交易分析报告"的数据区域。

（2）执行"插入"→"表格"→"数据透视表"→"数据透视表"菜单命令，如图 2-67 所示，打开"创建数据透视表"对话框，如图 2-68 所示。

	A	B	C	D	E	F	G	H	I
1				GW公司D网店平台定购交易分析报告					
2	物料名称	定购数量	单价	金额	定购日期	合同号	交货数量	待交货数量	交货情况
3	PD12	30	80	2400	2019/3/8	KL16	30	0	已交
4	MA07D	50	50	2500	2019/2/6	KL16	50	0	已交
5	MTC51	100	30	3000	2019/4/7	KL16	50	50	待交
6	DIC64	50	45	2250	2019/4/7	KL16	30	20	待交
7	ATND1A	60	35	2100	2019/3/1	KL16	60	0	已交
8	A515	50	60	3000	2019/3/2	KL16	30	20	待交
9	DA50	70	71	4970	2019/3/8	KL16	70	0	已交
10	S012	50	51	2550	2019/6/5	KL16	50	0	已交
11	PD12	45	80	3600	2019/3/8	KL16	30	15	待交
12	MA07D	55	50	2750	2019/2/6	KL16	50	5	待交
13	MTC51	110	30	3300	2019/4/7	KL16	50	60	待交
14	DIC64	50	45	2250	2019/4/7	KL16	50	0	已交
15	ATND1A	80	35	2800	2019/3/1	KL16	60	20	待交
16	A515	75	60	4500	2019/3/2	KL16	30	45	待交
17	DA50	70	71	4970	2019/3/8	KL16	70	0	已交
18	S012	50	51	2550	2019/6/5	KL16	50	0	已交
19	PD12	60	80	4800	2019/3/8	KL16	30	30	待交
20	MA07D	50	50	2500	2019/2/6	KL16	50	0	已交
21	MTC51	120	30	3600	2019/4/7	KL16	50	70	待交
22	DIC64	50	45	2250	2019/4/7	KL16	50	0	已交
23	ATND1A	60	35	2100	2019/3/1	KL16	60	0	已交
24	A515	50	60	3000	2019/3/2	KL16	30	20	待交
25	DA50	70	71	4970	2019/3/8	KL16	70	0	已交
26	S012	50	51	2550	2019/6/5	KL16	50	0	已交
27	PD12	30	80	2400	2019/3/8	KL16	30	0	已交
28	MA07D	50	50	2500	2019/2/6	KL16	50	0	已交
29	MTC51	110	30	3300	2019/4/7	KL16	50	60	待交
30	DIC64	50	45	2250	2019/4/7	KL16	50	0	已交
31	ATND1A	70	35	2450	2019/3/1	KL16	60	10	待交
32	A515	50	60	3000	2019/3/2	KL16	30	20	待交
33	DA50	70	71	4970	2019/3/8	KL16	70	0	已交
34	S012	50	51	2550	2019/6/5	KL16	50	0	已交
35	PD12	90	80	7200	2019/3/8	KL16	30	60	待交
36	MA07D	50	50	2500	2019/2/6	KL16	50	0	已交
37	MTC51	150	30	4500	2019/4/7	KL16	50	100	待交
38	DIC64	50	45	2250	2019/4/7	KL16	50	0	已交
39	ATND1A	60	35	2100	2019/3/1	KL16	60	0	已交
40	A515	60	60	3600	2019/3/2	KL16	30	30	待交

图 2-67　选择"数据透视表"菜单命令

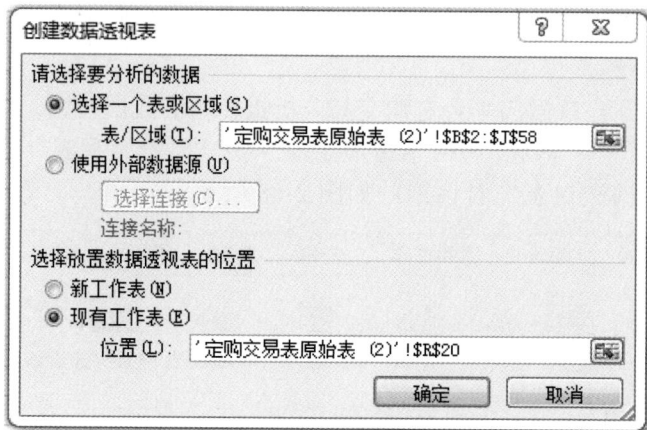

图 2-68 "创建数据透视表"对话框

（3）在"选择放置数据透视表的位置"区域中进行设置，默认为"现有工作表"单选钮处于被选中状态，即数据透视表的放置位置为"现有工作表"的任意单元格。

（4）单击"确定"按钮，打开如图 2-69 所示的"数据透视表"窗口，以及如图 2-70 所示的"数据透视表字段列表"对话框。

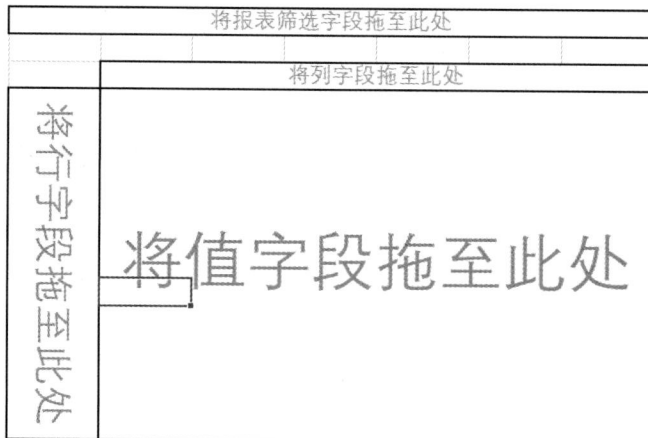

图 2-69 "数据透视表"窗口

（5）在"数据透视表字段列表"对话框中，将"物料名称"字段拖曳到"行标签"区域中，将"交货情况"字段拖曳到"列标签"区域中，将"待交货数量"字段拖曳到"数值"区域中，如图 2-71 所示。此时，"数据透视表"窗口将会出现一系列变化，如图 2-72 所示。

（6）在图 2-72 中，求和项为"待交货数量"，分别对"待交"和"已交"进行分析：在"交货情况"中设置筛选项为"待交"，可以得到如图 2-73 所示的"待交"数据分析表，在"交货情况"中设置筛选项为"已交"，可以得到如图 2-74 所示的"已交"数据分析表，保存各数据和文件。

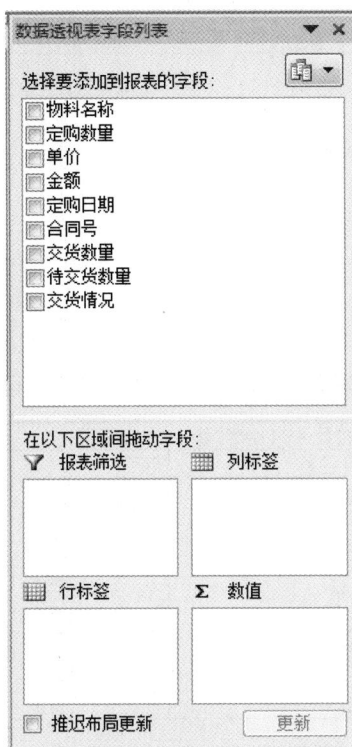

图 2-70　"数据透视表字段列表"对话框

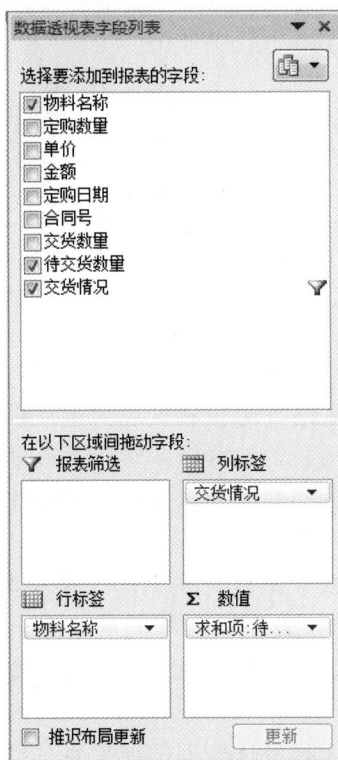

图 2-71　在"数据透视表字段列表"对话框中拖曳字段

求和项:待交货数量	物料名称 ▾								
待交货数量 ▾	A515	ATND1A	DA50	DIC64	MA07D	MTC51	PD12	S012	总计
0		0	0	0	0		0	0	0
5				5	5				10
10		10	10				10		30
15			15				15	15	45
20	80	20		20					120
30	30	30					30		90
45	45								45
50	50					50			100
60						120	60		180
70						70			70
80						80			80
90						90			90
100						100			100
总计	205	60	25	25	5	510	115	15	960

图 2-72　出现变化的"数据透视窗口"

求和项:待交货数量	交货情况 ▼	
物料名称 ▾	待交	总计
A515	205	205
ATND1A	60	60
DA50	25	25
DIC64	25	25
MA07D	5	5
MTC51	510	510
PD12	115	115
S012	15	15
总计	960	960

图 2-73　"待交"数据分析表

求和项:待交货数量	交货情况 ▼	
物料名称 ▾	已交	总计
ATND1A	0	0
DA50	0	0
DIC64	0	0
MA07D	0	0
PD12	0	0
S012	0	0
总计	0	0

图 2-74　"已交"数据分析表

知识链接

1. 数据透视表

数据透视表是一种可以快速汇总、分析和处理大量数据的交互式工具，数据透视表可以通过调整不同的字段到行、列、值、筛选区域，然后对数据进行不同角度的处理和分析，查看不同层面的数据结果，从而得到想要的数据信息。它足够灵活，能在非常短的时间内，按要求完成各类报表的编制、分析、整理。

"透视"的特性：我们通常将一张有行和列的表格称为二维表，数据透视表是具有三维查询功能的表格，并且数据透视表可以从不同的角度，方便地调整计算方法和范围。

"只读"的特性：数据透视表具有只读属性，即不可以在数据透视表中直接输入或修改数值。

创建和应用数据透视表的关键是设计数据透视表的布局，要正确选择行、列字段和求值字段，这些问题设计不好，所建立的数据透视表会杂乱无章，没有意义。

2. 了解数据透视表的使用场合

上面提到了数据透视表是一种快速分析、汇总、处理数据的工具，但并不是说该工具适用于任何场合。下面列举适合数据透视表的情形。

（1）表格中数据量较大时。

假如某企业的表格中有上万条数据，如果对这些数据进行汇总分析，虽然可以使用 Excel 的函数或者筛选、分类汇总、合并计算等功能完成，但其运行速度远远比不上数据透视表，而且对于万条量级以上的数据来说，使用函数进行汇总会降低工作的效率。这时考虑使用 Excel 数据透视表是最明智的选择。

（2）表格中的数据结构不断变化时。

在数据分析的过程中，用户的需求并不是一成不变的，而是会随着实际情况不断发生变化的。例如，当某公司一个高层要求查看某个分公司一年的销售金额汇总情况，而其他管理者要求查看某个分公司某月的销售金额汇总情况时，如果分别制作两个汇总表格，将会耗费很多时间，而使用数据透视表就能够快速而完美地满足多种不同的要求。

（3）要求数据源与分析结果的更新保持一致时。

实际工作中，录入者不能够保证录入的数据时刻完全准确，例如，有可能将销售二部的销售人员录入为销售一部的销售人员，或者是将属于北京地区的销售信息录入为沈阳地区的销售信息。这种情况下，如果修改源数据，然后重新制作汇总表格，会大大降低工作效率，而使用数据透视表的刷新功能，可一步到位得到新的数据源下的数据透视表结果。

数据透视表综合了排序、筛选和分类汇总等数据处理工具的优点，并具有自身的特点。数据透视表具有良好的交互性，应用十分灵活，可以完成绝大多数日常的数据处理工作。到目前为止，Excel 中还没有任何一个功能可以替代数据透视表。

Excel 为数据透视表提供了配套的数据透视图，可以随时将数据透视表的数据以数据透视图的形式展示。

综合训练：制作“年终业务报表”

情景引入

公司企划部要对“GW 公司 C 平台员工年终业务报表”进行完善，并结合函数和公式完成“数据统计表”和“精确查询表”。

作品展示

“GW 公司 C 平台员工年终业务报表”的最终效果如图 2-75 所示，“数据统计表”的最终效果如图 2-76 所示，“精确查询表”的最终效果如图 2-77 所示。

	A	B	C	D	E	F	G	H	I
1	GW公司C平台员工年终业务报表								
2	编号	姓名	身份证号码	性别	出生年月日	年龄	销售额（元）	奖金	奖金名次
3	0001	张磊	370602198905212651	男	1989年05月21日	31	¥1,203,000	120300	28
4	0002	陈连杰	370602198107021621	女	1981年07月02日	39	¥4,301,200	430120	6
5	0003	李明静	370611198108173214	男	1981年08月17日	39	¥ 760,500	38025	39
6	0004	周妍	370602199206254318	男	1992年06月25日	28	¥1,508,060	150806	27
7	0005	王凡超	370283198406287531	男	1984年06月28日	36	¥3,074,500	307450	9
8	0006	张鹏	370602199008303221	女	1990年08月30日	30	¥ 962,000	48100	34
9	0007	刘敏吉	370602197810193821	女	1978年10月19日	42	¥1,098,700	109870	29
10	0008	曹建明	370631199506218021	女	1995年06月21日	25	¥ 884,000	44200	37
11	0009	蒋红星	370628199106236538	男	1991年06月23日	29	¥2,563,200	256320	13
12	0010	黄亚楠	370602197102164311	男	1971年02月16日	49	¥6,721,000	1008150	2
13	0011	张子坪	370685198202135534	男	1982年02月13日	38	¥ 918,900	45945	35
14	0012	刘晓明	370612198102183517	男	1981年02月18日	39	¥1,865,400	186540	18
15	0013	耿思思	370830198508196529	女	1985年08月19日	35	¥ 995,600	49780	31
16	0014	杨伟玲	372926198706281145	女	1987年06月28日	33	¥2,645,000	264500	11
17	0015	刘文华	372928199703142927	女	1997年03月14日	23	¥1,684,000	168400	25
18	0016	杨佳佳	370724198709237750	男	1987年09月23日	33	¥2,864,000	286400	10
19	0017	刘荣庆	370602199805091332	男	1998年05月09日	22	¥1,765,400	176540	23
20	0018	曲冠宇	370602200009240019	男	2000年09月24日	20	¥ 875,600	43780	38
21	0019	杨伊琳	370602199303145240	女	1993年03月14日	27	¥1,687,000	168700	24
22	0020	贾伟伟	370602198312062113	男	1983年12月06日	37	¥1,921,600	192160	17
23	0021	张萌萌	370602198502091337	男	1985年02月09日	35	¥2,549,600	254960	15
24	0022	王晓旭	370982199203053634	男	1992年03月05日	28	¥1,864,500	186450	20
25	0023	李小昆	370523199812241611	男	1998年12月24日	22	¥9,900,000	1485000	1
26	0024	徐向阳	370683197712266469	女	1977年12月26日	43	¥1,098,000	109800	30
27	0025	林祥民	370602199211141612	男	1992年11月14日	28	¥4,620,800	462080	5
28	0026	丁大勇	372922198408155014	男	1984年08月15日	36	¥5,170,900	775635	4
29	0027	杜春燕	370602199902205511	男	1999年02月20日	21	¥3,482,500	348250	8
30	0028	刘大壮	370602199008303221	女	1990年08月30日	30	¥2,563,200	256320	13
31	0029	曲鹏	370602197812193821	女	1978年12月19日	42	¥6,721,000	1008150	2
32	0030	徐鸿飞	370631199506218021	女	1995年06月21日	25	¥ 918,900	45945	35
33	0031	刘毅	370628199106236538	男	1991年06月23日	29	¥1,865,400	186540	18
34	0032	孟春晓	370602197102164311	男	1971年02月16日	49	¥ 995,600	49780	31
35	0033	杜月笙	370685198202135534	男	1982年02月13日	38	¥2,645,000	264500	11
36	0034	韩明	370612198102183517	男	1981年02月18日	39	¥3,684,000	368400	7
37	0035	钱三	370830198008196529	女	1980年08月19日	40	¥2,064,000	206400	16
38	0036	钟小利	372926198706281145	女	1987年06月28日	33	¥1,765,500	176550	22
39	0037	贾大磊	372928199103142927	女	1991年03月14日	29	¥ 975,600	48780	33
40	0038	杨四飞	370724198709237750	男	1987年09月23日	33	¥1,607,000	160700	26
41	0039	杜健	370602199905091332	男	1999年05月09日	21	¥1,863,500	186350	21

图 2-75 “GW 公司 C 平台员工年终业务报表”最终效果

奖金	最高奖金	1485000
	最低奖金	38025
	1000000元及以上的人数	3
	300000~500000元的人数	5
	100000元以下的人数	9
	男职工奖金总和	7541061
	女职工奖金总和	3135615
	C平台总人数	39

精确查询	
姓名	奖金
刘晓明	186540
李小昆	1485000
曹建明	44200
钟小利	176550

图 2-76　"数据统计表"最终效果　　　　图 2-77　"精确查询表"最终效果

训练要求

（1）在教学素材中打开"GW公司C平台员工年终业务报表"原始文件，如图2-78所示。

	A	B	C	D	E	F	G	H	I
1	GW公司C平台员工年终业务报表								
2	编号	姓名	身份证号码	性别	出生年月日	年龄	销售额（元）	奖金	奖金名次
3	0001	张磊	370602198905212651				¥1,203,000		
4	0002	陈连杰	370602198107021621				¥4,301,200		
5	0003	李明静	370611198108173214				¥760,500		
6	0004	周妍	370602199206254318				¥1,508,060		
7	0005	王凡超	370283198406287531				¥3,074,500		
8	0006	张鹏	370602199008303221				¥962,000		
9	0007	刘敏吉	370602197810193821				¥1,098,700		
10	0008	曹建明	370631199506218021				¥884,000		
11	0009	蒋红星	370628199106236538				¥2,563,200		
12	0010	黄亚楠	370602197102164311				¥6,721,000		
13	0011	张子坪	370685198202135534				¥918,900		
14	0012	刘晓明	370612198102183517				¥1,865,400		
15	0013	耿思思	370830198508196529				¥995,600		
16	0014	杨伟玲	372926198706281145				¥2,645,000		
17	0015	刘文华	372928199703142927				¥1,684,000		
18	0016	杨佳佳	370724198709237750				¥2,864,000		
19	0017	刘荣庆	370602199805091332				¥1,765,400		
20	0018	曲冠宇	370602200009240019				¥875,600		
21	0019	杨伊琳	370602199303145240				¥1,687,000		
22	0020	贾伟伟	370602198312062113				¥1,921,600		
23	0021	张萌萌	370602198502091337				¥2,549,600		
24	0022	王晓旭	370982199203053634				¥1,864,500		
25	0023	李小昆	370523199812241611				¥9,900,000		
26	0024	徐向阳	370683197712266469				¥1,098,000		
27	0025	林祥民	370602199211141612				¥4,620,800		
28	0026	丁大勇	372922198408155014				¥5,170,900		
29	0027	杜春燕	370602199902205511				¥3,482,500		
30	0028	刘大壮	370602199008303221				¥2,563,200		
31	0029	曲鹏	370602197812193821				¥6,721,000		
32	0030	徐鸿飞	370631199506218021				¥918,900		
33	0031	刘毅	370628199106236538				¥1,865,400		
34	0032	孟春晓	370602197102164311				¥995,600		
35	0033	杜月笙	370685198202135534				¥2,645,000		
36	0034	韩明	370612198102183517				¥3,684,000		
37	0035	钱三	370830198008196529				¥2,064,000		
38	0036	钟小利	372926198706281145				¥1,765,500		
39	0037	贾大磊	372928199103142927				¥975,600		
40	0038	杨四飞	370724198709237750				¥1,607,000		
41	0039	杜健	370602199905091332				¥1,863,500		

图 2-78　"GW公司C平台员工年终业务报表"原始文件

（2）根据员工的身份证号码，利用 IF、MOD、MID 函数提取员工的性别。

（3）根据员工的身份证号码，利用 MID 函数提取员工的出生年月日。

（4）利用 YEAR、TODAY 函数，求员工的年龄。

（5）利用 IF 函数及嵌套功能，结合如图 2-79 所示的"奖金比例表"给出的条件，求员工的奖金。

销售额	奖金
>5000000	15%
1000000～5000000	10%
<1000000	5%

图 2-79　奖金比例表

（6）利用 RANK 函数对员工的奖金进行排名。

（7）利用 MIN、MAX 函数，求最高奖金和最低奖金，填入图 2-80 所示表格的对应位置。

（8）利用 COUNTIF 和 COUNTIFS 函数，分别求奖金为 100000 元以下的人数、300000～500000 元的人数、1000000 元及以上的人数。

（9）利用 SUMIF 函数，分别求男职工奖金总和、女职工奖金总和。

（10）利用 COUNTA 函数，求 C 平台总人数。

	最高奖金	
	最低奖金	
奖金	1000000元及以上的人数	
	300000～500000元的人数	
	100000元以下的人数	
	男职工奖金总和	
	女职工奖金总和	
	C平台总人数	

图 2-80　未填写的"数据统计表"

（11）利用 VLOOKUP 函数，完成图 2-81 所示的"精确查询表"。

精确查询	
姓名	奖金
刘晓明	
李小昆	
曹建明	
钟小利	

图 2-81　未填写的"精确查询表"

知识链接

1. MOD 函数

MOD 函数是求余函数，即两个数值表达式进行除法运算后的余数，其语法格式如下：

```
MOD(number,divisor)
```

其中，number 为被除数，divisor 为除数。如果 divisor 为零，函数 MOD 返回值为 number。

2. TODAY 函数

（1）语法：

```
TODAY()
```

（2）功能：

返回当前日期的序列数。

（3）说明：

当需要在工作表上显示当前日期时，常用 TODAY 函数，它还经常用于计算时间间隔。

3. YEAR 函数

（1）语法：

```
YEAR(serial-number)
```

（2）功能：

返回某日期对应的年份。

（3）说明：

serial-number 是要查找的年份的日期。

4. MID 函数

（1）语法：

```
MID(text,start-num,num-chars)
```

（2）功能：

返回文本字符串中从指定位置开始的特定数目的字符。

（3）说明：

text 是包含要提取的字符的文本字符串。

start-num 指定文本中要提取的第一个字符的位置。

num-chars 指定从文本中返回字符的个数。

5. RANK.EQ 函数

（1）语法：

```
RANK.EQ(number,ref,[order])
```

（2）功能：

返回一列数字的数字排位。其大小与列表中其他值相关，如果多个值具有相同的排位，则返回该组值的最高排位。

（3）说明：

number 是要进行排位的数。

ref 是对数字列表的引用，ref 中的非数字值会被忽略。

order 是可选项，指定数字的排位方式，如果 order 为 0 或省略，排位是基于 ref 降序排列的列表；如果 order 不为 0，排位是基于 ref 升序排列的列表。

▐▶ 思考练习

1. 判断题

（1）在 Excel 中，对一张工作表进行页面设置后，该设置对所有工作表都适用。（　　）

（2）在 Excel 工作表中，单元格的地址是唯一的，由所在的行和列决定。（　　）

（3）在 Excel 中，当工作表中的数据发生变化时，其图表中对应的数据也自动更新。（　　）

（4）在 Excel 中，数据透视表的结果只能放在现有的工作簿中，但能放在此工作簿的不同工作表中。（　　）

（5）在 Excel 中复制数据，可先选定源区域，然后按住 Ctrl 键，将鼠标指针指向源区域内任意位置，按住左键拖到目标处。（　　）

（6）在 Excel 中，函数 now() 的作用是显示计算机系统内部时钟的当前日期和时间。（　　）

（7）在 Excel 中，除字段名外，只要工作表中的各列都是数字数据就可以进行排序、筛选以及分类汇总操作。（　　）

（8）对于数值型数据，如果将单元格格式设成小数点后第 3 位，这时计算精度将保持为 0.001。（　　）

（9）在 Excel 2010 中，初值为日期时间型数据时，若在按住鼠标左键拖动填充柄的同时按住 Ctrl 键，则在相应单元格中填充相同数据。（　　）

（10）打印 Excel 工作表时，若工作表太大，超出页宽和页高，如果选择了"先列后行"，则垂直方向先分页打印完，再考虑水平方向的分页。（　　）

2. 单项选择题

（1）在 Excel 工作表中，若未特别设定格式，则数值数据会自动（　　）对齐。

A. 靠左
B. 靠右
C. 居中
D. 随机

（2）在 Excel 中，公式的定义必须以（　　）符号开头。

A. =
B. ^
C. /
D. S

（3）用 Excel 创建一个学生成绩表，若按照班级统计出某门课程的平均分，需要使用的方法是（　　）。

A. 数据筛选
B. 排序
C. 合并计算
D. 分类汇总

（4）在 Excel 环境中，用来储存并处理工作表数据的文件被称为（　　　）。

A．工作区

B．单元格

C．工作簿

D．工作表

（5）在 Excel 中，若在"A2"单元格中输入"=56>=57"则显示结果为（　　　）。

A．=56<57

B．56>57

C．TRUE

D．FALSE

（6）在 Excel 中，可以用于计算最大值的函数是（　　　）。

A．MAX

B．IF

C．COUNT

D．AVERAGE

（7）在 Excel 中，使用图表向导为工作表中的数据建立图表，正确的说法是（　　　）。

A．图表中的图表类型一经选定并建立图表后，将不能被修改

B．只能为连续的数据区建立图表，数据区不连续时不能建立图表

C．只能建立一张单独的图表，不能将图表嵌入到工作表中

D．当数据区中的数据被删除后，图表中的相应内容也会被删除

（8）在 Excel 中，公式"=AVERAGE(A1：A4)"等价于下列公式中的（　　　）。

A．=(A1+A4)／4

B．=A1+A2+A3+A4／4

C．=(A1+A2+A3+A4)／4

D．=A1+A2+A3+A4

（9）在 Excel 中，当产生图表的基础数据发生变化后，图表将（　　　）。

A．发生相应的改变

B．不会改变

C．发生改变，但与数据无关

D．被删除

（10）在 Excel 中，"B2:E10"区域中单元格的数目（　　　）。

A．8个

B．4个

C．9个

D．36个

3．多项选择题

（1）在 Excel 中，以下操作可以为所选的单元格添加上背景颜色是（　　　）。

A．通过"单元格格式"对话框的"图案"选项卡上的"颜色"区域

B. 使用"格式"工具栏上的"填充颜色"按钮

C. 通过"工作表背景"对话框

D. 通过"绘图"工具栏上的"填充颜色"按钮

（2）在 Excel 中，有关插入、删除工作表的叙述，正确的是（　　）。

A. 在"开始"选项卡的"单元格"功能组中，执行"插入"→"插入工作表"命令，可插入一张新的工作表

B. 在"开始"选项卡的"编辑"功能组中，执行"清除"→"全部清除"命令，可删除一张工作表

C. 在"开始"选项卡的"单元格"功能组中，执行"删除"→"删除工作表"命令，可删除一张工作表

D. 按 Shift+Fn+F11 组合键，可插入一张新的工作表

（3）下列选项中可以作为 Excel 数据透视表的数据源的有（　　）。

A. Excel 的数据清单或数据库

B. 外部数据

C. 多重合并计算数据区域

D. 文本文件

（4）在 Excel 中，关于移动和复制工作表的操作，下列说法正确的是（　　）。

A. 工作表能移动到其他工作簿中

B. 工作表不能复制到其他工作簿中

C. 工作表不能移动到其他工作簿中

D. 工作表能复制到其他工作簿中

（5）关于"自动筛选"下拉框中的"前 10 个"选项的叙述，正确的是（　　）。

A."前 10 个"选项显示的记录用户可以自选

B."前 10 个"选项是指显示前面的 10 个记录

C."前 10 个"选项显示是当前工作表排在前面的 10 个记录

D."前 10 个"选项可能显示后 10 个记录

（6）在 Excel 中可使用的视图方式有（　　）。

A. 通视图

B. 页预览视图

C. 纲视图

D. 面视图

（7）以下关于管理 Excel 表格的叙述，正确的是（　　）。

A. 可以给工作表插入行

B. 可以给工作表插入列

C. 可以插入行，但不可以插入列

D. 可以插入列，但不可以插入行

（8）在 Excel 中，不符合日期格式的是（　　）。

A. 10/15/04

B. 15-OCT-04

C．2004/10/15

D．10-15-04

（9）在进行分类汇总时，可设置的内容有（　　　）。

A．类字段

B．总方式（比如求和）

C．总项

D．总结果显示在数据下方

（10）在 Excel 中，下列修改三维图表仰角和转角的操作，正确的是（　　　）。

A．用鼠标直接拖动图表的某个角点旋转图表

B．右击绘图区，可以从弹出的快捷菜单中选择"设置三维视图格式"命令，打开"设置三维视图格式"对话框，在对话框中进行修改

C．双击系列标识，可以弹出"三维视图格式"对话框，然后在对话框中进行修改

D．以上操作全部正确

模块三

PowerPoint 应用篇

Microsoft Office PowerPoint（简称 PPT）是微软公司设计的演示文稿软件，可以在计算机上进行演示，制作演示文稿已经成为办公人员必备的技能之一。一套完整的演示文稿一般包含片头动画、演示文稿封面、前言、目录、过渡页、图表页、图片页、文字页、封底、片尾动画等；所采用的素材包括文字、图片、图表、动画、声音、影片等。

演示文稿不是简单的文字、图片的堆砌，而要上升到艺术的高度，你想让自己的演示文稿做得更专业吗？请跟着作者的介绍，动手操作起来，努力成为制作演示文稿的高手。

任务 3.1 "JOAYE 形象"演示文稿的初步设计

情景引入

行业年会将至，电商卓益集团被邀请参加本次年会，并开展企业宣传，需要利用演示文稿对集团精英团队、发展历程、文化理念、商业模式、生态联盟等内容进行图文并茂的多样化展示。为此，设计一套宣传演示文稿，效果如图 3-1 所示。

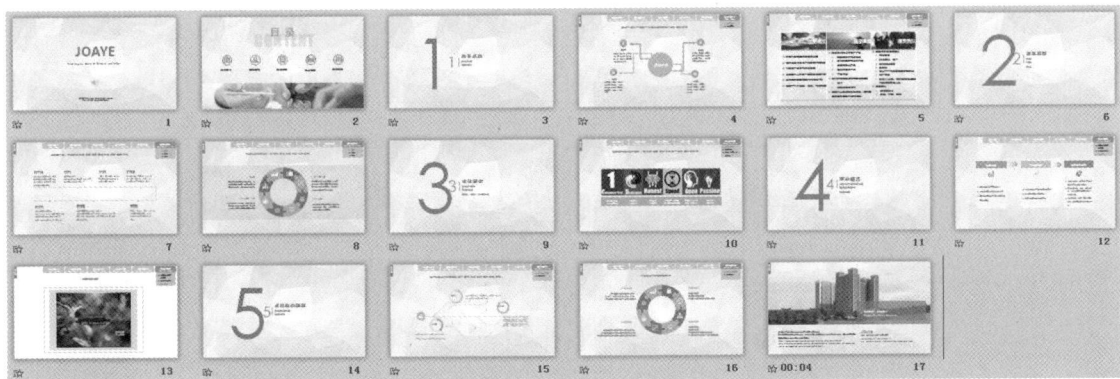

图 3-1　电商卓益集团宣传演示文稿效果

要想做出一套吸引人的演示文稿，应当先对封面、目录、过渡页及内页的结构、配色等进行精心设计，使页面风格保持统一。

3.1.1　封面设计与制作

全图型的封面是以图片的美感来导向的。如果一张图片不好看，那么封面效果也不会理想。带有水印或清晰度不够的图片通常是不能使用的。任务的封面效果如图 3-2 所示。

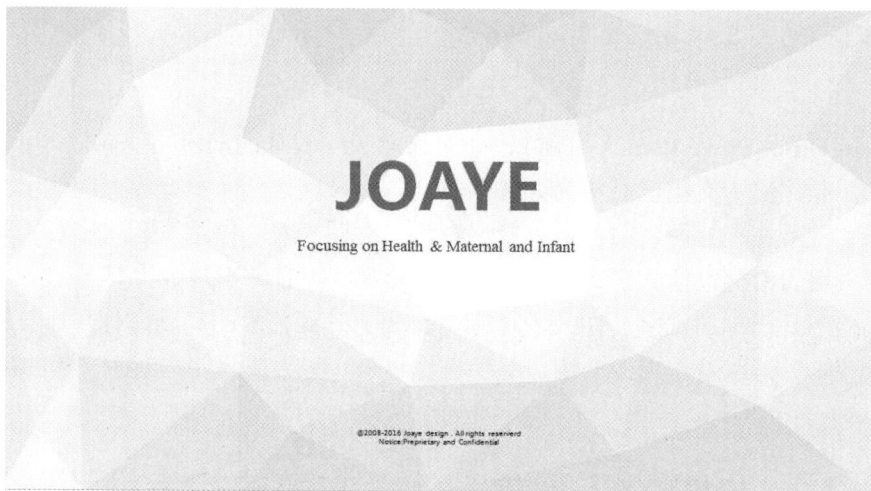

图 3-2　封面效果

任务实施

封面设计为全图型，标题居中放置。

启动 Power Point 2010 并新建空白演示文稿。

（1）设置封面幻灯片大小：执行"设计"→"页面设置"菜单命令，弹出"页面设置"对话框，在"幻灯片大小"下拉菜单中选择"全屏显示（16:9）"选项，如图 3-3 所示，单击"确定"按钮。

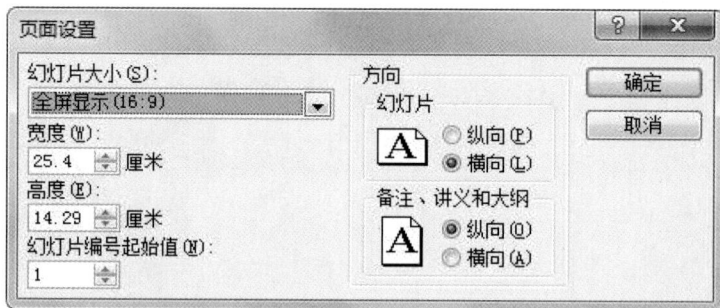

图 3-3　在"页面设置"对话框中将封面幻灯片大小设置为 16:9

（2）设置幻灯片版式：执行"开始"→"幻灯片"→"版式"→"空白"菜单命令，如图 3-4 所示，将幻灯片版式设置为空白。

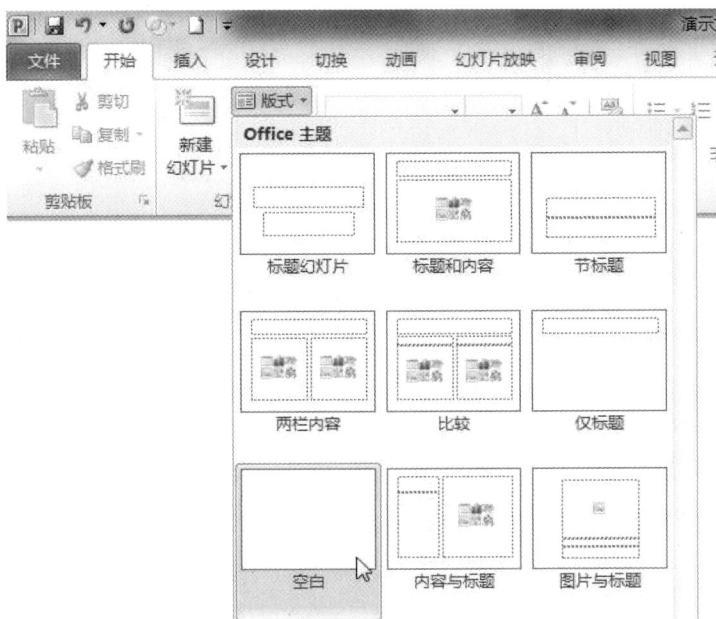

图 3-4　设置幻灯片版式为空白

（3）设置幻灯片背景：执行"设计"→"背景样式"→"设置背景格式"菜单命令，弹出"设置背景格式"对话框，在对话框中单击"文件"按钮，如图 3-5 所示，弹出如图 3-6 所示的"插入图片"对话框，在该对话框中找到教学素材中的背景图片，双击图片或者单击"插入"按钮。

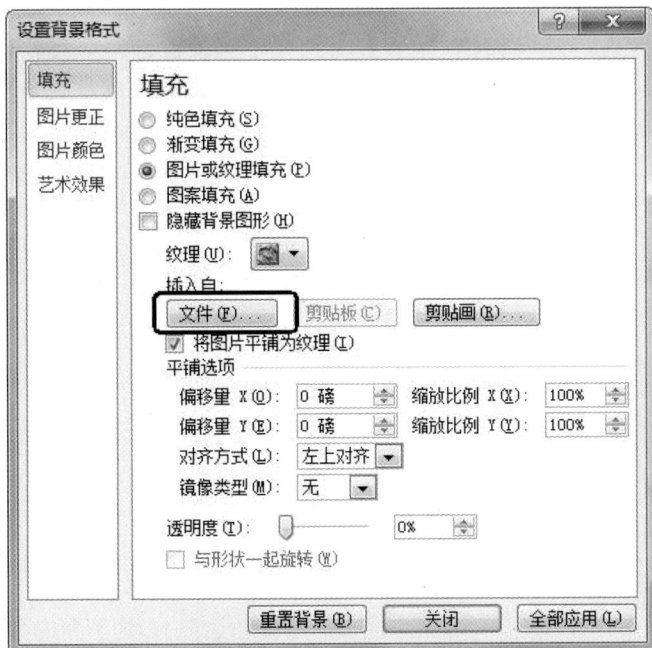

图 3-5　在"设置背景格式"对话框中单击"文件"按钮

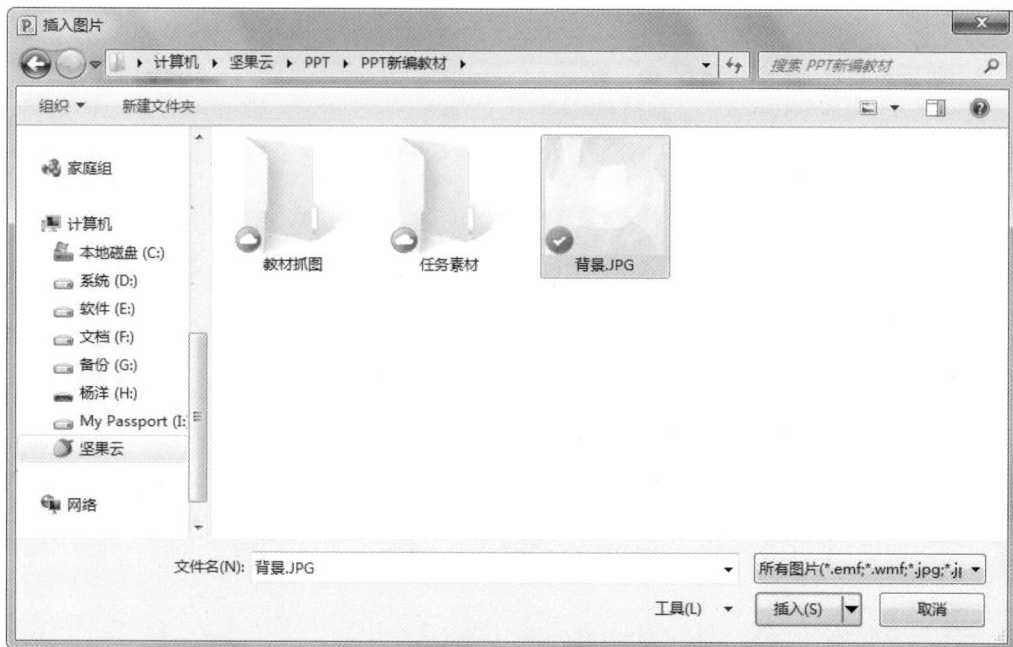

图 3-6 "插入图片"对话框

（4）插入文本框：执行"插入"→"文本"→"文本框"→"横排文本框"菜单命令，并在其中输入"JOAYE"，设置字体格式为"微软雅黑、72 磅、加粗、红色"，相对幻灯片左右居中，参照图 3-2 所示效果。

（5）插入文本框：执行"插入"→"文本"→"文本框"→"横排文本框"菜单命令，并在其中输入"Focusing on Health & Maternal and Infant"，设置字体格式为"Impact、18 磅"，并将文本框相对幻灯片水平居中。完成后的封面效果如图 3-2 所示。

（6）按照上述方法，完成致谢页幻灯片的制作，相关图片等素材可在本书配套的教学素材中找到。

（7）保存文件。

知识链接

制作全图型封面有以下四个要点：基础版式、版式平衡、对比明显和装饰元素。

1. 基础版式

基础版式可以分为三类：左对齐版式，如图 3-7 所示；居中对齐版式，如图 3-8 所示；右对齐版式，如图 3-9 所示。

2. 版式平衡

版式平衡是通过页面中文字和图片的摆放，让页面达到视觉平衡的效果的。在图 3-10 中，如果文字居中，显得右侧很重，而左侧没有内容，这时页面的视觉效果不平衡，如果文字左对齐，如图 3-7 所示，页面效果会很好。

图 3-7 封面左对齐版式示例

图 3-8 封面居中对齐版式示例

图 3-9 封面右对齐版式示例

图 3-10　封面版式不平衡示例

3. 对比明显

在图 3-11 中，封面对比明显，背景图片中的图案突兀，影响文字效果。可以添加纯色蒙版或者渐变蒙版，弱化背景图案。如果为封面背景添加蓝色半透明蒙版进行修复，如图 3-12 所示，二者高下立判。

图 3-11　封面对比明显示例

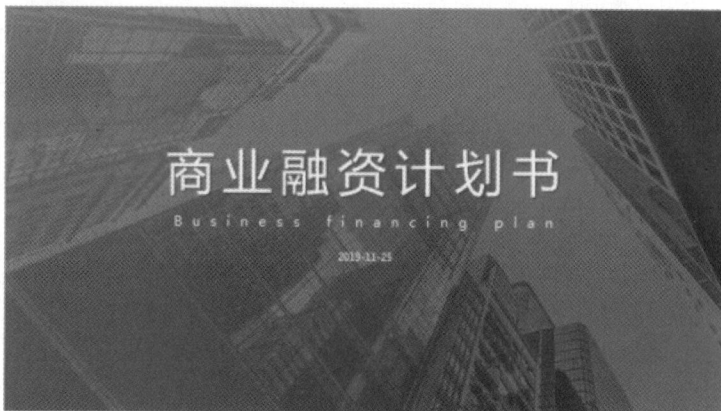

图 3-12　封面对比明显修复效果

4. 装饰元素

封面的装饰元素有线条、英文、形状等。为页面添加线条和英文，可以增强设计感，为封面添加装饰元素后的效果如图 3-13 所示。

图 3-13　为封面添加装饰元素后的效果

3.1.2　常见目录页的类型及其制作

目录页是一套幻灯片中很重要的部分，设计效果影响着整体美观，掌握目录版式和元素设计，可以轻松制作出目录页，本节制作完成后的目录效果如图 3-14 所示。

图 3-14　目录制作完成后的效果

任务实施

设计目录页为半图型，目录页上面三分之二的位置为内容，下面三分之一的位置是图片。

（1）打开任务 3.1.1 完成后保存的文件，新建的幻灯片作为目录页，将其背景与封面背景设置为相同的图片。

（2）插入素材图片，并置于该幻灯片下面三分之一的位置，参照图 3-14 所示效果。

（3）插入横排文本框，输入文字"目录"，并设置为居中对齐。

（4）设置文字"目录"的字体格式与颜色：首先设置"目录"的字体格式为"微软雅黑、

60 磅、加粗";然后选中文本框,执行"开始"→"字体"→"字体颜色"→"其他颜色"菜单命令,如图 3-15 所示;最后,在弹出的"颜色"对话框中,选择"自定义"选项卡,设置字体颜色的"红色""绿色""蓝色"值分别为"252""119""66",如图 3-16 所示,单击"确定"按钮。

图 3-15 执行"其他颜色"菜单命令

(5)将"目录"文本框置于顶层:选中文本框,执行"格式"→"排列"→"上移一层"列→"置于顶层"菜单命令。

(6)设置"目录"文本框相对幻灯片左右居中,参照图 3-14 所示效果。

(7)插入横排文本框,输入文字"CONTENTS",设置字体格式为"impact、96 磅、加粗",字体颜色设置为"白色,背景 1,深色 50%",将文本框相对幻灯片水平居中,并与"目录"文本框重叠,参照图 3-14 所示效果。

(8)设置文字"CONTENTS"的透明度:选中文字"CONTENTS",右击,在弹出的快捷菜单中选择"设置文字效果格式"命令,弹出"设置文字效果格式"对话框,单击"文本填充"选项,将透明度设置为"80%",如图 3-17 所示,单击"关闭"按钮。

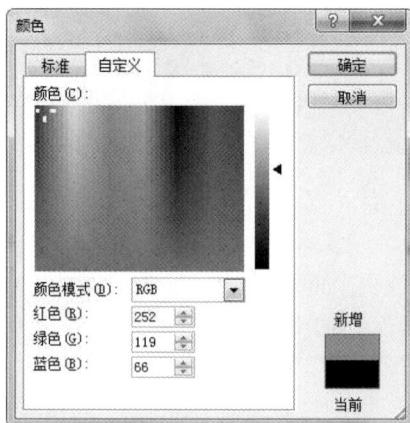

图 3-16 在"颜色"对话框中进行设置

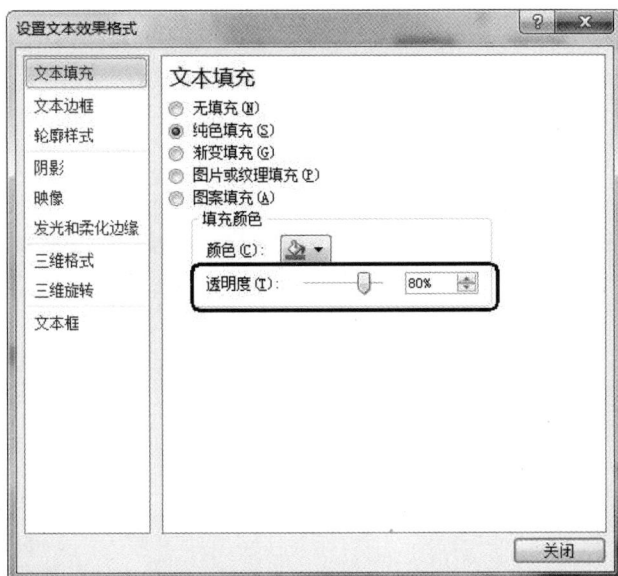

图 3-17　在"设置文字效果格式"对话框中进行设置

（9）插入教学素材中提供的图标，如图 3-18 所示。

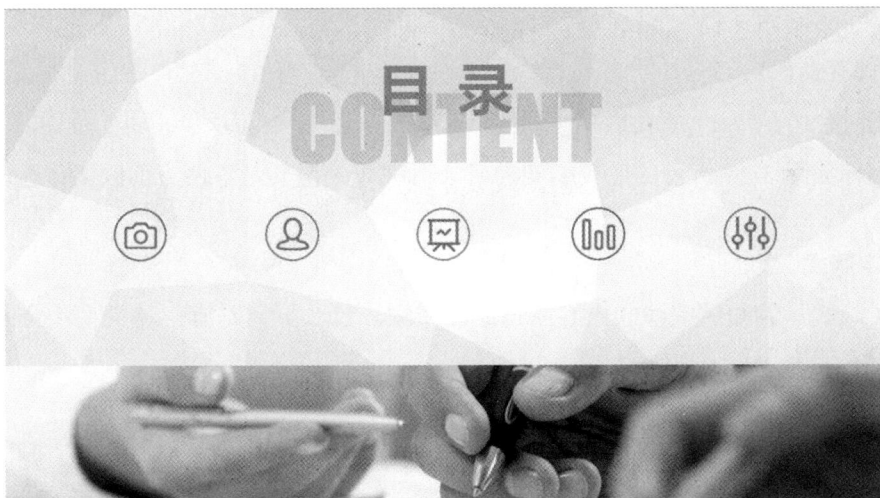

图 3-18　插入图标

（10）设置图标的高度和宽度：单击图标，在"格式"选项卡的"大小"功能区中，设置图标的高度和宽度均为 2 厘米，如图 3-19 所示，所有图标均按此进行设置。

图 3-19　设置图标的高度和宽度

（11）将图标快速排齐：先用鼠标将最左侧和最右侧的两个图标拖至合适的位置，然后选中所有图标，执行"格式"→"排列"→"对齐"→" 底端对齐"或"顶端对齐"菜单命令（根据其他图标所在位置决定），如图 3-20 所示，再次执行"格式"→"排列"→"对齐"→"横向分布"菜单命令。

图 3-20　设置图标"顶端对齐"或"底端对齐"

（12）插入 5 个独立的横排文本框，在其中依次输入文字"关于我们""发展历程""文化理念""商业模式""生态联盟"，设置字体格式为"微软雅黑、18 磅"，将文字分别置于相应图标的下方，参照图 3-14 所示效果。

（13）保存文件。

知识链接

如何制作如图 3-14 所示的比较美观的目录页呢？关键要考虑两方面因素：选定版式和元素设计。

1. 选定版式

确定了版式，就知道整体的内容应该怎样布局。目录页通常有三种类型：全图型、半图型、卡片型，如图 3-21 所示。

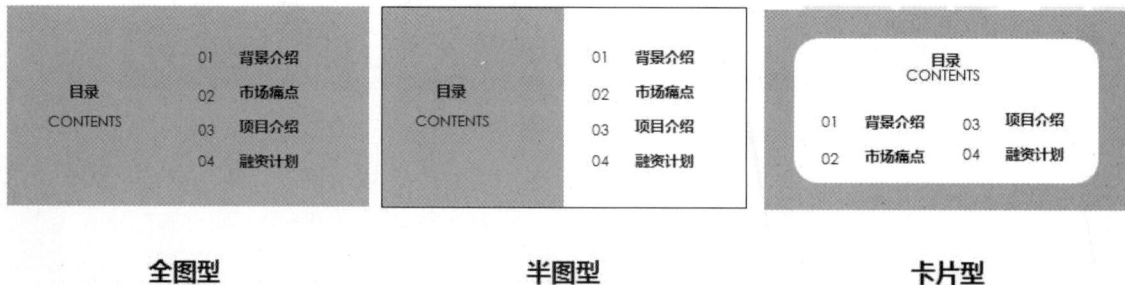

图 3-21　目录页版式类型

（1）全图型：后面通常是纯白色的背景，或者是全图背景。可以是左右结构，也可以是上下结构，倾斜结构等等。

（2）半图型：可以是左右结构，也可以是上下结构。在左边三分之一写"目录"，右边三分之二写内容；或者在上面三分之一写"目录"，下面三分之二写内容。

（3）卡片型：中间是一个色块，色块可以半透明，也可以不透明，四周流露出后面的图片的部分内容。

2. 元素设计

目录的元素设计通常包括两个方面：序号的处理、添加图标。

（1）序号的处理。

第一，选择字体很重要，这里推荐 6 种比较美观的目录页的序号字体，如图 3-22 所示。第二，对序号进行装饰，可以添加衬底，就是将序号与圆形、正方形、菱形等结合起来，还可以添加渐变、描边、切割等效果。

图 3-22　序号处理的常见方式示例

（2）添加图标。

在对目录进行元素设计时，通常会加一些简约图标，目的是为了让整体效果更统一，图 3-23 中展示了部分简约图标。

图 3-23　部分简约图标展示

3.1.3　常见过渡页的类型及其制作

过渡页用于让观众知道演示文稿当前的进程，即正在播放的章节，它是幻灯片必不可少的组成部分，本节介绍过渡页的制作过程和常见的过渡页类型等，过渡页制作完成后的效果如图 3-24 所示。

图 3-24　过渡页制作完成后的效果

任务实施

确定过渡页的版式为单项型。

（1）设置幻灯片背景：打开任务 3.1.2 完成后保存的文件，新建幻灯片作为过渡页，在其中插入教学素材中的背景图片作为此幻灯片的背景。

（2）插入横排文本框，输入数字"1"，设置字体格式为"华文细黑、413 磅"、字体颜色的"红色""绿色""蓝色"值分别设置为"250""73""4"，效果如图 3-25 所示。

图 3-25　第（2）步完成后的效果

（3）插入横排文本框，输入数字"1"，设置字体格式为"华文细黑、88 磅"，字体颜色设置为"黑色，文字 1，淡色 50%"，效果如图 3-26 所示。

图 3-26　第（3）步完成后的效果

（4）插入横排文本框，输入文字"关于卓益"和其他文字，"关于卓益"四个字的字体格式设置为"微软雅黑、28 磅"，字体颜色的"红色""绿色""蓝色"值分别设置为"250""73""4"；其他文字的的字体格式设置为"微软雅黑、16 磅"，字体颜色设置为"黑色、文字 1、淡色 50%"。效果如图 3-27 所示。

图 3-27　第（4）步完成后的效果

（5）添加装饰元素：执行"插入"→"插图"→"形状"→"线条"→"直线"菜单命令，在文字左侧插入"直线"。先选中所插入的"直线"，在"格式"选项卡的"大小"功能区中，设置其高度为 2.4 厘米、宽度为 0 厘米，然后在"形状样式"功能区中，执行"形状轮廓"→"粗细"→"4 磅"菜单命令，最后设置"直线"的颜色为"黑色、文字 1、淡色50%"。

（6）按照上述 5 步，继续制作其他 4 张过渡页，最终效果如图 3-24 所示。

（7）保存文件。

知识链接

1. 过渡页类型

过渡页可以设计为目录型或单项型。

（1）目录型过渡页。

如图 3-28 所示，目录型过渡页是把其中的某个章节的标题进行强调（例如，将其填充为黄色），其他的内容进行弱化处理（例如，将其填充为浅灰色），这样，观众就能知道当前所要介绍的是哪个章节，并且提前了解其他章节将要介绍的内容，有一定的提示作用。这种过渡页与目录页的作用有所不同，目录页的作用以罗列的方式展示所有内容，而这种过渡页的作用更侧重于突出当前章节的标题。

图 3-28　目录型过渡页示例

（2）单项型过渡页。

如图 3-29 所示，单项型过渡页是指整个页面只出现序号和章节标题等内容的形式。这种设计方式有较强的氛围感，第 1 章的过渡页可以用第 1 章的相关背景，第 2 章的过渡页可以用第 2 章的相关背景，以此类推。但这种设计方式很容易让观众忽略其他章节的内容，而只关注当前章节的内容。

图 3-29　单项型过渡页示例

选择哪种过渡页是根据想要传达给观众什么样的感受决定的。

2. 过渡页的设计步骤

为了方便理解，和目录页一样，我们将过渡页的设计步骤同样归纳为选定版式和元素设计。

（1）选定版式。

①目录型过渡页。通常选定如图 3-30 所示的版式，把目录页中某个章节标题标注出来，对其他章节标题进行弱化处理。弱化的方式包括缩放字号、填充浅颜色、去掉加粗，用细化的字体等。

图 3-30　目录型过渡页版式示例

②单项型过渡页。单项型过渡页同样分为三种类型：全图型，如图 3-31 所示；半图型，如图 3-32 所示；卡片型，如图 3-33 所示。这里只是简单地将单项型过渡页分为三种类型，读者可以根据实际情况灵活调整很多细节。

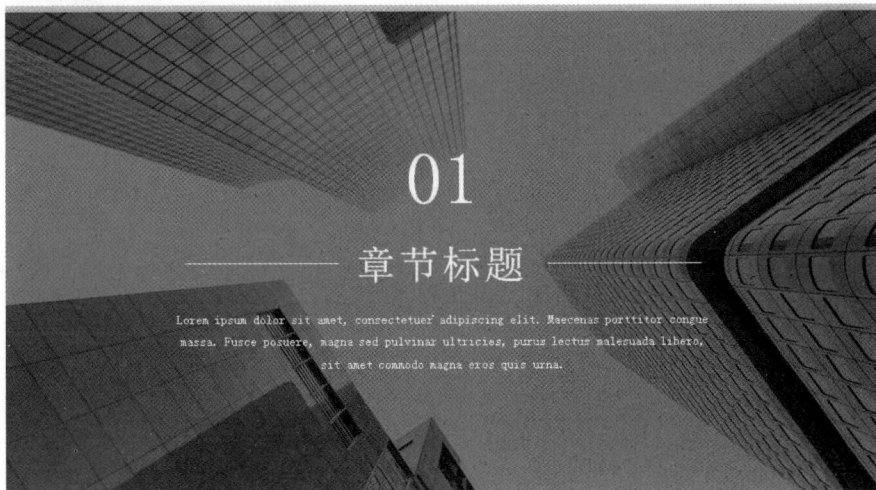

图 3-31　全图型过渡页示例

图 3-32　半图型过渡页示例

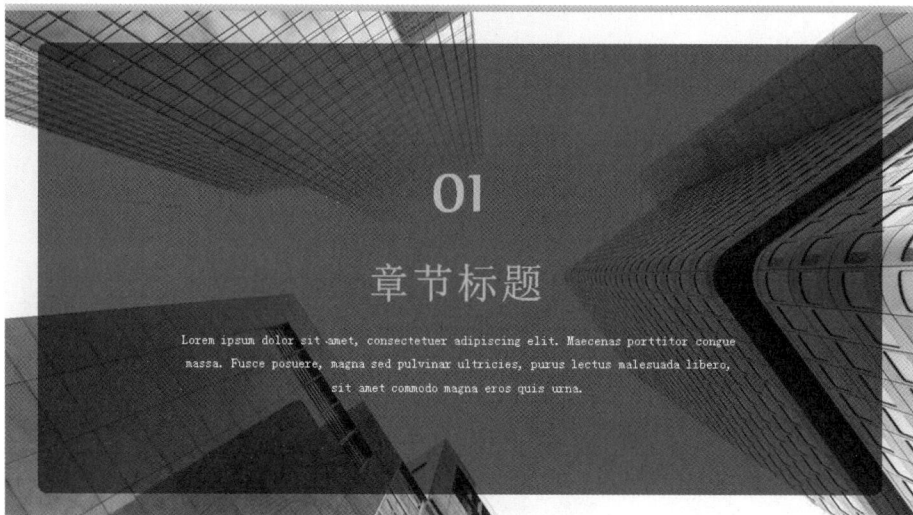

图 3-33　卡片型过渡页示例

（2）元素设计。

对过渡页进行元素设计时可以使用序号处理、添加图标、添加修饰元素、混合使用多种元素等方法。

① 序号处理。作为过渡页，一定要加序号，否则讲到某个环节时，不仅观众忘记当前所讲解的位置，有可能宣讲者自己也会忘记。在序号处理过程中，所选择的字体类型要有美感，而且可以对序号加以装饰。

② 添加图标。添加图标是指把某个章节的标题提炼出一个关键词，然后把这个关键词用一种图式化的方式表达出来。

③ 添加修饰元素。可以添加各种线条或矩形、六边形、正方形等形状作为修饰元素对过渡页进行修饰，如图 3-34 所示。

图 3-34　在过渡页中添加修饰元素示例

④混合使用多种元素。我们还可以混合使用多种元素使整个过渡页的设计更有美感，如图 3-35 所示。

图 3-35　在过渡页中混合使用多种元素示例

3.1.4　统一幻灯片风格的技巧

本节学习幻灯片统一风格的技巧，即利用参考线规划版心；此外，还要学习配色、文字样式、版式三种设计规范。制作完成后的效果如图 3-36 所示。

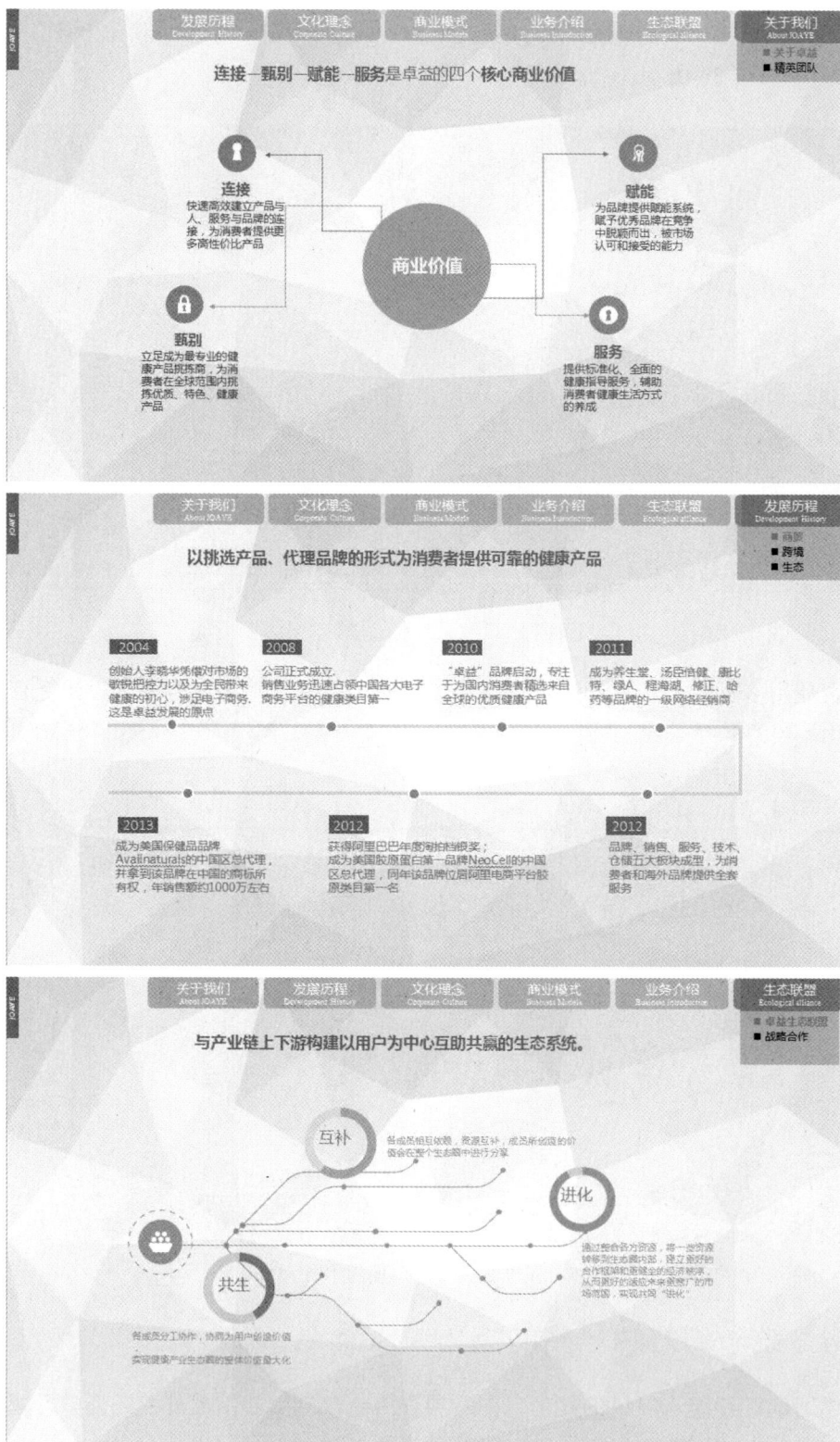

图 3-36　幻灯片统一风格后的效果

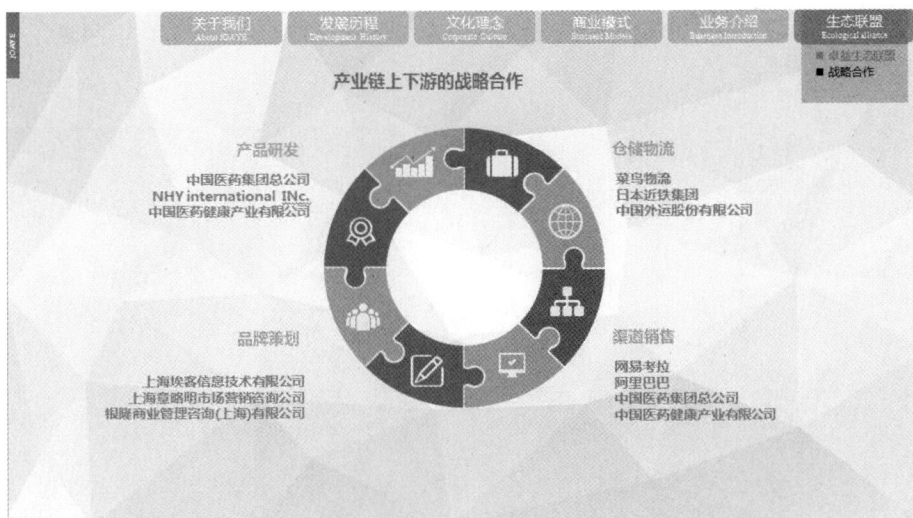

图 3-36 幻灯片统一风格后的效果（续）

任务实施

（1）添加参考线：打开任务 3.2.3 完成后保存的文件，在任意幻灯片上右击，在弹出的快捷菜单中选择"网格和参考线"命令，如图 3-37 所示，弹出"网格线和参考线"对话框，选中"屏幕上显示绘图参考线"复选框，如图 3-38 所示，单击"确定"按钮。

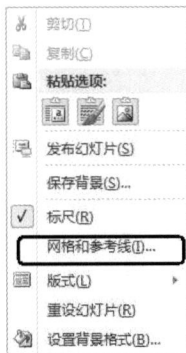

图 3-37 在快捷菜单中选择"网格和参考线"命令

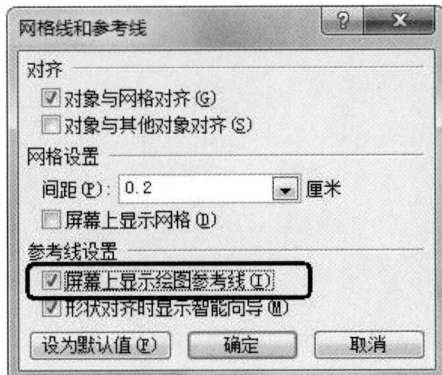

图 3-38 在"网格和参考线"对话框中进行设置

（2）拖曳参考线，将上、下参考线设置为 7.4，将左、右参考线设置为 14.8，为内页规划版心，如图 3-39 所示。

图 3-39　移动参考线为内页规划版心后的效果

（3）规划内页的标题和内容的位置、格式：标题位置统一在版心区域的上方（红色区域）并居中，格式为"微软雅黑、18 磅"、字体颜色的"红色""绿色""蓝色"值分别设置为"250""73""4"；内容统一在下方灰色区域，小标题字体颜色的"红色""绿色""蓝色"值分别设置为"252""98""36"，效果如图 3-40 所示。

图 3-40　规划并设置完内页的标题和内容后的效果

（4）参照图 3-36 所示的效果，完成其他内页幻灯片的制作。

（5）保存文件。

知识链接

统一幻灯片风格有两大要点：版心规划和设计规范。

1. 版心规划

版心规划指通过参考线设置合理的页边距，为页面规划出放置内容的中心区域。如图 3-41 所示，所有内容都在红色区域里，红色区域被称为版心。去掉红色区域和参考线后，会感觉页面非常规整，如图 3-36 所示。

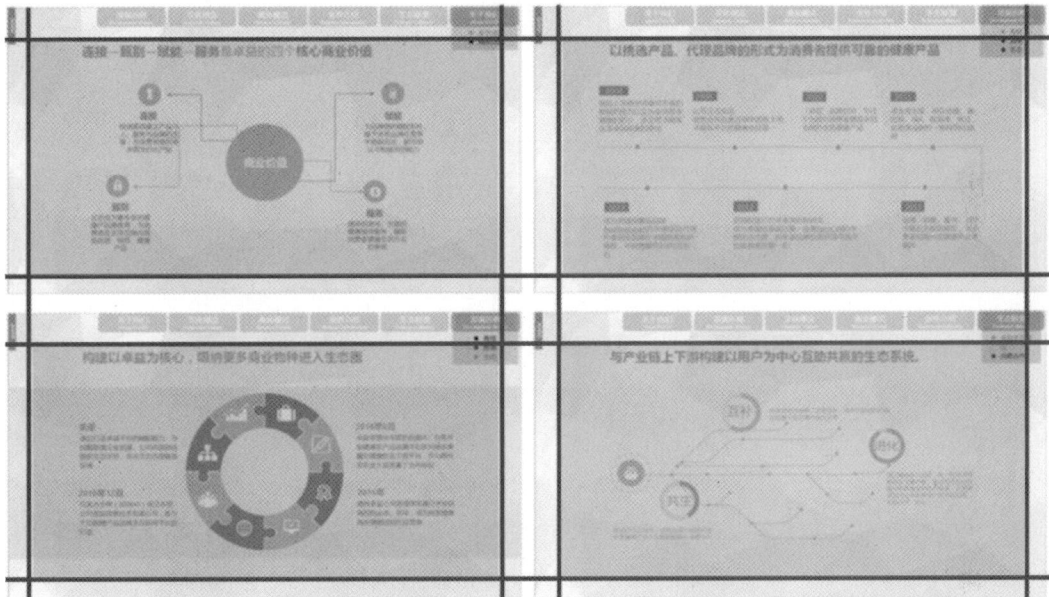

图 3-41　版心规划示例

如图 3-42 所示，在版心区域中还可以对标题和正文进行明确分区。上面贴边的红色区域规划了标题的位置，下面的灰色区域规划了正文位置。

2. 设计规范

设计规范包括三个方面：配色、文字样式、版式。

（1）配色。

在同一套幻灯片中，配色风格要保持统一。如图 3-36 中所示的 4 张幻灯片，会感觉非常统一，因为它们的配色风格是相同的。

（2）文字样式。

在一套幻灯片中，同层级中文字的类型、大小、粗细和颜色应该是相同的。层级包括主标题、正文标题以及正文等。样式通常包括字形、字号、大小、粗细及颜色。如图 3-36 所示，4 张幻灯片的主标题都是"微软雅黑、18 磅、加粗、橙色、左对齐"。

（3）版式。

在一套幻灯片中，同层级页面的版式应该是相同的，而且过渡页的版式也要统一，如图 3-43 所示。

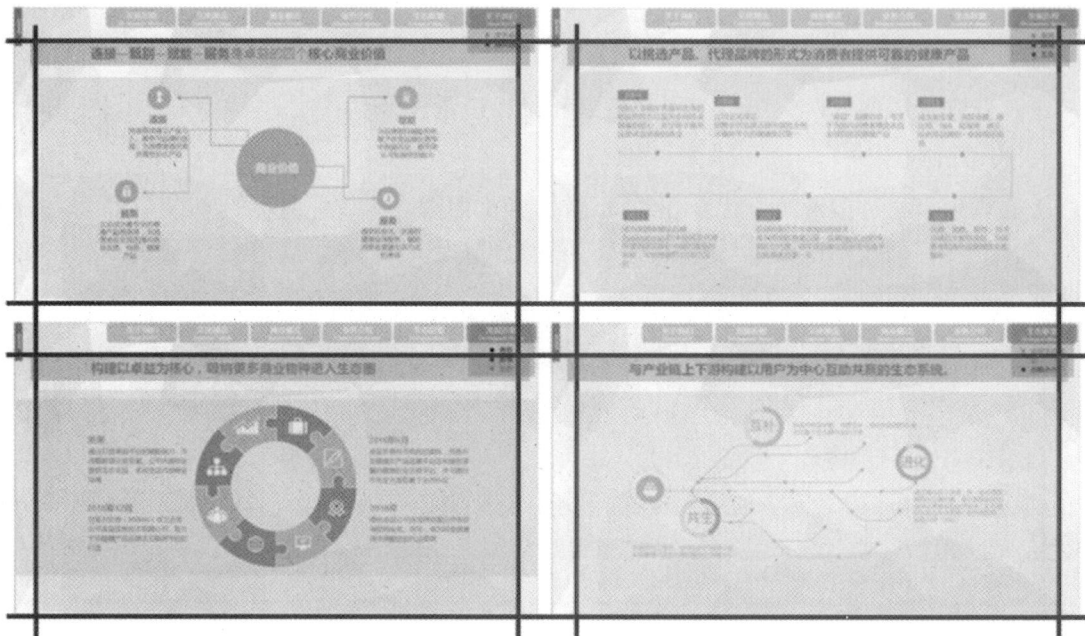

图 3-42　在版心区域中对标题和正文进行明确分区

图 3-43　版式统一的过渡页示例

3.1.5　配色的方法与运用

幻灯片里的配色特别重要，本节将介绍一些有关配色的基础知识：色彩的属性、配色方案、使用规范。

1. 色彩的属性

色彩的属性如图 3-44 所示。

图 3-44　色彩的属性

（1）色相。

色相可以简单理解为色彩的相貌，如红色、橙色、蓝色等，我们通常说的换个颜色就是指换个色相。

（2）纯度。

纯度是指色彩的鲜艳程度。在图 3-44 的"纯度"一行中，左边圆形是纯度较高的蓝色，右边圆形是纯度较低的蓝色。

（3）明度。

在图 3-44 的"明度"一行中，左侧的圆形，黑色占比高，呈现为色彩暗、明度低；右侧的圆形，白色占比高，呈现为色彩亮，明度高。

2. 配色方法

这里介绍四种配色方法：单色系配色法、同色系配色法、邻近色配色法、对比色配色法。

（1）单色系配色法。

单色系配色法是指在不同的色相里任选一个色相作为彩色来源，与黑、白、灰搭配在一起。例如，本书配套的素材选择的是橙色与白灰搭配。

（2）同色系配色法。

如图 3-45 所示的色盘，中间区域被称为标准色，如果等量地加入白色，那么，明度会越来越高；而如果等量地加入黑色，黑色占比逐渐增加，明度会越来越低。所以在每条垂直线上，相同的色相会造成不同的色系。例如，在图 3-46 中，主标题选用的橙色重，小标题选用的橙色浅，效果更有层次感。

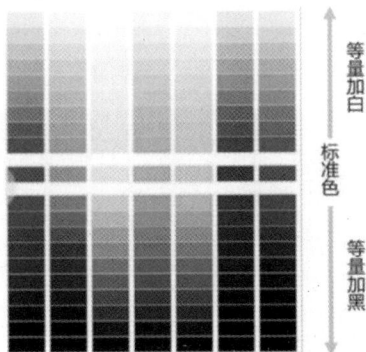

图 3-45　同色系色盘

（3）邻近色配色法。

在如图 3-47 所示的色环中，圆心角为 30°以内的颜色被称为邻近色，例如，蓝和浅蓝就是邻近色，再加上黑、白、灰进行搭配就是邻近色配色法。

（4）对比色配色法。

对比色指色环上圆心角为 180°的两个色相。如图 3-48 所示，蓝色和黄色互为对比色，蓝色为主色，黄色是点缀色，再加上黑、白、灰进行搭配就是对比色配色法。

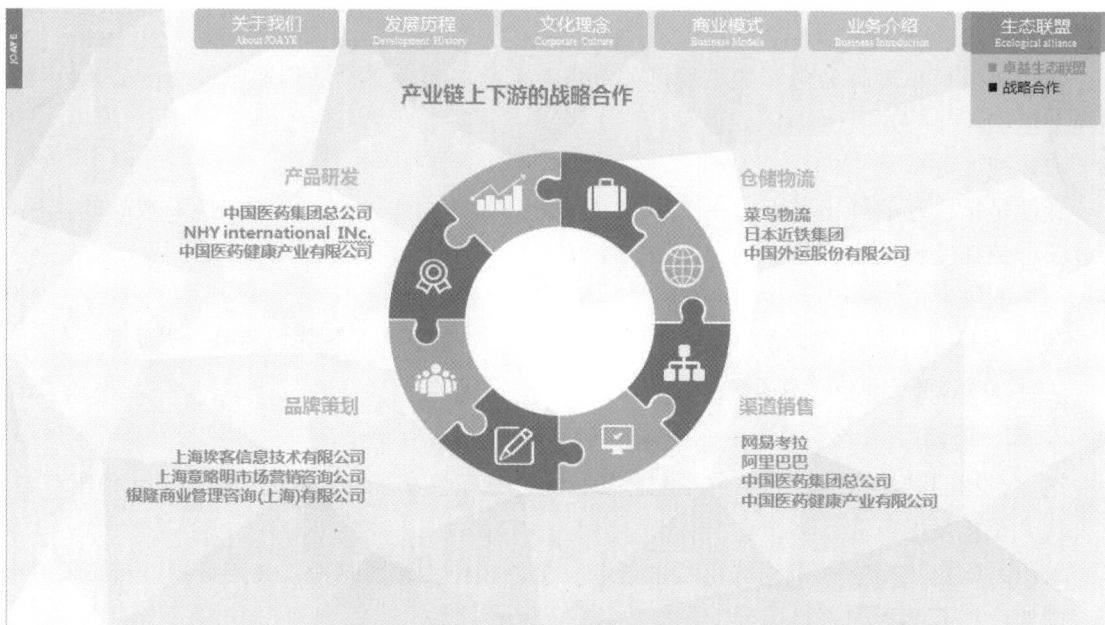

图 3-46　同色系配色法的应用示例

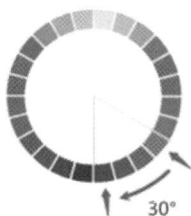

图 3-47　邻近色色环

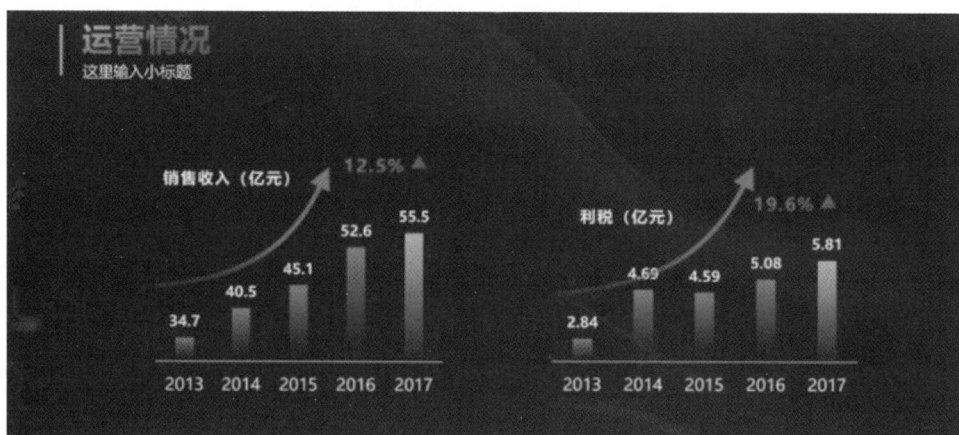

图 3-48　对比色配色法的应用示例

3. 使用规范

我们用一句通俗易懂的话来概括使用规范，即"好色用在刀刃上"。如图 3-49 所示，红色格外醒目可用于主标题，橙色次之可用于小标题。

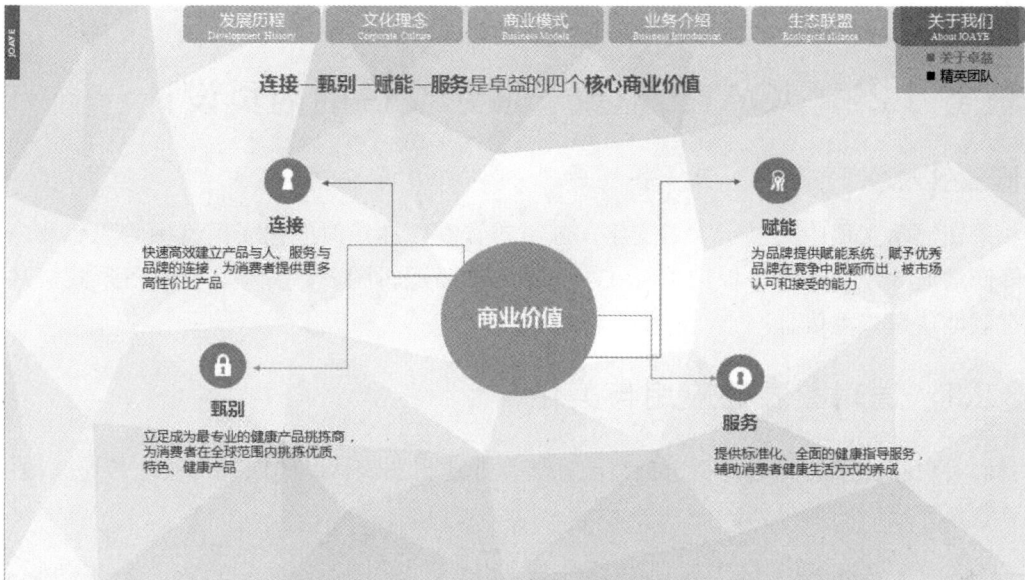

图 3-49　配色的使用规范的应用示例

同级标题，其文字颜色、背景颜色、字体格式要分别一致，但不同层级之间应有所区分，越重要的标题越要用显眼的颜色。

任务 3.2 "JOAYE 形象"演示文稿的内页设计

情景引入

如果在演示文稿中只展示大量文字，就很难让观众在短时间内了解其中的思想和内容，便会降低沟通效率。我们可以把单纯文字介绍转换为逻辑图表、音频、视频等形式，从而快速而有效地传递关键信息。

3.2.1 逻辑图表的应用与美化

我们可以将文字信息进行拆分、整合并转换成逻辑图表，以便向观众快速传递关键信息。本任务制作完成后的效果如图 3-50 所示。

图 3-50 逻辑图表制作完成后的效果

任务实施

（1）对教学素材中提供的文字进行梳理，完成逻辑图表的构成概念元素，效果如图 3-51 所示。

（2）确定逻辑图表的结构为关系结构。

（3）打开任务 3.3.1 完成后保存的文件，新建幻灯片并为其添加背景，效果如图 3-52 所示。

图 3-51　完成逻辑图表的构成概念元素后的效果

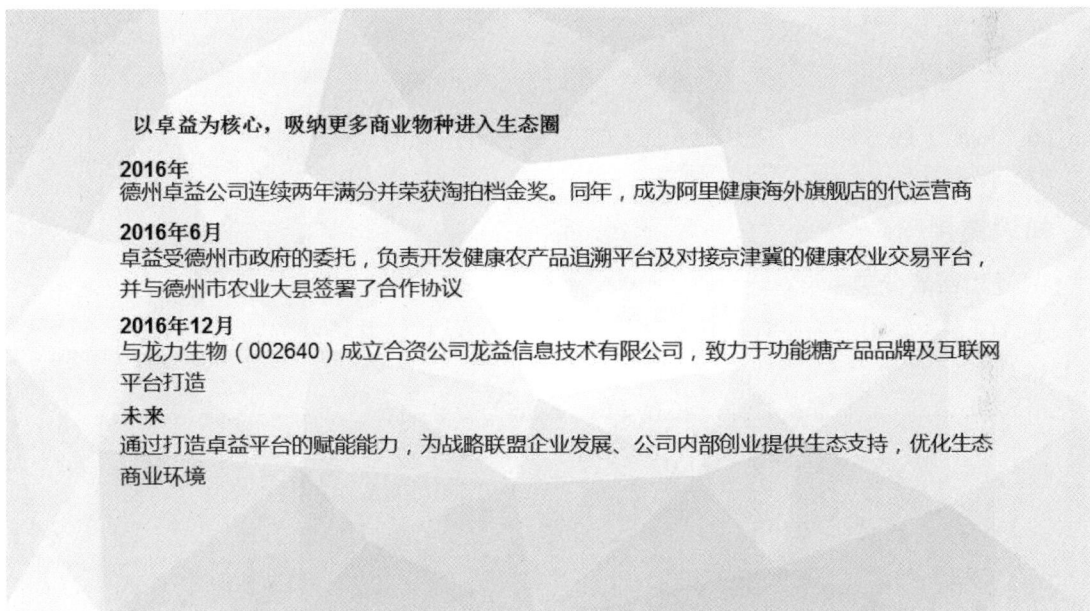

图 3-52　为幻灯片添加图片背景后的效果

（4）为幻灯片添加图标，并输入各级标题的文字内容，如图 3-53 所示。

（5）设置幻灯片内所有文字的格式为"微软雅黑"，大标题"以卓益为核心，吸纳更多商业物种进入生态圈"的字号设置为 18 磅，其字体颜色的"红色""绿色""蓝色"值分别设置为"250""73""4"，小标题"2016 年""2016 年 6 月""2016 年 12 月""未来"的字号设置为 16 磅，其字体颜色的"红色""绿色""蓝色"值分别设置为"252""98""36"，其余字体为 14 磅，最终效果如图 3-50 所示。

图 3-53　为幻灯片添加图标

（6）按照上述方法，完成其他几张幻灯片中逻辑图表的制作。

（7）保存文件。

知识链接

1. 逻辑图表分类

逻辑图表的结构分为平行结构、递进结构、关系结构，其示例分别如图 3-54、图 3-35、图 3-56 所示。

图 3-54　逻辑图表的平行结构示例

图 3-55　逻辑图表的递进结构示例

图 3-56　逻辑图表的关系结构示例

2. 逻辑图表的制作流程

逻辑图表的制作流程分为以下两步。

第一步：分块找关系。对整段的文字内容进行梳理，得出关键信息。分析信息中的构成概念元素，分析有哪些是可以进行可视化图形转换的。

第二步：制造视觉焦点。通过背景、图标、色块、线条等来制造视觉焦点。

3.2.2　表格的应用与美化

表格是幻灯片中不可或缺的一部分。幻灯片中表格的美观程度对整套幻灯片的观赏性有着非常大的影响。本节介绍表格的基本组成和美化方法，本任务制作完成后的效果如图 3-57 所示。

图 3-57　表格完成后的效果

任务实施

（1）打开任务 3.2.1 完成后保存的文件，新建幻灯片，执行"插入"→"表格"→"插入表格"菜单命令，在弹出的"插入表格"对话框中，设置"列数"为 3，"行数"为 2，即在幻灯片中插入 3 列 2 行的表格。

（2）选中表格的第 1 行，在"布局"选项卡的"单元格大小"功能组中，设置第 1 行的高度为 3.8 厘米，宽度为 9.4 厘米；采用同样的方法，设置第 2 行的高度为 10.4 厘米，宽度为 9.4 厘米。

（3）将表格相对于幻灯片左右居中，效果如图 3-58 所示。

图 3-58　插入表格并设置对齐方式后的效果

（4）为表格第 1 行的 3 个单元格分别填充对应的图片，先定位第 1 行左侧的单元格，执行"设计"→"表格样式"→"底纹"→"图片"菜单命令，如图 3-59 所示，在弹出的"插入图片"对话框中找到要填充的图片。

图 3-59　为表格的单元格填充图片

（5）按照步骤（4）的方法为第 1 行的其他两个单元格填充相应的图片，第 2 行单元格设置为"无填充颜色"，效果如图 3-60 所示。

图 3-60　表格中的单元格填充设置完成后的效果

（6）梳理素材文字，整理出关键词和关键语句，并将其输入到表格中的对应位置。

（7）将文字格式设置为"微软雅黑、14 磅、黑色、1.5 倍行距"，为梳理完毕的文字添加项目符号，效果如图 3-61 所示。

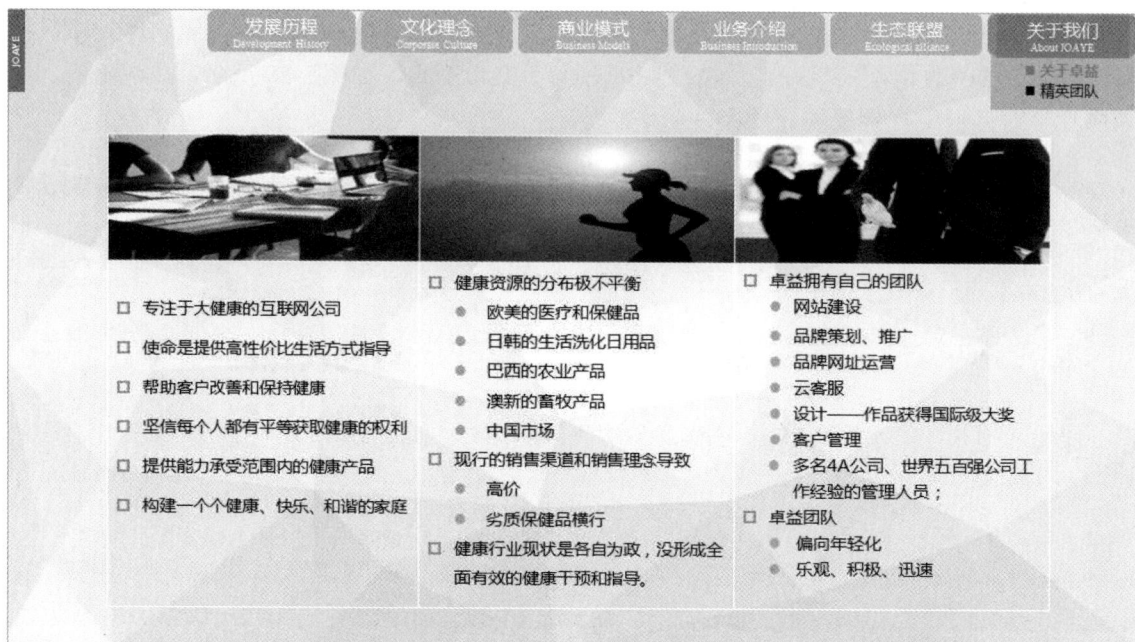

图 3-61　为整理出的关键词和关键语句设置格式并添加项目符号后的效果

（8）在表格第 1 行的三个单元格中依次输入"公司概况""健康理解""精英团队"。

（9）将步骤（8）中输入的文字的格式设置为"微软雅黑、24 磅、加粗、白色"，并将每个单元格中的文字置于各自单元格的右下角，效果如图 3-62 所示。

图 3-62　在表格第 1 行中输入文字并设置格式后的效果

（10）为表格的第 1 行设置内部框线：首先，选中表格的第 1 行，在"设计"选项卡的"绘图边框"功能组中设置边框的样式，将其设置为"6磅、白色、单实线"，如图3-63所示；然后，在"表格样式"功能组中，执行"边框"→"内部框线"菜单命令，如图3-64所示，将其设置为内部框线，效果如图3-65所示。

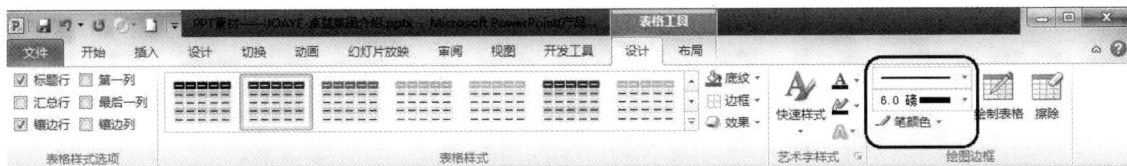

图 3-63　设置表格的边框样式

图 3-64　设置内部框线

图 3-65　设置第 1 行的边框样式后的效果

（11）将表格第 2 行的上、下框线设置为"6 磅、橙色、单实线"，并将内部框线设置为"3 磅、白色、单实线"，最终效果如图 3-57 所示。

（12）按照上述方法，完成其他几张幻灯片中表格的制作。

（13）保存文件。

知识链接

1. 表格的基本构成

通常情况下，表格是由表格标题、行标题、列标题、数据、资料来源五部分构成的，如图 3-66 所示。表格标题是必须存在的，是对表格内容的概括；行标题和列标题用于描述数据对应的行属性和列属性；表格底部的资料来源是非必须的，如果表格供内部使用，这项可以不出现；而如果表格对外使用，该项就显得格外重要，说明该表格中的数据是有根据的。

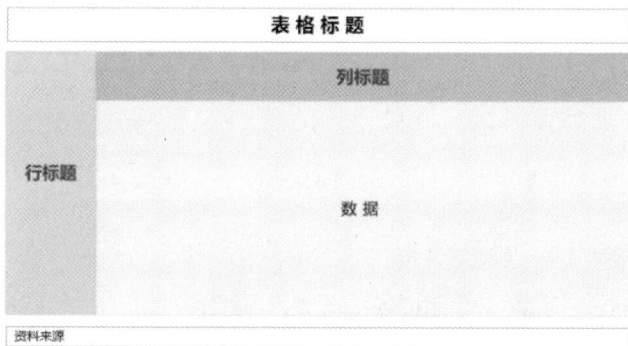

图 3-66　表格的基本构成

2. 表格美化

表格美化不是一开始制作表格时就着手进行的，通常要经历两个阶段。

（1）梳理内容。

- 对于文字型表格，一定要针对内容梳理出层次，提取出要点，加上项目符号或编号；否则若干文字堆砌在一起，很难看出主要内容。
- 对于数字型表格，表格中数字所精确到的数位要一致，一般设置为右对齐。

（2）进行美化。

对标题和数据进行基本的排版操作，比如将文字设置为居中或左对齐，将数字设置为右对齐，下面介绍两种常用的方法。

第一种方法：用线条区分标题与数据的层级，如图 3-67 所示。用绿色粗实线分隔每类项目与明细，明细之间用浅灰色细实线分隔，最后一行用灰色粗实线表示表格结束。由此可知，线条的粗细、颜色可以用来区分表格的层级。

某公司电网规模

项目	变电所数量	主变台数	变电容量、线路长度
变电所			110kV以上变电总容量（万千伏安）
500kV变电所	3座	7台	575
220kV变电所	22座	47台	780
变电所			2072.05（不包括用户变）
110kV变电所	95座	165台	717.05
220kV用户变	1座	2台	14.0
110kV用户变	10座	19台	67.8
线路			110kV及以上线路总长度：3436.482km
500kV线路	19条		790.722km
220kV线路	68条		1091.481km
110kV线路	219条		1554.279km
电厂			发电总容量：85.8万千瓦
地调直调电厂	17座	39台	57.3万千瓦
包括自备电厂	45座	81台	85.8万千瓦

截止2009年8月底**电网规模表

图 3-67　用线条的粗细、颜色区分标题与数据层级的示例

第二种方法：用色块丰富表格设计，效果如图 3-68 所示。用蓝色色块填充合计行，再把中间的这几个行用灰白相间的色块填充，表格看起来就丰富多彩了。

(RMB 1,000)	2010 年	2011 年	2012 年
主营业务毛利	100,000	160,000	260,000
批发	80,000	120,000	180,000
零售	20,000	40,000	80,000
净利润	51,000	80,000	136,000
批发	35,000	50,000	80,000
零售	16,000	30,000	56,000
合计	302,000	480,000	792,000

图 3-68　用色块丰富表格设计示例

3.2.3　插入视频、音频

在幻灯片中加入视频和音频，会增加动感、丰富内容，所以掌握视频和音频的插入方法非常重要，本任务制作完成后的效果如图 3-69 所示。

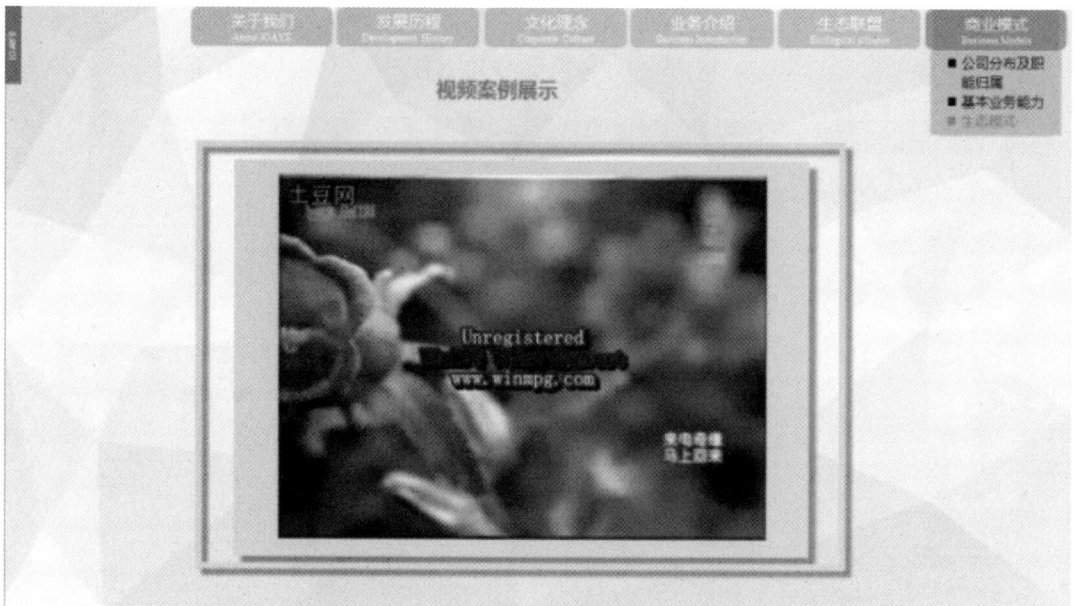

图 3-69 在幻灯片中插入视频后的效果

任务实施

（1）为视频添加装饰框：打开任务 3.2.2 完成后保存的文件，新建幻灯片并在其中插入矩形作为外框，单击"格式"选项卡，将"形状填充"设置为"无颜色填充"，"形状轮廓"的"主题颜色"设置为"白色，背景 1，深色 15%"，"形状轮廓"的"粗细"设置为"6 磅"，并增加阴影效果，阴影距离为"8 磅"；插入矩形作为内框，"形状轮廓"设置为"无轮廓"，形状填充的"主题颜色"设置为"白色，背景 1，深色 15%"，并增加阴影效果，阴影距离为"8磅"，如图 3-70 所示。

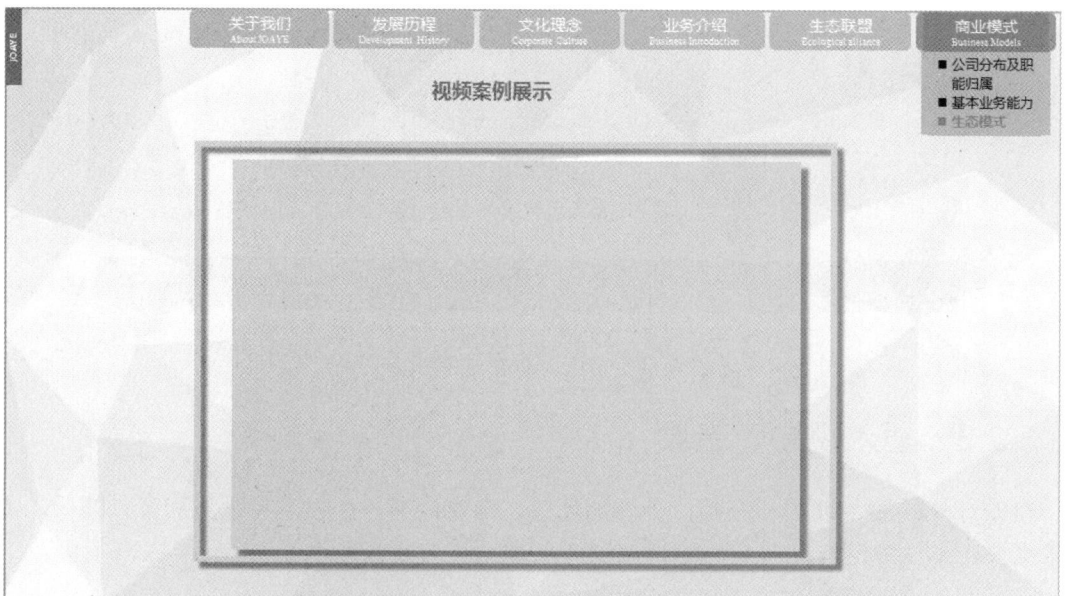

图 3-70 添加视频装饰框后的效果图

（2）插入视频：执行"插入"→"媒体"→"视频"→"文件中的视频"菜单命令，如图 3-71 所示，在弹出的如图 3-72 所示的"插入视频文件"对话框中找到教学素材中的视频，点击"插入"按钮。

图 3-71　插入视频命令位置

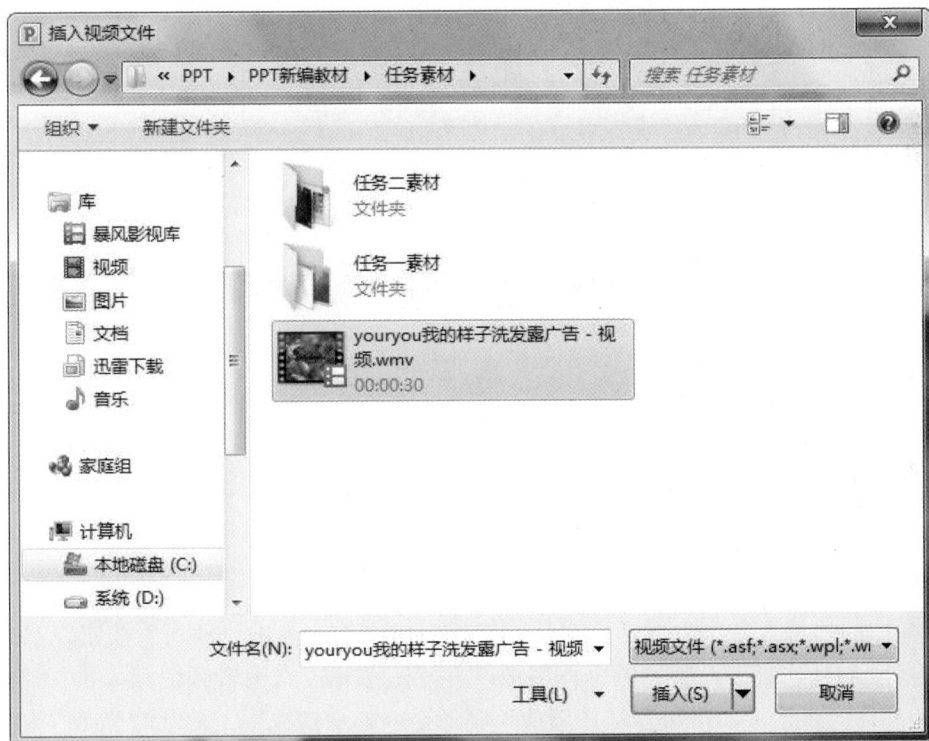

图 3-72　"插入视频文件"对话框

（3）调整视频窗口大小：鼠标移至视频窗口的控制点，变成双向箭头，拖曳控制点调整视频窗口的大小，如图 3-73 所示。

（4）调整视频窗口位置：鼠标放在视频窗口内拖曳，将视频放在适合的位置。

（5）设置视频自动播放：选中视频，执行"播放"→"视频选项"→"开始"→"自动"菜单命令，如图 3-74 所示。

图 3-73　调整视频窗口大小

图 3-74　设置视频自动播放

（6）在封面页插入音频：执行"插入"→"媒体"→"音频"→" 文件中的音频"菜单命令，在弹出的"插入音频"对话框中找到素材音频文件，单击"插入"按钮。

（7）播放幻灯片时，设置音频全程播放，并隐藏图标：选中音频图标，执行"播放"→"音频选项"→"开始"→"跨幻灯片播放"菜单命令，然后选中"放映时隐藏"和"循环播放，直到停止"复选框，如图 3-75 所示。

（8）保存文件。

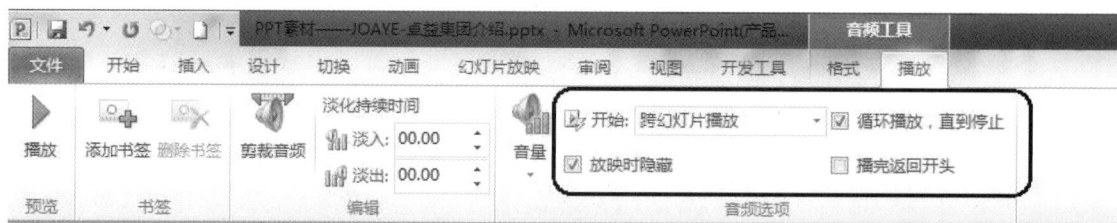

图 3-75　设置音频全程播放并播放时隐藏图标

知识链接

1. 视频格式

在幻灯片中能正常播放的视频的格式包括 WMV、AVI 等。其他格式需要用视频转换工具软件转换格式后才能插入并播放。

2. 剪辑视频

插入的视频文件也许用不到全部内容，只需视频文件中的一段，这时可以使用 PowerPoint 内置的剪辑视频功能保留所需的视频片段。在剪辑过程中，原视频文件不会受到任何影响，假如剪辑效果不佳，可以随时返回"剪裁视频"对话框重新操作，具体步骤如下：

（1）选中视频，执行"播放"→"编辑"→"剪裁视频"菜单命令，打开"剪裁视频"对话框，如图 3-76 所示。

（2）拖曳滚动条左右两边的绿色和红色滚动滑块，分别设置开始时间和结束时间。

图 3-76　"剪裁视频"对话框

3.2.4　插入 Flash 动画

本节介绍两种在 PowerPoint 中插入 Flash 动画的方法。

1. 控件插入法

（1）将需要插入的动画文件和演示文稿文件放在同一个文件夹内。

（2）添加"开发工具"选项卡：新建演示文稿，执行"文件"→"选项"菜单命令，打开"PowerPoint 选项"对话框,单击"自定义功能区",在右侧的"自定义功能区"下拉菜单中选择"主选项卡"选项,在下方的列表中选中"开发工具"复选框,如图 3-77 所示,单击"确定"按钮。

图 3-77　"PowerPoint 选项"对话框

（3）添加控件:在"开发工具"选项卡的"控件"功能组中,单击"其他控件"按钮,如图 3-78 所示,在弹出的"其他控件"对话框中选择"Shockwave Flash Object"选项,如图 3-79 所示,单击"确定"按钮,光标变成"+"形状,在需要插入 Flash 动画的位置绘制一个控件框,如图 3-80 所示。

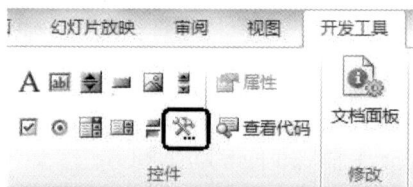

图 3-78　"其他控件"按钮

图 3-79 在"其他控件"对话框进行设置

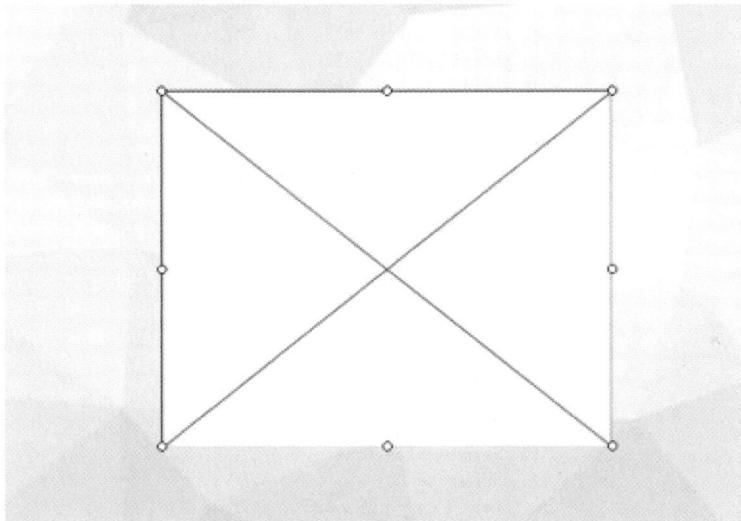

图 3-80 绘制控件框后的效果

（4）打开"属性"对话框：执行"开发工具"→"控件"→"属性"菜单命令，打开"属性"对话框，如图 3-81 所示。

（5）如图 3-81 所示，如果 Flash 文件与演示文稿在同一文件夹中，设置"Movie"属性为文件的文件名即可。如果 Flash 文件与演示文稿不在同一文件夹中，需要在文件名前写出完整路径，方法是在 flash 文件上单击右键→"属性"选项，打开如图 3-82 所示的对话框，可以找到文件的路径和文件名，将其填写在"Movie"属性后面。

（6）播放演示文稿，查看 Flash 动画的效果。

（7）保存文件。

使用控件插入法插入 Flash 动画的优点是无须安装 Flash 播放器，缺点是操作相对复杂。

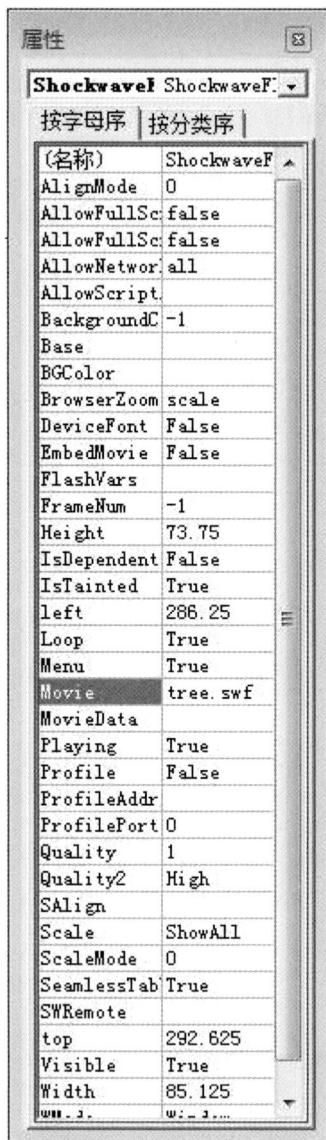

图 3-81 "属性"对话框

2. 对象插入法

（1）新建演示文稿，插入对象：执行"插入"→"文本"→"对象"菜单命令，打开"插入对象"对话框，选中"由文件创建"单选钮，单击"浏览"按钮，如图 3-83 所示，在弹出的"浏览"对话框中选择需要插入的 Flash 动画文件。

（2）激活动作：选中刚插入 Flash 动画的图标，执行"插入"→"链接"→"动作"菜单命令，弹出"动作设置"对话框，选中"对象动作"单选钮，在下拉菜单中选择"激活内容"选项，如图 3-84 所示，最后单击"确定"按钮。

（3）保存文件。

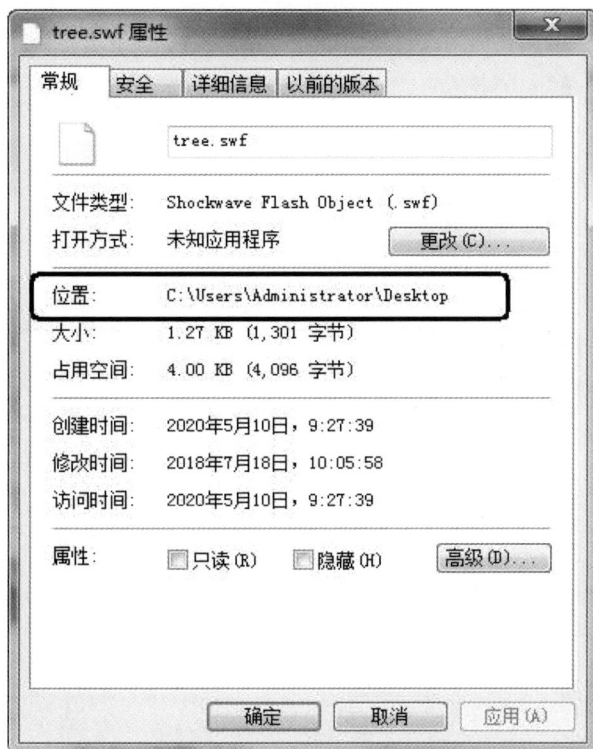

图 3-82　文件属性对话框

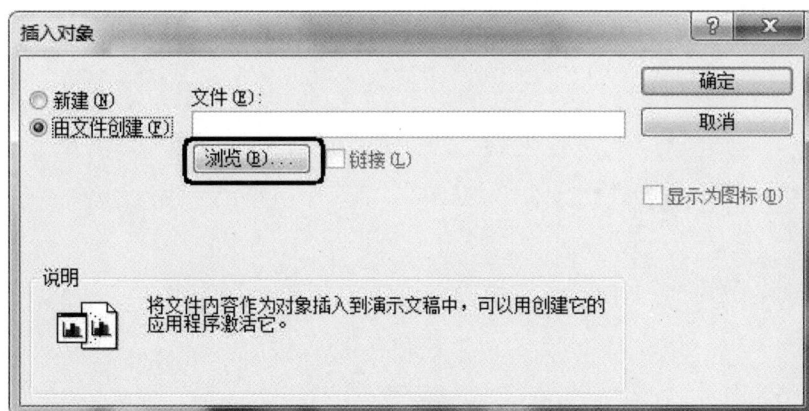

图 3-83　"插入对象"对话框

（4）放映幻灯片。

播放使用对象插入法插入 Flash 动画的幻灯片时，是通过启动 Flash 播放软件实现动画播放操作的，这种操作的前提是计算机上必须安装 Flash 播放器。对象插入法的优点是动画文件和演示文稿文件合为一体，当移动和复制演示文稿文件时，不需要同时移动或复制动画文件，也不需要更改路径。该方法的缺点是计算机里必须安装 Flash 播放器。

图 3-84   在"动作设置"对话框中进行设置

任务 3.3　演示文稿的动画设计

情景引入

制作演示文稿时，有时候会遇到全部或者部分幻灯片有相同的样式元素，如果在普通视图下逐页制作幻灯片，容易造成幻灯片的样式元素的格式、大小、位置不统一，影响视觉效果。这时可以利用母版功能，避免上述问题。

此外，还可以为幻灯片添加合适的动画效果，从而让幻灯片切换时效果不会生硬。

3.3.1　母版的原理与应用

熟练掌握母版的应用技巧，可以提高制作幻灯片的效率，本任务制作完成后的效果如图 3-85 所示。

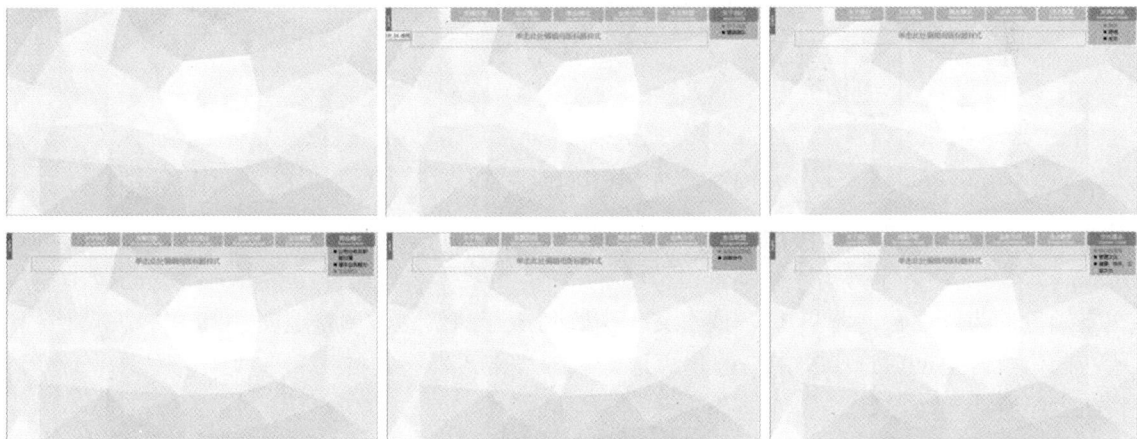

图 3-85　母版制作完成后的效果图

任务实施

（1）打开任务 3.1.3 完成后保存的文件，新建幻灯片，执行"视图"→"母版视图"→"幻灯片母版"菜单命令，进入母版视图。

（2）在主母版中添加参考线，上、下参考线设置为 7.4，左、右参考线设置为 14.8，如图 3-86 所示。

（3）如图 3-87 所示，在母版视图下，执行"幻灯片母版"→"编辑母版"→"插入版式"菜单命令，在新插入的版式中为第一部分"关于我们"制作子母版。

（4）制作第一部分"关于我们"子母版。

第一步：在新插入的版式左上角添加 Logo，如图 3-88 所示。

第二步：插入一个圆角矩形，高度为 1.27，宽度为 4.5，形状填充色为"白色，背景 1，深色 25%"，形状轮廓色为"无轮廓"。

图 3-86　在母版中添加和设置参考线后的效果

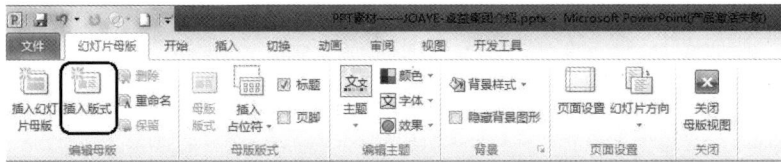

图 3-87　在幻灯片母版视图下插入版式

第三步：在圆角矩形内插入文本框，输入两行文字内容"发展历程"和"Development History"，中文字体字号为"微软雅黑，15 磅"，英文字体字号为"Times New Roman，9 磅"。文本颜色均为"白色，背景 1"，调整文本与圆角矩形的位置，调整至图 3-88 中"发展历程"所在的位置，再同时选中文本与圆角矩形，执行"格式"→"排列"→"组合"菜单命令，将两者组合为一个整体。

第四步：选中"发展历程"并复制，粘贴 5 次，将 6 个矩形框快速排齐，将 5 个新粘贴的矩形框中的文字内容依次修改为图 3-88 中顶部矩形框的内容。最后的"关于我们"矩形框的填充色改为橙色，"红色""绿色""蓝色"值分别为"250""73""4"。

第五步：在"关于我们"矩形框下方插入文本框，输入两行文字内容"关于卓益"和"精英团队"，字体字号为"微软雅黑，12 磅"，其中"关于卓益"的字体颜色为"橙色"，"精英团队"的字体颜色为"黑色，文字 1"，如图 3-88 所示，文本框的填充色为"白色，背景 1，深色 25%"。

图 3-88　为第一部分"关于我们"制作子母版后的效果（一）

第六步：在如图 3-87 所示的"幻灯片母版"选项卡的"母版版式"功能组中，执行"插入占位符"→"文本"菜单命令，此时鼠标变成"十"状，在版心上端拖动鼠标，插入文本，并将"二级"到"五级"文本删除，只保留"一级"文本，设置其字体格式为"微软雅黑，18磅，橙色，加粗，居中"，如图3-89所示。

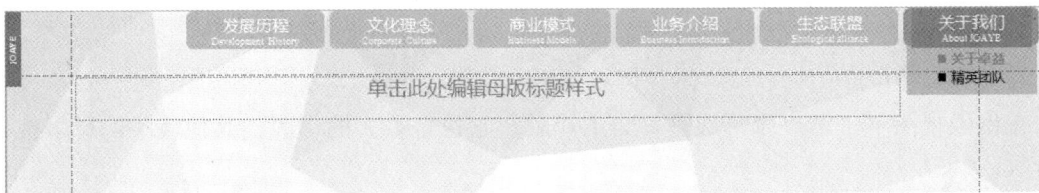

图3-89　为第一部分"关于我们"制作子母版后的效果（二）

（5）为第二部分"发展历程"制作子母版，如图3-90所示。可以选中"关于我们"子母版，复制后粘贴，生成一样的字母版，再将文字内容修改好即可。

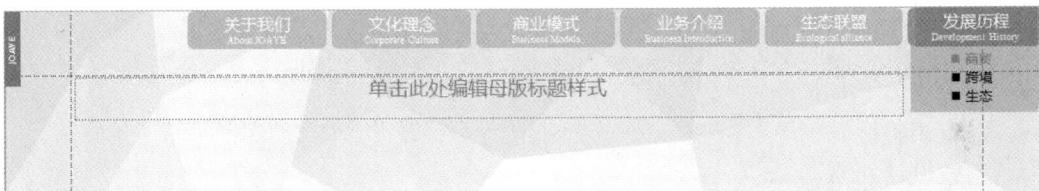

图3-90　为第二部分"发展历程"制作子母版后的效果

（6）为第三部分"文化理念"制作子母版，如图3-91所示。

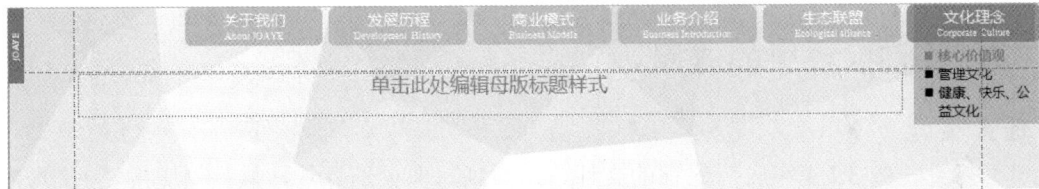

图3-91　为第三部分"文化理念"制作子母版后的效果

（7）为第四部分"商业模式"制作子母版，如图3-92所示。

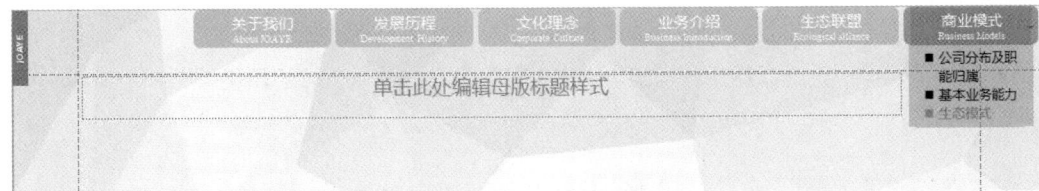

图3-92　为第四部分"商业模式"制作子母版后的效果

（8）为第五部分"生态联盟"制作子母版，如图3-93所示。

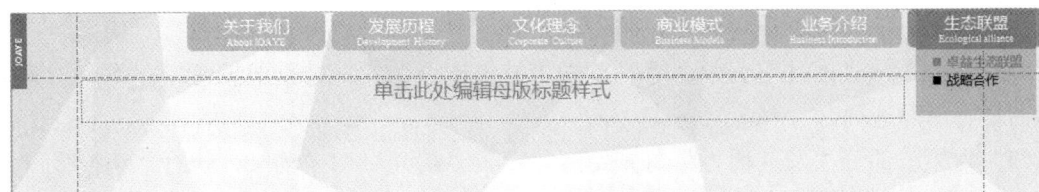

图3-93　为第五部分"生态联盟"制作子母版后的效果

（9）退出母版视图，将制作的母版分别应用到各幻灯片中。选中幻灯片，执行"开始"→"幻灯片版式"→"版式"菜单命令，在下拉菜单中选择相应的版式。

（10）保存文件。

知识链接

在母版视图下，第一张母版被称为主母版，它也是最大的母版，其他较小的母版被称为子母版。

1．母板的两大使用原理

（1）在母版视图下设计样式元素，则样式元素会复制到相同版式的幻灯片中。

（2）主母板中的样式元素会影响子母版，而子母版的样式元素只能单独存在。

2．母板的应用技巧

（1）批量修改。包括以下功能：

- 批量修改 Logo。
- 批量调整标题。
- 调整设计元素。

（2）锁定参考线。

如果制作者能够把参考线设置在母板中，那么在一般的页面里是无法移动参考线的，则不会出现因为制作者操作不当而移动参考线的情形。

3.3.2 切换效果的应用

任务实施

（1）打开任务 3.1.4 完成后保存的文件，切换到封面页幻灯片，执行"切换"→"切换到此幻灯片"→"分割"菜单命令，如图 3-94 所示，为封面页设置"分割"切换动画。

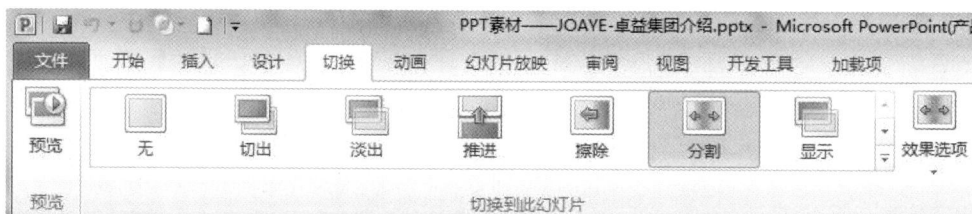

图 3-94　执行"分割"菜单命令

（2）切换到目录页幻灯片，执行"切换"→"切换到此幻灯片"→"淡出"菜单命令，为目录页设置"淡出"切换动画。

（3）为第一部分"关于我们"每张幻灯片设置"推进"切换动画，执行"切换"→"切换到此幻灯片"→"推进"菜单命令，单击"效果选项"的下拉菜单按钮，在弹出的菜单中选择"自右侧"选项。

（4）为第二部分"发展历程"每张幻灯片设置"揭开"切换动画，执行"切换"→"切换到此幻灯片"→"揭开"菜单命令，单击"效果选项"的下拉菜单按钮，在弹出的菜单中选择"自右下部"选项。

（5）为第三部分"文化理念"每张幻灯片设置"翻转"切换动画，执行"切换"→"切换到此幻灯片"→"翻转"菜单命令。

（6）为第四部分"商业模式"每张幻灯片设置"棋盘"切换动画，执行"切换"→"切换到此幻灯片"→"棋盘"菜单命令，单击"效果选项"的下拉菜单按钮，在弹出的菜单中选择"自顶部"选项。

（7）为第五部分"生态联盟"每张幻灯片设置"溶解"切换动画，执行"切换"→"切换到此幻灯片"→"溶解"菜单命令。

（8）切换到致谢页幻灯片，执行"切换"→"切换到此幻灯片"→"门"菜单命令，为最后的致谢页幻灯片设置"门"切换动画，单击"效果选项"的下拉菜单按钮，在弹出的菜单中选择"水平"选项。

（9）选中所有幻灯片，在"切换"选项卡的"计时"功能组中，如图3-95所示，选中"设置自动换片时间"复选框，将所有幻灯片的自动换片时间设置为4秒。

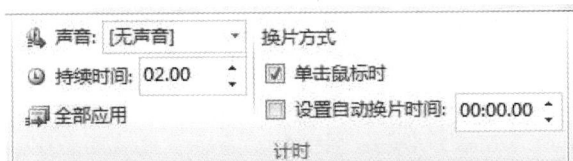

图 3-95 设置自动换片时间

知识链接

切换效果指不同幻灯片之间的切换动画，设置切换效果可以避免幻灯片切换时显得太生硬。切换效果有三类：细微型、华丽型、动态内容，如图3-96所示。但是，在高版本的PowerPoint中制作的部分切换效果，用低版本的PowerPoint进行播放时，会变成"淡出"效果。

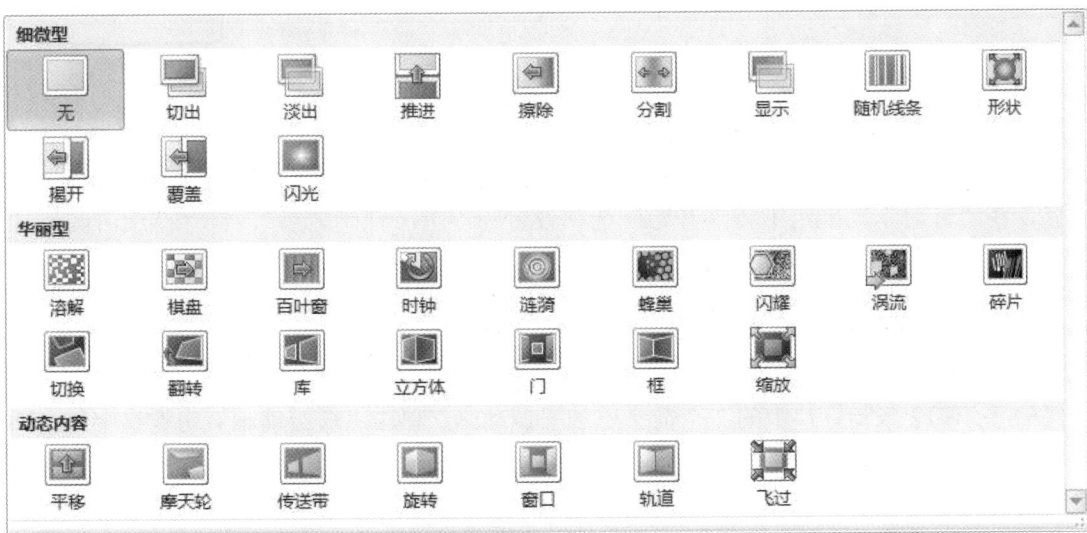

图 3-96 切换效果列表

3.3.3　动画效果的设计与应用

任务实施

（1）打开任务 3.3.2 完成后保存的文件，选中目录页中的"关于我们""发展历程""文化理念""商业模式""生态联盟"文字，执行"动画"选项卡→"动画"→"缩放"菜单命令，单击"效果选项"的下拉菜单按钮，在序列中选择"整批发送"选项，如图 3-97 所示，在"计时"功能组中将"持续时间"设置为 1 秒。

（2）为第 4 张幻灯片中的 4 条肘形箭头设置进入动画"擦除"，左边 2 条箭头的"效果选项"设置为"自右侧"，在"计时"功能组中将"开始"选项设置为"上一动画之后"，将"持续时间"设置为 1 秒；右边 2 条箭头的"效果选项"设置为"自左侧"，在"计时"功能组中将"开始"选项设置为"与上一动画同时"，将"持续时间"设置为 1 秒。

（3）为第 7 张幻灯片中的内容文字设置进入动画"淡出"，在"计时"功能组中将"开始"选项设置为"上一动画之后"，将"持续时间"设置为 1 秒，调整动画窗格中的动画顺序，使内容按照年份顺序依次出现。

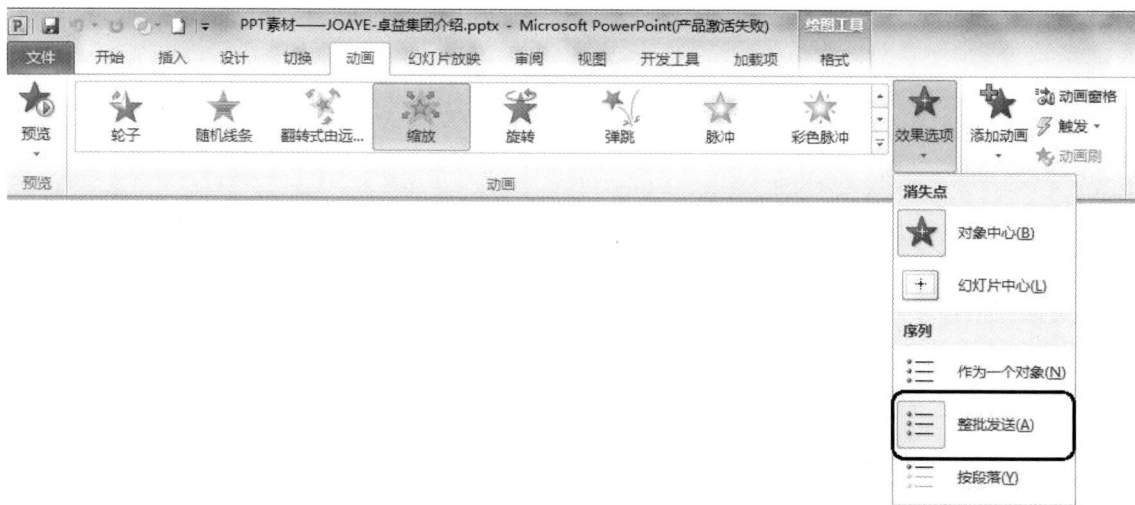

图 3-97　设置目录页文字的动画效果

（4）为第 8 张幻灯片中的图标圆盘设置强调动画"陀螺旋"，"效果选项"设置为"旋转两周"，在"计时"功能组中将"开始"选项设置为"上一动画之后"，将"持续时间"均设置为 2 秒。

（5）为第 12 张幻灯片中的 2 个箭头设置进入动画"擦除"，"效果选项"设置为"自左侧"，在"计时"功能组中将"开始"选项设置为"上一动画之后"，"持续时间"均设置为 2 秒；

（6）为第 12 张幻灯片中的 2 个箭头添加强调动画。单击"高级动画"功能组中的"添加动画"按钮，在列表中选择强调动画"放大/缩小"，这时在动画窗格中添加了强调动画，右击该动画，弹出下拉菜单，选择"计时"选项，如图 3-98 所示，进入"放大/缩小"对话框，如图 3-99 所示，在"计时"标签中将"重复"次数设置为 3 次，在"效果"标签中设置"尺寸"为 130%，如图 3-100 所示。

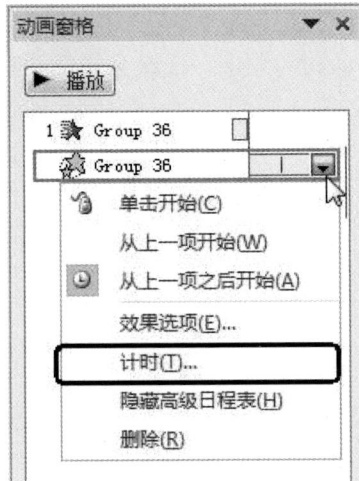

图 3-98　在动画的下拉菜单中选择"计时"

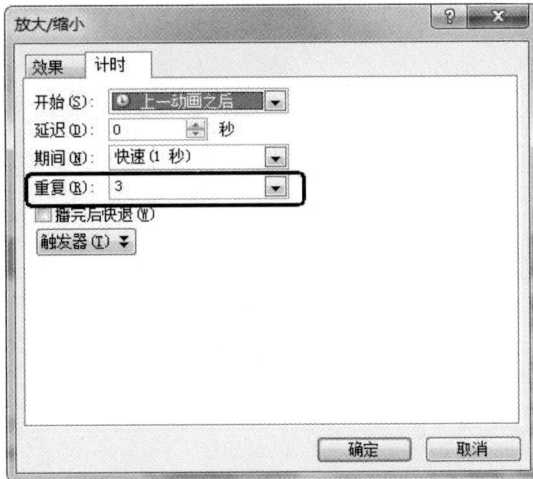

图 3-99　设置动画重复次数

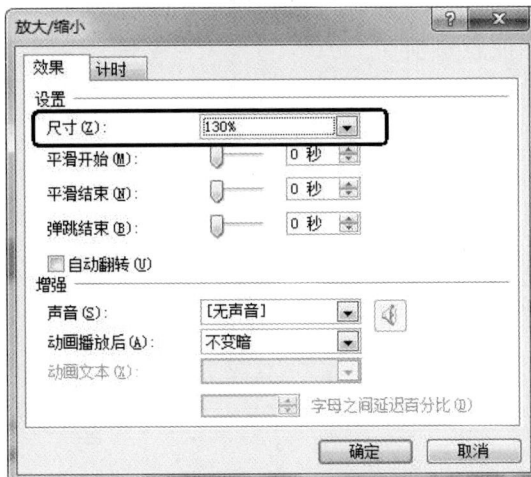

图 3-100　设置缩放动画的"尺寸"

（7）将第（6）步中的两个缩放动画的"开始"选项设置"上一动画之后"，"持续时间"均设置为 1 秒。调整动画窗格中动画的顺序，依次为左箭头进入、强调，右箭头进入、强调。

（8）保存文件。

知识链接

1. 动画类型

动画类型主要包括进入、强调、退出、动作路径，如图 3-101 所示。

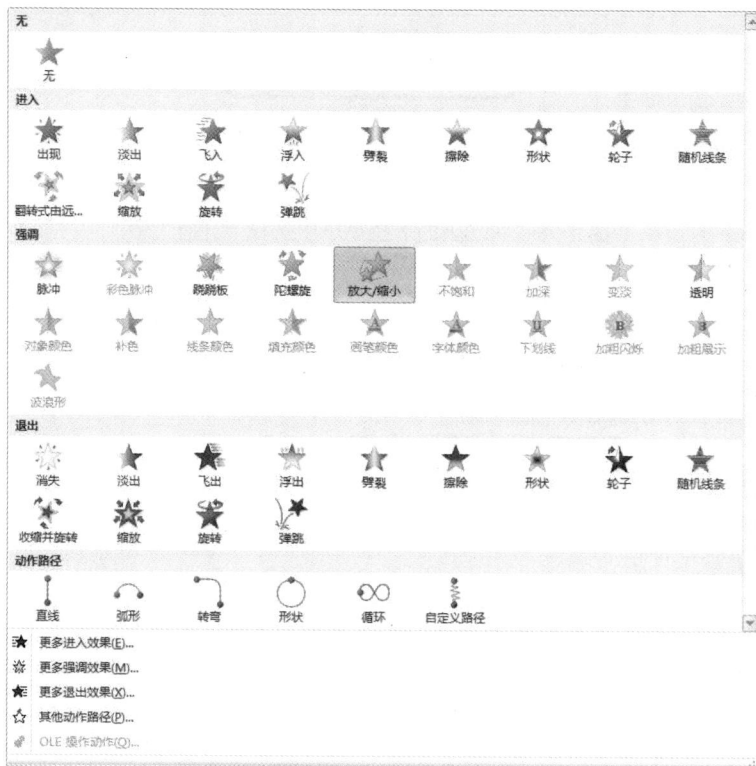

图 3-101　动画类型

2. 应用动画效果时的注意事项

（1）实体的动画不要用割裂型。

（2）动画出现顺序需要与视觉流一致。

（3）动画出现需要遵循元素的方向性。

▌▶ 综合实训：制作"奥运会"演示文稿

　　根据奥运会介绍的文字素材，提炼其中的关键词句，设计并制作一套演示文稿。要求如下。

　　（1）页面的结构设计合理，元素丰富，有美感。

　　（2）图片清晰度高，与内容契合。

　　（3）配色协调，层次分明。

　　（4）整套幻灯片风格统一，同级幻灯片的版式和其中文字的配色、样式应一致。

　　（5）幻灯片内文字不要太多，尽量以图、表格、视频等形式展现。

　　（6）为幻灯片设计并制作合理的切换效果和动画效果。

⇒ 思考练习

1. 判断题

（1）GIF 格式的图片本身具有动画效果，在 PowerPoint 放映时能显示动画。　　（　　）

（2）在 PowerPoint 2010 中，无法通过文本框在文字预留区外的区域输入其他文字。（　　）

（3）在 PowerPoint 中可以插入具有公式运算和数据分析能力的工作表。　　　　（　　）

（4）设置幻灯片的"水平百叶窗""盒状展开"等切换效果时，不能设置切换的速度。（　　）

（5）适用于设置文本框的操作同样适用于设置批注框。　　　　　　　　　　　（　　）

（6）幻灯片的页面方向可以改变。　　　　　　　　　　　　　　　　　　　　（　　）

（7）在 PowerPoint 中，如果同时打开两个 PowerPoint 演示文稿，会同时打开两个窗口。

（　　）

（8）利用 PowerPoint 制作幻灯片时，幻灯片在大纲区域制作。　　　　　　　（　　）

（9）超链接使用户可以从演示文稿中的某个位置直接跳转到演示文稿的另一个位置、其他演示文稿或公司的 Internet 地址。　　　　　　　　　　　　　　　　　　　　（　　）

2. 单项选择题

（1）在 PowerPoint 中，增加新幻灯片可在（　　）菜单中选择"新幻灯片"命令。

A. 编辑

B. 格式

C. 文件

D. 插入

（2）在 PowerPoint 中，要在幻灯片中插入文字，可通过（　　）按钮完成。

A. 图表

B. 格式刷

C. 文本框

D. 剪贴画

（3）在 PowerPoint 中，不能完成对个别幻灯片进行设计或修饰的对话框是（　　）。

A. 背景

B. 幻灯片

C. 配色方案

D. 应用设计模板

（4）在 PowerPoint 中，设置幻灯片放映时的切换效果为"垂直百叶窗"，应使用"幻灯片放映"菜单下的（　　）。

A. 动作按钮

B. 幻灯片切换选项

C．预设动画选项

D．自定义动画选项

（5）在 PowerPoint 中，（　　）用于查看幻灯片的播放效果。

A．大纲模式

B．幻灯片模式

C．幻灯片浏览模式

D．幻灯片放映模式

（6）在 PowerPoint 中，在菜单栏中选择（　　）可以进入设计模板。

A．格式

B．视图

C．工具

D．插入

（7）PowerPoint 是一款专门为（　　）设计的软件。

A．处理文字和表格

B．创建电子表格和图表

C．制作演示文稿

D．发送电子邮件

（8）在 PowerPoint 中可，如果用户想自行设计并创建具有特色的演示文稿风格及内容，则应使用（　　）创建的演示文稿。

A．内容提示向导

B．模板

C．空演示文稿

D．已有的演示文稿

（9）在 PowerPoint 中，"格式"下拉菜单中的（　　）命令，可以用来改变某幻灯片的布局。

A．背景

B．幻灯片版面设置

C．字体

D．幻灯片配色方案

（10）在 PowerPoint 中，启动幻灯片放映，下列操作中不正确的是（　　）。

A．单击"视图"工具栏中的"幻灯片放映"按钮

B．单击"幻灯片放映"菜单中的"观看放映"命令

C．单击"幻灯片放映"菜单中的"幻灯片放映"命令

D．按 F5 键执行"幻灯片放映"命令

3．多项选择题

（1）要选中所有的幻灯片，可以使用的方法包括（　　）。

A．直接按 Ctrl+A 组合键

B．使用"编辑"菜单中的"全选"命令

C．直接按 Shift+A 组合键

D．按住 Ctrl 键的同时单击每页幻灯片

（2）如果只想放映部分幻灯片，下列做法正确的是（　　）。

A．自定义放映时，选择要放映的幻灯片，设置放映方式为"自定义放映"

B．新建一个演示文稿，将要放映的幻灯片复制到新的演示文稿中，放映新的演示文稿

C．在设置放映方式时，设定幻灯片放映范围

D．利用隐藏功能即可

（3）下面说法正确的是（　　）。

A．交互式幻灯片可以实现类似 Web 页上的超链接的功能

B．被隐藏的幻灯片在放映幻灯片时也可以被放映出来

C．在放映幻灯片时，按 Ctrl+P 组合键可以快速打开幻灯片

D．在放映幻灯片时，鼠标指针可以被一直隐藏起来

（4）在 PowerPoint 2010 中，幻灯片的放映方式包括（　　）。

A．手动放映

B．自动放映

C．交互式放映

D．自定义放映

（5）下列（　　）属于 PowerPoint 2010 中的母版。

A．幻灯片母版

B．讲义母版

C．备注母版

D．幻灯片浏览母版

（6）下面属于"自定义动画"的是（　　）。

A．"进入"动画

B．"动作路径"动画

C．"退出"动画

D．"强调"动画

（7）在 PowerPoint 中，有关插入图片的叙述正确的有（　　）。

A．插入的图片格式必须是 PowerPoint 所支持的图片格式

B．插入的图片文件来源不能是网络映射驱动器

C．图片插入完毕将无法修改

D．以上说法不全正确

（8）下列（　　）属于 PowerPoint 的视图。

A．普通视图

B．大纲视图

C．幻灯片视图

D．幻灯片放映视图

（9）在 PowerPoint 中，下列关于应用设计模板的叙述正确的有（　　）。

A．在"格式"下拉菜单中选择应用设计模板会弹出应用设计模板对话框

B．单击某个模板文件，可以预览模板内容

C．不应用设计模板，将无法设计幻灯片

D．供应用的模板是很多的

参 考 文 献

[1] 董蕾. 常用办公软件[M]. 北京：电子工业出版社，2019.

[2] 谢勇、张蕾. 高级办公软件试题及解答[M]. 西安：西安电子科技大学出版社，2013.

[3] 李彤，张立波，贾婷婷. Word/Excel/PPT 2016 商务办公从入门到精通[M]. 北京：电子工业出版社，2016.

[4] Office 培训工作室. Office 2016 商务办公应用从入门到精通[M]. 北京：机械工业出版社，2016.

[5] 谭有彬，倪彬. WPS Office 2019 高效办公[M]. 北京：电子工业出版社，2019.